경험주의와 주체성

Empirisme et subjectivité
Essai sur la nature humaine selon Hume
Gilles Deleuze

Copyright ⓒ Presses Universitaires de France, 1953
Korean translation copyright ⓒ Nanjang Publishing House 2012
All Rights Reserved

This Korean translation is published by arrangement with
Presses Universitaires de France (Paris)
through Bestun Korea Agency Co., Seoul

이 책의 한국어판 저작권은 베스툰코리아에이전시를 통한
저작권자와의 독점계약으로 도서출판 난장에 있습니다.
저작권법에 의해 한국 내에서 보호를 받는 저작물이므로
무단전재와 무단복제를 금합니다.

경험주의와 주체성
흄에 따른 인간본성에 관한 시론

질 들뢰즈 지음 | 한정헌·정유경 옮김

난장

일러두기

1. 한국어판의 번역대본으로 사용한 프랑스어판, 각주를 첨부하거나 교열하는 과정에서 참조한 영어판은 순서대로 아래와 같다.
   - *Empirisme et subjectivité: Essai sur la nature humaine selon Hume*, Paris: Presses Universitaires de France, 1953.
   - *Empiricism and Subjectivity: An Essay on Hume's Theory of Human Nature*, trans. Constantin V. Boundas, New York: Columbia University Press, 1991.

2. 지은이가 이탤릭체로 강조한 대목은 모두 고딕체로 바꿨고, 대문자로 표기한 단어는 모두 견명조체로 바꿨다.
   [예] la *collection* des idées → 관념의 **다발** (본문 서체[신명조] → 고딕체)
   　　 the World → **사물** (본문 서체[신명조] → 견명조체)

3. 각주에는 '지은이 주'와 '옮긴이 주'가 있다. 지은이 주는 1), 2), 3)……으로 표시했으며 모두 후주로 돌렸다. 옮긴이 주는 *, **, ***……으로 표시했으며, 본문의 해당 부분 아래에 삽입했다. 옮긴이 주에는 본문의 내용을 이해하는 데 필요한 배경지식이나 자세한 서지사항 등을 소개해놓았다.

4. 지은이는 데이비드 흄의 저서를 인용할 때 해당 저서의 프랑스어판이 있을 경우 그 판본만을 사용했다. 우리는 지은이의 의도를 존중해 흄의 저서에서 인용된 부분을 가급적 지은이가 사용한 프랑스어판에 근거해 옮겼다. 그러나 본서 영어판의 서지들을 참조해 해당 구절을 일일이 대조했음을 밝혀둔다(프랑스어판의 쪽수 뒤에 해당 영어판의 쪽수를 병기했다). 프랑스어판에서 사용된 어휘가 흄의 것과 서로 다를 경우, 지은이의 논의 전개에서 그 차이가 중요하게 다뤄지지 않는 한, 본서 영어판 서지들에 근거해 옮겼다.

5. 단행본·전집·정기간행물·팸플릿·영상물·음반물·공연물에는 겹낫표(『 』)를, 그리고 논문·논설·기고문·단편·미술 등에는 홑낫표(「 」)를 사용했다.

차 례

0 서 문 13
Préface

1 인식의 문제와 도덕의 문제 15
Problème de la connaissance et problème moral

2 문화의 세계와 일반 규칙 53
Le monde de la culture et les règles générales

3 도덕과 인식에서 상상력의 힘 93
Le pouvoir de l'imagination dans la morale et dans la connaissance

4 신과 세계 135
Dieu et le Monde

5 경험주의와 주체성 165
Empirisme et subjectivité

6 인간본성의 원리 211
Les principes de la nature humaine

7 결론: 합목적성 245
Conclusion: La finalité

옮긴이 후기 269
찾아보기 279

장 이폴리트에게
진심과 존경으로 경의를 표하며

서 문*

데이비드 흄은 경험주의를 더 이상 관념들의 감각적 기원에 의해 본질적으로 정의하지 않는다. 흄은 **관계**, **경우**, **착각**[가상]이라는 세 가지 문제를 전개한다.

한편으로, 관계는 언제나 관계 자신의 항들에 대해 외재적이고, 그 관계의 수립과 실행을 결정하는 연합의 원리에 항상 의존한다(믿음). 다른 한편으로, 이 연합의 원리는 문화의 세계와 법의 세계에서 '경우들'을 지시하는 데 있어 정념에 따라 작용할 뿐이다. 연합론만이 법, 정치, 경제의 실천에 종사한다. (버려진 도시를 차지하기 위해서는 성문에 창을 꽂아놓는 것으로 충분한가, 아니면 그 성문을 두드려야 하는가?) 끝으로, 그런 관계의 합법적 규칙은 그것을 동반하거나 배가시키는 허구,

---

* 원래 프랑스어판 원서에는 서문이 따로 없다. 여기에 수록하는 것은 이 원서의 뒤표지에 수록된 일종의 발문으로서, 들뢰즈 본인이 직접 작성한 것이다. 상당히 함축적인 글이지만 번역해 그대로 전재한다.

불법적 믿음과 과연 분리될 수 있는가? 그래서 철학은 오류에 대한 비판이기보다는 불가피한 착각의 고발이다.

이 모든 영역에서 경험주의는 믿음을 자연화시키는 무신론적 기획 안에서 지식을 실천적 믿음으로 대체했다.

질 들뢰즈

1 인식의 문제와 도덕의 문제
Problème de la connaissance et problème moral

1. 데이비드 흄은 인간과학을 창조할 것을 제안한다. 흄의 근본적인 기획은 무엇인가? 하나의 선택은 언제나 그것이 배제하는 것의 관점에서 정의되며, 역사적 기획은 논리적 대체물이다. 흄에게 문제가 되는 것은 **정신의 심리학을 정신의 감응*의 심리학으로 대체하는 것**이다. 정신의 심리학은 불가능하다. 즉 그것은 구성 불가능하며, 그 대상에서 [심리학에] 필연적인 항상성도 보편성도 발견할 수 없다. 오직 감응의 심리학만이 참된 인간과학을 구성할 수 있을 것이다.

---

* affection은 주로 '변용'이나 '정동' 등으로 옮겨져 왔다. 그러나 '변용'은 단지 용모나 외관만이 변한다는 오해를 줄 수 있고, '정동'은 affect의 번역어로 더 많이 사용된다. '감응'(感應)이라는 말은 어떤 대상과의 마주침을 통해 촉발되고 변화되는 감정의 운동을 표현하기 위한 번역어이다. 또한 이런 점에서 감정의 운동 상태인 감응의 효과는 '감응태'(感應態/affect)라고 할 수 있다. 들뢰즈는 흄이 정신의 심리학을 정신의 감응의 심리학으로 대체하는 부분에 주목하는데, 이것은 흄의 의도가 일반적인 과학적 심리학이 아니라 오히려 인간이 정념으로 감응해가는 세세한 국면을 파헤치는데 있기 때문이다. 다시 말해 흄은 과학처럼 보편적이고 필연적인 것을 찾으려는 것이 아니라 오히려 우리의 심리적 감응, 정념의 문제를 파헤치는데 관심을 두고 있다는 것이다.

이런 의미에서 흄은 심리학자이기 이전에 모럴리스트*이고 사회학자이다. 『인간본성에 관한 논고』(이하 『논고』)는 정신이 **감응되는** 두 가지 형식이 본질적으로 **정념적****이고 **사회적**임을 보여준다. 그 둘은 서로를 내포하고 있으면서 진정한 과학적 대상의 통일을 보증한다. 한편으로 사회는 각각의 구성원들에게 항상적 반응의 실행, 정념의 현전을 기대하고 요구하는데, 여기서 정념은 동기와 목적, 집단적 성격이나 특수한 성격을 제공할 수 있다. "신민들에게 세금을 부과하는 군주는 그들의 순종을 기대한다."1) 다른 한편, 정념은 그 만족을 위한

---

* 여기서 '모럴리스트'란 '도덕주의자'라는 좁은 의미보다는 주로 16세기의 프랑스에서 유행한 사조와 연관된 넓은 의미로 쓰였다고 볼 수 있다. 이는 몽테뉴를 비롯한 몇몇 프랑스 작가들이 주도한 흐름에 속하는 이들, 즉 자기 자신의 내면을 들여다보는 사람을 지칭한다. 가령 몽테뉴의 『수상록』을 보면 알 수 있듯 이들은 인간의 본성, 기억, 상상력, 불안, 공포, 분노, 환멸 등 어떤 정념(passion)을 들여다보고 논하는 일종의 문학적 심리학자였다. 바로 이런 의미에서 흄은 심리학자이기 이전에 모럴리스트이고 사회학자라 할 수 있다.

** passion이라는 단어는 대략 네 가지 의미로 풀이된다. 첫째로 (어떤 작용을 받아들인다는 의미에서) '겪음,' 둘째로 '수동'(受動), 셋째로 '수난,' 마지막으로 흔히 말하는 '정념'(좁게 말하면 열정)이 그 네 가지 의미이다. 따라서 이 책에서는 일관되게 '정념'으로 옮겼지만, 다른 의미들도 감안해 '겪음'과 '수동'의 뉘앙스(우리가 지각하는 것)를 함께 떠올려 보는 것도 좋겠다. 이런 것이 번역어의 일반적인 한계일 수 있겠으나, 특별히 이 경우에 방금 나열한 의미들을 복합적으로 염두에 두지 않는다면 맥락에 따라 엉뚱한 오해를 초래할 수도 있기 때문이다. 즉 정념=겪음=수동은 인식론적으로 보자면 내가 어떤 방식으로 지각하는 것으로, 감성적으로 말하면 (좁은 의미의) 정념 내지 열정으로도 이해할 수 있을 것이다.

완곡한 수단으로서 사회를 내포한다.[2] 역사에서 이런 정념적인 것과 사회적인 것의 정합성은 결국 내적 통일로 드러난다. 역사는 정치조직과 기관을 그 대상으로 하며, 주어진 대부분의 상황에서 동기-행위의 관계를 연구하고, 인간 정념의 균일성uniformité을 드러낸다. 간단히 말해서 심리학자의 선택은 기이하게도 다음과 같이 표현될 수 있다. 즉 심리학자이기 **위해** 우리는 심리학자이기 **이전에** 먼저 모럴리스트나 사회학자나 역사가일 수밖에 없다. 여기서 인간과학이라는 기획의 내용은 인식 일반을 가능하게 할 수 있는 조건에 연결된다. 다시 말해 정신은 감응되어야만 하는 것이다. 정신은 그 자체로 본성이 아니다. 그것은 과학의 대상도 아니다. 흄을 사로잡게 되는 물음은 이런 것이다. **정신은 어떻게 인간본성이 되는가?**

2. 정념적인, **그리고** 사회적인 감응은 인간본성의 일부일 뿐인 것이 사실이다. 다른 한편에는 오성이, 관념의 연합이 있다. 그러나 이렇게 말하는 것은 관행convention에 의거한 것이다. 반면 흄은 오성의 진정한 역할은 바로 정념을 사교적인 것으로, 이해관계intérêt를 사회적인 것으로 만드는 것이라고 말한다. 오성

---

1) David Hume, *Traité de la nature humaine*, trad. André Leroy, Paris: Aubier, 1946, p. 513; *Treatise of Human Nature*, ed. Lewis Amherst Selby-Bigge, Oxford: Clarendon Press, 1888, p. 405.
2) Hume, *Traité*, p. 641; *Treatise*, p. 521.

은 이해관계를 반영한다. **다른 한편** 우리가 오성을 마치 분리된 한 부분인 것처럼 간주할 수 있다면, 그것은 흡사 물리학자가 운동이 분할 불가능하고 전일적인^{incomposé} 것임을 시종 알고 있으면서도 그것을 분해하는 것과 같은 방식에서일 것이다.3) 우리는 흄에게 두 가지 관점이 공존함을 잊어서는 안 된다. 정념과 오성은 별개의 두 부분으로 명확히 구분된 채인 방식으로 모습을 드러낸다. 그런데도 불구하고 오성은 그 자체로는 그저 사회화되는 정념의 운동에 불과하다. 때로 우리는 오성과 정념이 두 가지 분리된 문제를 구성하는 것을 보게 되지만, 또 다른 때에는 오성이 정념에 종속되는 것도 본다. 각기 따로 연구하는 경우에도 오성이 무엇보다 위의 문제를 일반적인 의미에서 더 잘 이해하도록 도와주는 것은 이 때문이다.

3. 흄은 끊임없이 정신, 상상력, 관념 사이의 동일성을 주장한다. 정신은 본성이 아니며, 본성을 가지고 있지도 않다. 그것은 정신 안의 관념과 동일하다. 관념은 주어지는 바대로 주어진 것[소여]이다$^{le\ donné,\ tel\ qu'il\ est\ donné}$이다.* 그것은 경험이다. 정신은 주어진다. 그것은 관념의 다발로 주어진 것이지 하나의 체계로 주어진 것이 아니다. 이에 따라 우리가 앞서 던진 물음

---

3) Hume, *Traité*, p. 611; *Treatise*, p. 493.
  * "주어지는 바대로 주어진 것"이란 가공되지 않은 것으로서의 경험을 말한다.

은 이렇게 표현될 수 있다. 다발은 어떻게 체계가 되는가? 관념의 다발은 그 다발이 인식능력이 아니라 집합, 즉 그것이 나타난 그대로 그 말의 가장 모호한 의미에서 사물의 집합을 지칭하는 한에서 상상력이라 불린다. 그것은 말하자면 묶음 없는 다발[앨범 없는 수집], 무대 없는 연극, 지각의 흐름이다. "극장의 비유를 오해해서는 안 된다. …… 이런 장면이 재현되는 장소에 대해서도, 그것을 구성하는 재료에 대해서도 우리는 가장 막연한 개념조차 가지고 있지 않다."4) 장소는 그곳에서 벌어지는 것과 다르지 않고, 재현은 주체 안에 있는 것이 아니다. 그렇다면 다시 이렇게 물을 수 있을 것이다. **정신은 어떻게 주체가 되는가? 상상력은 어떻게 인식능력이 되는가?****

관념이 상상력 **안**에 있다는 주장을 흄이 지속적으로 되풀이한 것은 사실이다. 그러나 여기서 이 전치사['~안']는 주체에 대한 내속^{inhérence}을 의미하지 않는다. 오히려 이 전치사는 관념의 운동과 구별되는 활동을 정신에서 배제하고, 정신과 정신 안의 관념이 동일함을 보증하도록 은유적으로 사용

---

4) Hume, *Traité*, p. 344; *Treatise*, p. 253.
** 들뢰즈의 이런 물음에는 대단히 전략적인 측면이 있다. 만일 우리가 흄의 결론을 있는 그대로 받아들이게 되면, 우리가 주체라고 부르는 것은 단지 관념의 다발에 불과한 것이 되고, 상상력은 인식능력이 아니라 한낱 사물의 집합에 지나지 않게 된다. 바로 그렇기 때문에 들뢰즈는 흄을 단지 해체적인 회의주의자로 보는데 그치지 않고, 오히려 흄을 통해 독창적인 주체론을 구성하려고 하는 것이다.

1. 인식의 문제와 도덕의 문제 21

된다. 이 전치사는 상상력이 요인이나 작인이나 결정하는 결정détermination déterminante이 아님을 의미한다. 그것은 결정 가능한 것을 국지화해야 하는, 다시 말해 고정시켜야 하는 한 장소이다. 상상력에 **의해** 행해지는 것은 아무것도 없으며, 모든 것이 상상력 **안에서** 행해진다.* 상상력은 관념을 형성하는 인식능력조차도 아니다. 왜냐하면 상상력에 의한 관념의 산출은 다만 상상력 안에서 인상의 재생에 지나지 않기 때문이다. 확실히 상상력에는 그 고유한 활동이 있지만, 이 활동조차도 환상적이고 착란적인 것이어서 항상성도 균일성도 없다. 상상력은 관념의 운동이고 그 작용과 반응의 총체이다. 관념의 장소인 환상은 분리된 개체들의 다발이다. 관념의 끈lien인 환상은 불을 뿜는 용과 날개 달린 말과 괴물 같은 거인을 만들어내면서5) 우주를 주파하는 운동이다.6) 정신의 바탕은 착란이며, 혹은 (다른 관점에서 보면 동일한 것인) 우연, 무차이indifférence이다.7) 상상력은 그 자체로 본성이 아니며, 다만 환상일 뿐이다. 내가 가지고 있는 관념에는 항상성이나 균일성이 없다. **관념이 상상력을 통해 연결되는** 방식에서의 항상성이나 균일성은 없으

---

* '안'이라는 전치사를 썼다고 해서 상상력이 따로 있고 그 안에 관념이 있는 것이 아니라는 말이다.
5) Hume, *Traité*, p. 74; *Treatise*, p. 10.
6) Hume, *Traité*, p. 90; *Treatise*, p. 24.
7) Hume, *Traité*, p. 206; *Treatise*, p. 125. 정신의 '원초적 상황'(situation primitive)으로서의 무차이.

며, 그런 연결은 우연에 의해 만들어진다.8) 관념의 일반성은 관념의 성격이 아니며, 상상력에 속하지 않는다. 그것은 어떤 관념의 본성이 아니라 모든 관념이 다른 원리의 영향 아래 맡을 수 있는 하나의 **역할**이다.

다른 원리란 무엇인가? 상상력은 어떻게 인간의 본성이 되는가? 항상성과 균일성은 **관념들이 상상력 안에서 연합되는** 방식으로만 존재한다. 연합은 자신의 세 가지 원리(인접성^{contiguïté}, 유사성^{resemblance}, 인과성^{causalité}) 안에서 상상력을 넘어서며, 또한 상상력과는 다른 것이다.** 연합은 상상력에 감응을 불러온다. 연합은 상상력 안에서 그 기원이 아니라 그것의 항과 대상을 발견한다. 연합은 관념을 결합하는 성질이지 관념들 자체의 성질은 아니다.9)

우리는 주체가 믿음^{croyance} 안에서 인과성을 통해 주어진 것을 **넘어서는** 광경을 보게 될 것이다. 글자 그대로 주체는 정

---

8) Hume, *Traité*, p. 75; *Treatise*, p. 10.
** 만일 상상력만 있다면 관념들은 그 안에서 흐르기만 할 것이다. 그것을 정돈하는 능력이 연합인데, 이것은 인접성, 유사성, 인과성을 통해 상상력을 넘어 관념들을 결합하는 역할을 한다.
9) 핵심적인 대목은 다음과 같다. "모든 단순한 관념은 상상력에 의해 분리될 수 있고, 상상력을 만족시키는 형식으로 다시 결합될 수 있다. 그러므로 모든 시간과 장소에서 [그 자체, 즉 상상력을] 어느 정도 통일된 것으로 만들어주는 어떤 보편적 원리에 의해 인도되지 않는 한, 상상력이라는 능력의 작동만큼 설명 불가능한 것도 없을 것이다." Hume, *Traité*, p. 75; *Treatise*, p. 10.

신이 그것에게 주는 것을 넘어선다. 나는 내가 본 적 없고 만져보지 않은 것을 믿는다. 그러나 주체가 주어진 것 너머로 갈 수 있다면, 이는 **무엇보다** 그것이 **정신 안에서**, 정신을 넘어서고 정신에 감응을 불러오는 원리들의 결과이기 때문이다. 믿음이 있으려면 연합의 세 가지 원리 모두가 (상상력이 그 자체로는 가질 수 없고, 인간본성이 되려면 반드시 필요로 하는) 항상성을 상상력에 강제하고, 관념에는 (원래 관념의 성격이 아니라 인간본성의 근원적 성질인) 결합의 원리, 끈을 부여함으로써 주어진 것을 하나의 체계로 조직화해야 한다.10) 인과성이 누리는 특권은 오직 그것만이 우리로 하여금 존재를 확인케 하고 믿도록 할 수 있다는 것이다. 왜냐하면 그것은 대상의 관념이 현재의 인상에 대한 유사성 혹은 인접성을 통해서만 연합됐다면 가질 수 없었을 객관성과 견고함을 그 관념에 부여하기 때문이다.11) 그러나 다른 두 개의 원리 역시 인과성과 공통된 역할을 공유하고 있다. 다시 말해 그것들은 정신을 고정하고 자연화하며, 믿음을 준비하고 거기에 수반된다. 이제 우리는 경험주의의 유일무이한 바탕을 볼 수 있다. 요컨대 정신 안에서는 아무것도 인간본성을 초월하지 않는데, 이는 원리상 정신을 초월하는 것이 인간의 본성이기 때문이다. 즉 초험적인 것*은

---

10) "[그 원리들이] 사라지면 …… 인간의 본성은 소멸되고 파괴될 것이다." Hume, *Traité*, pp. 75, 315; *Treatise*, pp. 10, 225.

아무것도 없다. 연합은 상상력의 규칙^{règle}이지 소산이 아니며, 상상력의 자유로운 실행이 현시되는 것이다. 연합은 상상력을 안내하고 균일하게 만들며 제약하기도 한다.12) 이런 의미에서 관념들은 정신에 의해서가 아니라 정신 안에서 연결[연관]된다.13) 상상력은 실로 인간의 본성이지만, 다른 원리들이 그것을 항상적이고 고정된 것으로 만든 한에서만 그럴 뿐이다.

그러나 이런 정의에도 어려움이 있는 것이 사실이다. 어째서 능동적 힘을 발휘하는 것으로 파악된 규칙이 아니라 규제된 상상력이 인간의 본성이라는 것인가? 어떻게 상상력이 그 자체 안에 생성의 원인을 가지고 있지 않다는 사실에도 불구하고 그 상상력이 하나의 본성이 **된다**고 말할 수 있는가? 답은 간단하다. 본질적으로 원리란 그것이 감응을 불러오는 정신과 관련된 것이지만 본성은 상상력과 관련된다. 그리고 본성의 의미는 상상력을 특화**하는 것이 전부이다. 연합은 본성

---

* 이 책에서 transcendantal은 '경험적'(empirique)과 대립되는 개념이므로 경험을 넘어선다는 의미에서 '초험적'으로, transcendant는 '내재적'(immanent)과 대립되는 개념이므로 '초월적'으로, a priori는 '후험적'(a posteriori)과 달리 인식이 감각 경험에 논리적으로 선행함(경험 독립적인)을 뜻한다는 점에서 '선험적'으로 옮겼다.

12) Hume, *Traité*, p. 75; *Treatise*, p. 10.
13) "두 관념이 상상력 안에서 연관되게 …… 하는 성질……." Hume, *Traité*, p. 78; *Treatise*, p. 13.
** 프랑스어 qualifier는 일반적으로 '규정하다,' '자격이나 성질을 부여하다' 등으로 번역되는데, 여기서는 맥락에 따라 '특화하다'로 옮겼다. 이것들은 사실 거의 같은 뜻인데, '특화하다' 역시 결국 어떤 사물의 자격이

의 법칙^{loi}이고, 다른 모든 법칙이 그렇듯 그것의 원인이 아니라 결과에 의해 정의된다. 이와 마찬가지로, 완전히 다른 면에서 신은 '원인'으로 불릴 수 있고, [G. W. 라이프니츠의] 예정조화 또는 합목적성이 유익하게 언급될 수 있을 것이다.14) 기적에 대한 시론, 또한 불멸성에 대한 시론인 『자연종교에 관한 대화』(이하 『자연종교』)의 결론은 정합적이다. 원인은, 경험을 통해서 그리고 인식으로 그것에 결정된 내용을 제공하는 모든 유비를 초월해 그 자체로서 항상 **사유**될 수 있다.15) 그러나 인간과학으로서의 철학이 원인을 추구할 필요는 없으며, 차라리 결과를 세밀히 뜯어봐야 한다는 것은 변함없다. 원인은 **인식**될 수 없다. 즉 원리의 원인이란 없으며, 그 힘의 기원도 없다. 기원적인 것은 원리가 상상력에 미친 결과이다.

연합의 결과는 세 가지의 형식으로 나타난다.16) 때로 관념은 한 가지 역할을 맡아 상상력 속에서 유사성에 의해 연합되

물의 자격·성질을 일정하게 제한·규정한다는 의미를 가지고 있기 때문이다. 이 동사의 명사형(qualification)은 대부분 '특성화'로 옮겼다.
14) 합목적성(finalité)은 인간본성의 원리와 **자연** 자체의 일치이다. "그런데 여기에는 자연의 원인과 우리의 관념의 계속(繼續) 사이에 일종의 예정조화가 있다." David Hume, *Enquête sur l'entendement humain*, trad. André Leroy, Paris: Aubier, 1947, p. 101; *An Enquiry Concerning Human Understanding*, La Salle: Open Court, 1966, p. 58.
15) David Hume, *Dialogues sur religion naturelle*, trad. Maxime David, Paris: Alcan, 1912, p. 244sq.; *Dialogues Concerning Natural Religion*, ed. Nelson Pike, Indianapolis: Bobbs-Merrill, 1970, p. 97f.
16) Hume, *Traité*, p. 78; *Treatise*, p. 13.

는 모든 관념을 표상할 수 있다. 바로 이것이 일반 관념이다. 또 다른 경우에는 정신**에 의한** 관념들의 결합이 이전에는 없던 규칙성을 획득하게 되고, "자연은 어떤 식으로든 복합 관념으로 통합되기에 가장 적합한 단순 관념을 모두에게 가리켜 보인다."[17] 바로 이것이 실체와 양태이다. 또 때로는 하나의 관념이 다른 관념을 도입할 수도 있다.[18] 바로 이것이 관계이다. 이 세 가지의 경우에서 모두 연합의 결과는 정신이 하나의 관념에서 다른 관념으로 쉽게 이행하도록 해준다. 그리하여 바로 이 쉬운 이행이 관계의 본질이 된다.[19] 본성이 된 정신은 어떤 **경향**을 가진다.*

그러나 어떤 관념을 지시하는 순간에조차 자연은 정신 안에서 관념들을 연합시키며, 따라서 관념은 그 고유한 새로운 성질을 획득하지 않고, 그런 성질을 자신의 대상에 부여할 수도 없다. 즉 어떤 새로운 관념도 나타나지 않는 것이다. 관념은 균일하게 연결되어 있지만, 그 관계는 어떤 관념의 대상이

---

17) Hume, *Traité*, p. 75; *Treatise*, pp. 10~11.
18) Hume, *Traité*, p. 78; *Treatise*, p. 13.
19) Hume, *Traité*, p. 352; *Treatise*, p. 260.
  * 흄은 기본적으로 전통적인 의미의 실체론적인 자연/본성(nature)을 부정한다. 결국 인간의 정신은 주어진 실체라기보다는 관념들이 연합해서 움직이는 어떤 경향으로, 마치 자연현상이 물리적으로 움직이는 것처럼 관념도 그렇게 이행하면서 어떤 경향을 가지게 된다는 것이다. 이런 점에서 흄은 일종의 '정신의 물리학'을 제시한다고 할 수 있다.

1. 인식의 문제와 도덕의 문제

아니다. 사실 흄이 관찰한 바에 따르면 일반 관념은 표상되어야 하지만, 이는 결정된 양과 성질을 가진 특별한 관념의 형식 아래 **환상** 속에서만 있을 수 있다.20) **한편** 상상력은 대자적으로 환상으로 존재할 때 비로소 즉자적으로 본성이 될 수 있다. 나아가 환상은 여기서 완전히 새로운 확장을 발견한다. 환상은 언제나 관계를 불러올 수 있고, 본성의 옷을 빌려 입을 수 있으며, 합법적 인식의 결정된 영역을 넘어서서 인식을 그 고유한 한계 너머로 가져감으로써 일반 규칙을 형성할 수 있다. 인식은 그 **고유한** 환상을 드러내 보일 수 있다. 이를테면 아일랜드인들은 위트가 없고, 프랑스인들은 신뢰할 수 없다는 식이다.21) 이런 확장된 규칙의 결과를 지워내기 위해서, 그리고 인식을 제자리로 되돌려놓기 위해서 우리는 다른 규칙, 교정적 규칙을 적용할 필요가 있다. 환상적 활동의 최저 수준에 있어서 상상력은 하나의 관계가 나타날 때마다 다른 관계를 이용해 그 관계를 배가시키고 강화하고야 말 것이다.22)

---

20) Hume, *Traité*, p. 103; *Treatise*, p. 35.

21) Hume, *Traité*, p. 231; *Treatise*, p. 146.

22) "물체들을 배치할 때 우리는 닮은 것들을 서로 인접하게 놓거나, 아니면 적어도 서로 대응하는 관점에서 놓지 않을 수 없다. 우리가 인접의 관계를 유사의 관계와 결합시키거나, 상황의 유사성을 성질들의 유사성과 결합시키는 데서 만족감을 느끼는 것이 아니라면 다른 무슨 이유가 있겠는가?" Hume, *Traité*, p. 328; *Treatise*, p. 237. 또한 다음도 참조하라. Hume, *Traité*, p. 623; *Treatise*, p. 504.

다른 한편, 정신은 수동으로 있을 때만 본성의 원리에 의해 능동화할 수 있다. 정신은 결과의 영향을 받는다. 관계는 연결하는 것이 아니라 연결되는 것이다. 예컨대 인과성이라는 것은 정념, 반성 인상,23) "유사성의 결과"24)이다. 인과성은 **느껴지는** 것이다.25) 그것은 정신의 지각이지 오성의 결론이 아니다. "우리는 여기서 원인과 결과의 관념이 항상적으로 통합된 대상들로부터 발생하는 것이라고 말하는 데 그쳐서는 안 된다. 우리는 원인과 결과의 관념이 바로 이 대상들의 관념과 동일한 것임을 긍정해야만 한다."26) 요컨대 필연적 관계는 [사물 안에 내재해 있는 것이 아니라] 실로 주체 안에 있는 것이나, **다만 그 주체가 응시하는 한에서** 그렇다.27)* 이것이, 흄이 때로는 부정적인 측면에서 자신의 논제의 역설을 주장하고, 때로는 긍정적인 측면에서 그 정통성을 강조하는 이유이다. 필

---

23) Hume, *Traité*, p. 252; *Treatise*, p. 165.
24) Hume, *Traité*, p. 251; *Treatise*, p. 164.
25) Hume, *Traité*, p. 514; *Treatise*, p. 406.
26) Hume, *Traité*, p. 514; *Treatise*, p. 405.
27) Hume, *Traité*, p. 254; *Treatise*, p. 167.
  * 흄은 이 부분에서 서양철학의 대명제 중 하나인 존재와 사유의 일치를 (물론 그 전에도 간헐적으로는 있었지만) 완전히 끊어버린다. 필연적 관계는 (주체가 가만히 있을 때가 아니라) 주체가 응시하는 한에서 주체 안에 있다는 부분을 주목할 필요가 있는데, 훗날 들뢰즈는 시간의 수동적 종합을 다루는 『차이와 반복』 2장에서 시간의 첫 번째 종합, 즉 현재의 시간(습관)을 설명하는 원리로 '응시'(contemplation)를 사용한다.

연성이 주체 안에 있는 한, 필연적 관계는 사물에서 다만 항상적 연접conjonction일 뿐이다. **필연성은 단지 그것이다.**[28] 그러나 필연성은 주체가 응시하는 한에서만 그것에 속하며, 주체가 행동할 때는 거기에 속하지 않는다.[29] 항상적 연접은 필연적 관계 **전체**이다.[30] 흄에게 결정determination은 결정하는 것이 아니라 차라리 결정되는 것이다. 흄이 정신의, 경향의 작용에 대해 말할 때 그는 정신이 능동적임을 말하고자하는 것이 아니라 정신이 능동화함을, 그리고 그것이 주체가 됐음을 뜻하는 것이다. 흄 철학의 일관된 역설은 자신을 넘어서면서도 수동적인 주체성을 제시하는 데 있다. 주체성은 하나의 결과로서 결정된다. 즉 그것은 **반성 인상**인 것이다. 정신은 원리에 의해 감응될 때 주체가 된다.

본성은 그것이 정신에 미치는 효과 안에서만 과학적으로 연구될 수 있지만, 정신의 유일하고 참된 과학은 본성을 그 대상으로 삼아야만 한다.

---

[28] Hume, *Traité*, pp. 254, 256; *Treatise*, pp. 167, 169.
[29] Hume, *Traité*, p. 517; *Treatise*, p. 408.
[30] "모든 대상은 어느 정도 절대적 운명과 그것의 운동 방향에 의해서 결정된다. 그리고 그 절대적 운명이 운동하는 엄격한 노선에서 더 이상 벗어날 수도 없다. 이것은 어떤 대상이 스스로를 천사로, 정신으로, 혹은 어떤 우월한 실체로 변환시킬 수 없는 것과 마찬가지이다. **그러므로 물질의 운동은 필연적 운동의 사례로 여겨져야 하며**, 이런 관점에서 물질에 대한 동일한 기반이 되는 것은 그것이 무엇이든 필연적인 것으로 인정되어야 한다." Hume, *Traité*, p. 508; *Treatise*, p. 400. 강조는 지은이.

인간본성은 인간에 관한 유일한 과학이다.[31]

이것은 감응의 심리학이 정신의 심리학의 자격을 박탈함을 의미하는 동시에 감응이 정신을 규정함을 의미한다. 이런 식으로 어떤 모호성이 설명된다. 흄의 저작에서 우리는 매우 상이한 두 가지 영감이 동등하지 않게 전개되는 것을 목격하게 된다. 한편으로 정신의 심리학은 관념, 단순한 요소, 최소단위, 그 이상 나누거나 쪼갤 수 없는 것[개체]^{indivisables}의 심리학이다. 그것은 본질적으로 오성의 체계에서 두 번째 부분을, "공간의 관념과 시간의 관념"을 차지한다. 이것은 **원자론**이다. 다른 한편, 인간본성의 심리학은 경향의 심리학, 어쩌면 심지어 인류학, 실천과학, 특히 윤리학, 정치학, 역사학이며, 종국에는 심리학에 대한 진정한 비판이다. 왜냐하면 그것은 하나의 관념 안에 주어지지 않은 모든 결정에서, 정신을 넘어서는 모든 성질에서 그것의 대상의 진실을 발견하기 때문이다. 이 두 번째 영감이 **연합론**이다. 연합론과 원자론을 혼동하는 것은 이상한 오해이다. 그러나 엄밀히 말해 흄의 첫 번째 영감은 어째서 흄의 저작들, 특히 그의 공간론에 남아 있는가? 감응의 심리학이 정신의 심리학을 구성 불가능한 과학으로 비판하고 배제하는 것을 자신의 기획으로 삼고 있으면서도 정신에 대한 본질

---

31) Hume, *Traité*, p. 366; *Treatise*, p. 273.

적 관련성을 본성을 특화하는 조건으로서 그 대상에 포함시키고 있음을 우리는 봤다. 정신이 그 자체로 원자들의 다발이므로 참된 심리학은 즉각적으로도 직접적으로도 가능하지 않다. 원리는 우선 정신에 하나의 대상적 본성을 부여할 때만 정신 자체를 가능한 과학의 대상으로 만든다. 따라서 흄은 원자론적 심리학을 창조한 것이 아니라, 원자론 안에서 그 어떤 심리학도 허용하지 않는 정신의 상태를 보여준다. 그렇기 때문에 흄이 인간과학의 조건이라는 중요한 문제를 간과했다고 비난할 수는 없다. 심지어 근대의 저자들이 원자론에 대한 열성적인 비판을 인간과학의 모든 긍정적 계기에 대응시킬 때, 그들이 흄의 철학적 기획을 반복하지 않은 것을 의아하게 생각할 수조차 있을 것이다. 그러면서 원자론을 역사적이고 국지화된 논제보다는 심리학이 될 수 없는 것의 일반적 도식으로 다루고, 성격학caractérologie과 사회학의, 혹은 정념적이고 사회적인 구체적 권리를 내세워 그것[원자론]을 비난할 것이다.* 오귀스트 콩트는 불가능한 심리학과 관련해 이렇게 말했다.

---

* 흄의 철학은 크게 원자론과 연합론으로 이뤄지는데, 문제는 많은 사람들이 이 둘을 혼동하는 데 있다고 들뢰즈는 비판한다. 들뢰즈는 흄의 연합론이 단지 물리적 원자론을 유기적으로 만든 것이 아니라, 오히려 그런 물리학적인 의미에서의 원자론을 거부하는 입장이라고 본다. 즉 흄은 단지 물리학을 모방해서 그것을 심리학으로 가져간 것이 아니라, 오히려 그런 형태의 심리학을 비판한 인물이라는 것이다. 들뢰즈가 이 장의 맨 처음에서 흄에게는 '정신의 심리학'을 '감응의 심리학'으로 대체하는 것이 문제였다고 말한 것은 바로 이런 의미를 함축한다.

정신l'esprit은 오로지 그것[불가능한 심리학]의 사변의 대상이며, 다양한 감응적 능력은 거의 전적으로 무시될 뿐 아니라 언제나 지성에 종속된다. …… 그러므로 **인간본성** 전체는 이런 헛된 체계에 의해 매우 불충실하게 재현된다.32)

모든 훌륭한 저자들은 적어도 정신의 심리학이 불가능하다는 데 동의한다. 그렇기 때문에 그들은 의식과 인식의 모든 동일화를 그토록 비판하는 것이다. 의식과 인식은 정신에 본성을 부여하는 요인의 결정에 대해서만 차이를 가진다. 때로는 물체와 물질이 그런 요인이다. 심리학이 생리학을 위한 자리를 만들어야 하는 것이다. 또 때로는 물질의 심리적 등가물, 특수한 원리가 그런 요인이 된다. 이때 심리학은 동시에 그것의 유일무이하고 가능한 대상과 과학적 조건을 발견한다. 흄은 자신의 연합 원리를 가지고 후자의 경로를 택했다. 그것은 가장 어렵고도 가장 대담한 경로이다. 흄이 유물론에 공감하는 동시에 그것에 대해 말을 아끼는 것은 바로 이 때문이다.

4. 지금까지 우리는 "정신은 어떻게 본성이 되는가?"라는 흄 철학의 문제를 제시했을 뿐이다. 그러나 **어째서** 이것이 문제인가? 문제는 다른 면에서 다시 제기되어야 한다. 흄의 문제는

---

32) Auguste Comte, *Cours de philosophie positive*, tome III, Paris: Schleicher Fréres, 1908, p. 41.

오로지 사실만을 고려하고, 따라서 경험적이다. **사실은 무엇인가?**^{Quid facti?} 인식에서 사실이란 무엇인가? 그것은 초월 또는 넘어섬이다. 나는 내가 아는 것 이상을 긍정하며, 나의 판단은 관념을 넘어선다. 달리 말하면 **나는 주체이다.** 나는 이렇게 말한다. 카이사르는 죽었고, 태양은 내일 떠오를 것이며, 로마는 존재한다고. 나는 보편 명제를 말하고, 나는 믿음을 가지며, 나는 관계를 수립한다. 이것이 사실이고 실천이다. 인식에서 사실은 어떤 것인가? 이런 실천이, 관념과 직접적으로 모순을 이루지 않고서는 관념의 형식으로 표현될 수 없다는 **것이 사실이다.** 일반 관념 혹은 추상 관념과 어떤 관념의 본성 사이의 양립 불가능성을 예로 들어보자.33) 아니면 대상들 사이의 실재적 연관과 우리가 그 연관을 적용하는 대상들 사이의 양립 불가능성을 살펴보자.34) 그 양립 불가능성이 더 직접적인 것일수록, 또는 직접적으로 결정된 것일수록 그것은 더욱 결정적인 것이 될 것이다.35) 흄은 오랜 논의 끝에 이 지점에 도달하

---

33) "그것[어떤 인상이 특정한 정도나 비율을 갖지 않고 실재한다는 것]은 명사 모순이다. 그것도 모든 모순 중에서 가장 명백한 모순, 즉 동일한 것이 존재하면서 존재하지 않을 수 있다고 말하는 것과 같은 모순이다." Hume, *Traité*, p. 84; *Treatise*, p. 19.
34) Hume, *Traité*, p. 255; *Treatise*, p. 168.
35) 라포르트는 흄의 저작에서 실천이 이념으로 표현된 것으로 보는 직접적으로 모순된 성격을 잘 보여줬다. 이런 의미에서 추상의 불가능한 공식은 이런 것이다. 1을 어떻게 2로 만들 수 있는가? 그리고 필연적 연관의

는 것이 아니라 **여기서 출발하며**, 따라서 모순에 대한 주장은 당연히 근원적 도전의 양상을 띠게 된다. 이것은 오성의 체계 내부에서 철학자가 다른 이들과 맺는 유일한 관계이다.36) "당신이 주장하는 관념을 보여주시오."이 도전의 목적은 바로 정신의 심리학이다. 사실 주어진 것과 경험은 이제 두 가지 상반된 의미를 가진다. 주어진 것은 그것이 정신에 주어진 것이고 아무것도, 심지어 정신도 그것을 넘어서지 않는다는 점에서 관념이며, 따라서 관념과 동일하다. 그러나 넘어섬 자체도 완전히 다른 의미와 방식에서, 즉 실천으로서, 정신의 감응으로서, 반성 인상으로서 주어진다. 정념은 정의될 필요가 없다고 흄은 말한다.37) 이와 마찬가지로 믿음은 각자가 충분히 느끼는 "내가 무엇인지 모르는 그것"$^{je\ ne\ sais\ quoi}$이다.38) 경험적 주체는 정신을 감응시키는 원리의 영향 아래 정신 안에서 구성되며, 정신은 선재하는 주체의 성격을 갖지 않는다. 참된 심리학, 그러니까 감응의 심리학은 그 각각의 계기 속에서, 확실히 인간 현실을 구성하는 요소와 모순을 이루지 않고서는 파

불가능한 공식은 이렇다. 2를 어떻게 1로 만들 수 있는가? Jean Laporte, *Le problème de l'abstraction*, Paris: PUF, 1940.

36) 철학자의 '절망적인 고독'(solitude désespérée), 그리고 긴 논증의 불필요함에 대해서는 각각 다음을 참조하라. Hume, *Traité*, pp. 356, 244; *Treatise*, pp. 264, 159.

37) Hume, *Traité*, p. 375; *Treatise*, p. 277.

38) Hume, *Traité*, p. 173; *Treatise*, pp. 628~629.

악할 수 없는 정신의 거짓 심리학에 대한 비판이기도 할 것이다. 그러나 철학은 왜 이런 비판을 떠맡아 하나의 관념으로 넘어섬을 표현하고 모순을 산출해내며 양립 불가능성을 인식의 사실로서 선언**해야만 하는가?**

그것은 주어진 넘어섬이 관념 안에 주어진 것이 아니라 정신을 특화한다는 점에서 정신을 참조하는 것이기 때문이다. 정신은 비판의 대상인 동시에 필연적 참조의 항이기도 하다. 비판의 필요성이 여기에 있다. 이것이 오성에 관한 문제에 있어 흄의 방법이나 방식이 언제나 동일한 까닭이다. 그러니까 흄의 방식은 정신 내 관념의 부재로부터 정신의 감응의 현전으로 간다. 한 사물의 관념에 대한 부정은 이 사물의 성격과 그 반성 인상의 본성이 동일함을 긍정한다.* 존재, 일반 관념, 필연적 연관, 자아, 선악의 경우가 이렇다. 이 모든 경우에 있어서 관념의 기준을 부정하기보다는 관념 자체에 대한 부정이 기준으로 기능한다. 넘어섬은 늘 무엇보다 그것이 넘어서는 것과의 부정적 관계 속에서 이해된다.39) 거꾸로, 넘어섬의

---

* 주지하는 바와 같이 흄은 회의주의적 경험주의자였다. 따라서 한 사물의 성격은 우리의 반성 인상을 넘어서 있는 어떤 객관적인 것이 아니라 우리의 반성 인상과 동일하다는 것이다. 이런 점에서 이것은 버클리의 "존재는 지각된 것이다"(esse est percipi)라는 명제와 통한다.

39) 흄은 일반 관념에 관해 자신의 주장을 이해하려면 우선 비판을 거쳐야 함을 분명히 말한다. "아마도 이 네 가지의 반성은 내가 추상 관념에 관해 제기한 가설, 지금까지 철학에서 지배적이던 것과 상반되는 가설의 모든 어려움을 없애도록 도와줄 것이다. 그러나 사실을 말하면 나는 내

구조 속에서 정신은 외부로부터 그것에로 오는 일종의 실증성 positivité을 발견한다.

그러나 이때 우리는 어떻게 이 전체 방식을 흄의 원리와 화해시킬 수 있는가? 흄의 원리에 따르면 모든 관념은 대응하는 인상으로부터 유래하며, 따라서 **모든** 주어진 인상은 그것을 완벽하게 표상하는 하나의 관념 속에서 재생된다. 예컨대 만일 필연성이 반성 인상이라면 거기에는 반드시 필연성의 관념이 있어야 하는 것이다.[40] 흄은 말하기를, 비판은 필연적 연관의 관념에서 그 의미를 제거하지 않으며, 다만 그것이 잘못 적용된 것을 파괴할 뿐이라 했다.[41] 분명 필연성의 관념은 있다. 그러나 기본적으로 우리가 반성 인상을 말한다면, 그것은 필연적 관계가 (특정한 정황circonstance 속에서) 한 대상의 관념에 의해 다른 개념의 형식으로 감응되고 결정된다는 의미에서이다. 필연성의 인상은 정신의 특성화이므로 사물의 성질로서 그 관념을 산출할 수 없을 것이다. 원리의 결과인 반성 인상의 [고유한] 특성은 다양한 방식으로 정신을 주체로서 **특화하는** 것이다. 이때 감응으로부터 모습을 드러내는 것은 주체

가 일반 관념을 설명하는 공통된 방법에 따라 그것[일반 관념]의 불가능성에 관해 앞서 증명한 바를 가장 확신하고 있다." Hume, *Traité*, p. 90; *Treatise*, p. 24. 정신의 감응이 무엇인지 이해하기 위해서 우리는 정신의 철학에 대한 비판을 해야 한다.

40) Hume, *Traité*, p. 252; *Treatise*, p. 165.
41) Hume, *Traité*, p. 248; *Treatise*, p. 162.

성의 관념이다. **관념이라는 말은 이미 같은 의미일 수 없다.** 결국 감응의 심리학은 구성된 주체의 철학이 된다.

합리주의가 잃어버린 것이 이 철학이다. 흄의 철학은 표상에 대한 날카로운 비판이다. 흄은 관계가 아니라 표상에 대한 비판을 한 것이며, 그것은 표상이 관계를 드러낼 **수 없기 때문**이다. 표상을 하나의 기준으로 만들고 관념을 이성 안에 위치시키면서 합리주의는 경험의 일차적 의미에서 구성될 수 없는 것, 모순 없이 관념에 주어질 수 없는 것을 관념 안에 위치시켰다. 즉 관념 자체의 일반성과 대상의 존재, "항상, 보편적, 필연적, 참된" 같은 단어들의 내용을 말이다. 합리주의는 철학에서 실천과 주체의 의미와 내포를 제거해 버리고 정신의 결정을 외부의 대상으로 옮겼다. 사실 정신은 이성이 아니며, 이성이 정신의 감응이다. 이런 의미에서 이성은 본능,[42] 습관, 혹은 본성[43]으로 불려야 할 것이다.

우리는 [이성이] 정념들의 일반적이고 차분한 결정에 지나지 않는 것으로서, 어느 정도 떨어진 거리에서 조망한 모습 또는 반성 위에 정초된 것임을 알게 됐다.[44]

---

42) "이성은 우리 영혼의 놀랍고도 알 수 없는 본능으로, 특정한 일련의 관념을 실어 나르고 그것에 특수한 성질을 부여한다." Hume, *Traité*, p. 266; *Treatise*, p. 179.

43) Hume, *Traité*, p. 274; *Treatise*, p. 187.

이성은 일종의 감정sentiment이다. 결국 철학의 방법이 관념의 부재에서 인상의 현전présence으로 옮겨가는 것처럼 이성의 이론 역시 회의주의에서 실증주의로, 다시 말해 이성의 회의주의에서 감정의 실증주의로 옮겨간다.* 그럴 경우 실증주의는 특화된 정신 안에 감정의 반성으로서 이성을 내포한다.

우리는 원자론과 연합론을 구별하는 것처럼 '관념'이라는 말의 두 가지 의미도 구별해야 하고, 따라서 '인상'의 의미도 둘로 구별해야 한다. 어떤 의미로 우리는 필연성의 관념을 갖지 않지만 다른 의미로는 가지고 있기도 하다. 감각 인상과 반성 인상을, 혹은 감각 관념과 반성 관념을 가능한 한 동시적으로 드러내고 동질적인 것으로 묘사하는45) 구절들에도 불구하고 둘 사이에는 본성상의 차이가 있다.** 예컨대 다음의 인용문을 살펴보자.

---

44) Hume, Traité, p. 709; Treatise, p. 583.
 * 이때의 실증주의라는 말은 콩트의 실증주의가 아니라 완화된 회의주의, (콩트 등에 비해) 훨씬 겸손한 실증주의라는 뉘앙스를 담고 있다. 즉 우리가 관념의 부재만을 말하고 끝나는 것이 아니라 인상의 현전을 말하는 것과 같이, 일반적인 회의주의로부터 완화된 회의주의로, 훨씬 겸손한 실증주의로 이동하는 것을 뜻한다.
45) Hume, Traité, p. 72; Treatise, p. 8.
 ** 흄은 지각을 인상과 관념으로 구분하듯이 인상을 그 생생함에 준해 감각 인상(감각을 통한 근원적 지각)과 반성 인상(정신의 결정 또는 정신 안에서 이뤄지는 연합의 원리에 의한 결과)으로 분류한다. 즉 감각 인상과 반성 인상은 각각 모든 지각의 근원과 인간의 정념을, 감각 관념과 반성 관념은 각각 감각 인상과 반성 인상의 재현적 지각을 가리킨다.

그것[계속적인 지각들의 현상 방식에 대한 관찰]이 반성의 새로운 관념을 산출하는 데 필수적이기 때문에, 그런 응시[관찰]로부터 어떤 새로운 근원적 인상을 느끼도록 **자연이 그 능력을 틀지어 놓지 않았다면**, 정신은 자신의 감각들의 모든 관념을 수천 번 선회한들 어떤 새로운 관념을 추출할 수 없다.46)

감각 인상은 단지 정신의 기원이다. 반성 인상은 정신의 특성화이고, 정신 안에서 원리의 결과이다. 모든 관념이 기원의 관점에 따라 선재하는 인상에서 유래하고 그것을 표상하지만 그런 관점은 확실히 사람들이 거기서 구하는 것만큼의 중요성을 갖지 않는다. 그 관점은 다만 정신에 단순한 기원을 부여하고, **사물**을 표상하는 일에서 관념을 해방하지만 그 사물의 표상으로 인해 사람들은 관념의 유사성을 부적절하게 이해하게 되기 때문이다. 정말 중요한 것은 반성 인상의 측면에 있는데, 왜냐하면 그것이 정신을 주체로 특화하는 것이기 때문이다. 경험주의의 본질과 운명은 원자가 아니라 연합에 결부되어 있다. 경험주의는 본질적으로 정신의 기원이라는 문제를 제기하는 것이 아니라 주체의 구성이라는 문제를 제기한다. 나아가 경험주의는 주체를 창조의 산물이 아니라 초월의 원리의 결과로

---

46) Hume, *Traité*, p. 105; *Treatise*, p. 37. 강조는 인용자. 또한 다음을 참조하라. *Traité*, p. 386; *Treatise*, p. 287.

서 고찰한다. 어려운 것은 관념 혹은 인상에 대한 두 가지 의미 사이, 혹은 기원과 특성화 사이에 할당할 수 있는 관계를 수립하는 일이다. 우리는 앞서 그 차이를 살펴봤다. 흄이 인식의 이율배반이라는 형식으로 다시금 맞닥뜨린 것이 이와 같은 어려움이다. 그것은 자아의 문제를 규정한다. 정신은 주체가 아니라 종속된 것이다. 주체가 원리의 영향 아래서 정신 안에 구성될 때, 정신은 자신을 하나의 **자아**^{Moi}로 파악하며, 이는 그것이 특화됐기 때문이다. 그러나 주체가 단지 관념의 다발 안에서 구성된다면 관념의 다발은 어떻게 자신을 하나의 자아로 파악할 수 있으며, 그런 동일한 원리의 영향 아래서 '나'^{moi}라고 말할 수 있는가? 우리는 우리가 어떻게 자아로의, 즉 주체에서 자아로 향하는 경향을 통과할 수 있는지 알지 못한다. 주체와 정신은 최후에 어떻게 자아 안에서 하나를 이룰 수 있는가? 자아는 관념의 다발인 동시에 경향, 정신이자 주체여야 한다. 다만 이해할 수 없는 것은 종합이다. 기원과 특성화는 종합의 개념 안에 화해되지 않은 채로 함께 들어 있다.

요컨대 내가 일관된 것으로 만들 수 없는 두 개의 원리가 있다. 둘 중 하나를 버리는 것도 내 능력 밖의 일이다. 그 두 개의 원리란 우리의 모든 본능적 지각은 구별되는 존재라는 것과, 정신은 결코 구별되는 존재들 사이에서 어떤 실재적 연관도 지각하지 않는다는 것이다.[47]

흄은 어쩌면 한 가지 답이 가능할 수도 있다는 점을 덧붙인다. 이런 희망을 어째서 가질 수 있는지 뒤에서 살펴보자.

5. 과학의 진정한 대상은 인간본성이다. 그러나 흄의 철학은 우리에게 이런 본성의 두 가지 양태, 두 종류의 감응을 제시한다. 한편에는 연합의 결과가 자리하고, 다른 한편에는 정념의 결과가 자리한다. 이들은 저마다 한 체계의 결정으로, 오성의 체계와 정념과 도덕의 체계가 그것들이다. 그러나 그 둘 사이의 관계는 어떤 것인가? 우선 그 둘 사이에는 일종의 평행성이 수립되어 정확하게 계속되는 듯하다. 믿음과 공감은 대응한다. 나아가 공감에 속하고 믿음을 넘어서는 모든 것은 분석에 따르면 정념이 관념에 덧붙인 것에 유사하다.[48] 다른 면으로 보자면, 연합이 정신에 필연적인 일반성, 그러니까 이론적 인식에 필수불가결한 한 가지 규칙을 고정시키듯이 정념은 정신에 항상성의 내용을 제공하고,[49] 실천적이고 도덕적인 활동을 가능케 하며, 역사에 그 의미를 준다. 이런 이중의 운동이 없이는 인간의 본성 자체가 존재하지 않을 것이고, 상상력은 환상에 머무를 것이다. 대응은 거기에 그치지 않는다. 동기와

---

47) Hume, *Traité*, p. 760; *Treatise*, p. 636.
48) Hume, *Traité*, pp. 421~422; *Treatise*, pp. 319~320.
49) Hume, *Traité*, p. 418; *Treatise*, p. 317; *Entendement humain*, p. 131; *Human Understanding*, pp. 89~90.

행위의 관계는 인과성과 동질적인 것으로서[50] 역사가 인간의 물리학으로서 해석되기에 이른다.[51] 끝으로 본성의 세부사항에 대한 결정으로 말하자면, 마치 도덕성의 세계를 구성하는 경우와 같이 일반 규칙은 확장적인 동시에 교정적이라는 점에서 같은 의미를 가진다. 우리는 오성의 체계를 이론과 동일시하지 않을 것이며, 도덕과 정념의 체계를 실천과 동일시하지도 않을 것이다. 믿음이라는 이름 아래 오성의 실천이 있으며, 사회적 조직화와 정의의 형식으로 도덕에 관한 이론이 있다. 나아가 흄에게서 나타나는 그 모든 경우에 유일하게 가능한 이론은 실천의 이론이다. 오성을 위해 개연성의 계산과 일반 규칙이, 도덕과 정념을 위해 일반 규칙과 정의가 있다.

그러나 아무리 중요해도, 이 모든 대응은 철학의 현시와 그 결과의 분배일 뿐이다. 두 구성된 영역의 유비 관계 때문에 어느 편이 다른 편을 철학적 문제로 구성하도록 결정하는지 잊

---

[50] 죄수는 "사형대로 끌려갈 때 도끼나 수레바퀴의 작동에서만큼이나 그의 간수의 단호함과 충실함에서 자신의 죽음을 분명하게 내다본다." 도덕적 증거와 물리적 증거 사이에는 본성상의 차이가 없다. Hume, *Traité*, pp. 515, 258; *Treatise*, pp. 406, 171.

[51] "전쟁, 음모, 파당, 혁명의 이런 기록[인간의 변하지 않는 본성을 발견할 수 있도록 해주는 원천]은 그토록 많은 경험의 집합으로, 정치인이나 도덕철학자는 이에 준해 자신의 과학의 원리를 고정시킨다. 마치 물리학자나 자연철학자가 실험을 통해 식물, 광물, 그밖의 외적 대상에 대해 잘 알게 되는 것이나 마찬가지이다." Hume, *Entendement humain*, p. 131; *Human Understanding*, p. 90.

어서는 안 된다. 우리는 철학의 동기^{mobile}를 자문하는 것이다. 적어도 사실은 결정하기 쉽다. 흄은 무엇보다 모럴리스트이고, 정치사상가이며, 역사가이다. 그러나 어째서인가?

『논고』는 오성의 체계로 시작해 이성의 문제를 제기한다. 다만 그런 문제의 필요성은 명백하지 않다. 이성의 문제는 기원을 가지는 것이 분명하며, 우리는 그것을 이 철학의 동기로 볼 수 있다. 이성이 그 자체로 문제인 것은 이성이 문제를 풀기 때문이 아니다. 이와 달리 이성이 그 고유 영역에 관한 문제를 가지려면 이성을 피해 그것을 먼저 문제에 부치는 영역이 있어야 한다. 『논고』에서 중요한 주된 문장은 다음과 같다.

> 내 손가락을 긁느니 전 세계의 파괴를 선택하는 것은 이성에 반하지 않는다.[52]

더욱이 모순은 과잉적 관계이다. 이성이 그 자신을 문제 삼아 자기 본성의 문제를 제기할 수 있는 것은 이성이 존재와 공외연적이지 않고, 존재하는 모든 것에 적용되지 않기 때문이다. 여기서 이성은 실천을 결정하지 않는 것이 사실이다. 이성은 실천적·기술적으로 충분하지 않다. 의심의 여지없이 이성은 정념의 적절한 대상이 되는 어떤 사물의 존재를 알려줌으

---

52) Hume, *Traité*, p. 525; *Treatise*, p. 416.

로써, 혹은 원인과 결과의 연관을 만족의 수단으로 발견함으로써 실천에 영향을 준다.53) 그러나 우리는 이성이 어떤 행위를 산출한다든가, 정념이 그것에 모순된다거나, 심지어 이성이 정념을 좌절시킨다고 말할 수는 없다. 모순은 적어도 관념과 그 관념이 표상하는 대상의 불일치를 내포한다.

정념은 근원적 존재이며, 달리 말하면 존재의 변양이고, 그것을 다른 어떤 존재나 다른 양태의 복제로 만드는 어떤 표상적 성질도 포함하지 않는다.54)

도덕적 구별은 정념을 불러일으키고 행위를 산출하거나 막기 때문에, 이성을 통해 발생하지는 않는다.55) 소유물을 약탈하는 것과 약속을 위반하는 것에 모순이 있으려면 약속과 소유권이 본성 속에 존재해야만 한다. 이성은 언제나 적용될 수 있지만, 그것은 선재하는 세계에 적용되며 선행하는 도덕과 목적의 질서를 전제한다.56) 결국 이성이 그 차이를 찾고자 하는 것은 실천과 도덕이 (그 정황에 있어서가 아니라) 그 본성에 있어서 이성에 무관심하기 때문이다. 외부로부터 부정됐기 때문

---

53) Hume, *Traité*, p. 574; *Treatise*, p. 459.
54) Hume, *Traité*, p. 525; *Treatise*, p. 415.
55) Hume, *Traité*, p. 572; *Treatise*, p. 457.
56) Hume, *Traité*, p. 584; *Treatise*, p. 468.

에 내부로부터 스스로를 부정하고 망상과 회의주의로 나타나게 되는 것이다. 나아가 실천 자체가 회의주의에 대해 무관심한 것은 그 회의주의의 기원과 동력이 외부에, 즉 실천에 대한 무관심에 있기 때문이다. 우리는 언제나 주사위 놀이를 할 수 있다.57) 철학자는 다른 모든 세상 사람처럼 행동한다. 회의주의자의 특성은 그의 추론이 대답을 허용하지 않는 동시에 확신을 만들어내지도 않는다는 것이다.58) 그러므로 우리는 이전의 결론으로, 이번에는 완결된 그 결론으로 다시 돌아오게 된다. 그것은 회의주의와 실증주의가 동일한 철학적 추론에 의해 상호 내포되어 있다는 것이다. 정념과 도덕의 실증주의는 이성에 대한 회의주의를 낳는다. 이렇게 내면화된 회의주의는 이성의 회의주의가 되어 오성의 실증주의를 야기한다.* 오성의 실증주의는 실천의 이론으로서 이성의 회의주의의 **이미지**에 따라 고안된다.59)

---

57) Hume, *Traité*, p. 362; *Treatise*, p. 269.
58) Hume, *Entendement humain*, p. 210; *Human Understanding*, p. 173.
  * 말하자면 오성 위에 이성이 있는데, 이성으로 과도하게 나아가게 되면 회의주의가 되지만, 오성으로 내려오면 겸손하고 완화된 실증주의로 간다는 것이다. 사실 이것은 고대 철학사에서 회의주의가 완화되는 과정과 거의 유사한 궤적을 그리고 있다. 즉 회의주의를 너무 강하게 밀어붙인 나머지 회의주의의 주장마저 할 수 없는 아이러니한 상황을 생각해 보라.
59) 거꾸로, 당연하게도 오성은 도덕의 본성에 대해 자문한다. Hume, *Traité*, pp. 363~364; *Treatise*, pp. 270~271.

유사성이 아니라 이미지에 따라서이다. 이제 우리는 도덕의 체계와 오성의 체계의 차이를 정확히 이해할 수 있다. 우리는 감응 방식에서 두 개의 항, 즉 정념적 혹은 도덕적 감응과 인식의 차원으로서의 넘어섬을 구별한다. 의심의 여지없이 도덕의 원리, 즉 정념의 근원적·자연적 성질은 마치 연합의 원리가 그렇듯 정신을 넘어서고 정신에 감응을 불러온다. 경험적 주체는 모든 원리의 결합된 결과에 의해 정신 안에 잘 구성된다. 그러나 이 주체가 주어진 것을 넘어설 수 있는 것은 다름 아닌 연합 원리의 (동등하지 않은) 영향 아래서뿐이다. 즉 주체는 믿는다. 바로 이런 의미에서 넘어섬은 오직 인식에 관한 것이다. 넘어섬은 관념을 그 자체 너머로 가져가면서 거기에 역할을 부여하고 그 대상을 긍정하며 그것의 끈을 구성한다. 이로써 오성의 체계 안에서 정신에 영향을 미치는 가장 중요한 원리는 **무엇보다** 활동 안에서, 즉 주어진 것을 넘어서는 주체의 운동 속에서 연구되기에 이른다. 인과관계의 본성은 **추리** inférence에 있다.60) 도덕에 관해서는 전개가 완전히 다른데, 그것이 넘어섬을 유비적으로 제시하는 형태를 취하는 경우에도 그렇다.61) 거기서 추리는 일어나지 않는다.

---

60) "다른 방법으로 진행할 수 있다면, 관계 자체를 설명하기 전에 관계로부터 우리의 추론을 먼저 검토하는 이 순서는 용납될 수 없었을 것이다." Hume, *Traité*, p. 256; *Treatise*, p. 169.
61) Hume, *Traité*, pp. 584~586; *Treatise*, pp. 468~470.

우리는 어떤 성격이 유쾌하기 때문에 그것을 덕이라고 추론하지 않는다. 그러나 그런 특수한 방식에 따라 그 성격이 유쾌하다는 것을 느끼면서 결국 그것을 덕으로 느끼게 된다.62)

도덕은 관념을 다만 그 상황의 요인으로 인정하고 연합이 인간본성의 구성된 요소임을 받아들인다. 반면 오성의 체계 안에서 연합은 인간본성의 구성적 요소, 유일한 구성적 요소이다. 이런 이중성을 묘사하기 위해서는 흄이 두 개의 **자아**를 구분한 것과 그가 대응하는 문제를 제시하고 다루는 상이한 방식을 참조해야 할 것이다.63)

결국 서로 매우 잘 구별되는 성격이 즉각 드러나는 두 종류의 실천이 있다. 오성의 실천은 **자연**의 세부사항을 결정하고 확장에 의해 진행된다. 물리학의 대상인 **자연**은 **부분 밖의 부분**이다.* 이것이 그 본질이다. 그 관념의 관점에서 대상을 고

---

62) Hume, *Traité*, p. 587; *Treatise*, p. 471; David Hume, *Enquête sur les principes de la morale*, trad. André Leroy, Paris: Aubier, 1947, p. 150; *An Inquiry Concerning the Principles of Morals*, ed. Charles W. Hendel, Indianapolis: Bobbs-Merrill, 1957, p. 150.
63) "우리는 인격적 동일성이 우리의 사유나 상상력에 관한 것일 때와, 우리의 정념이나 우리가 자신에 대한 고려에 관한 것일 때를 구별해야 한다." Hume, *Traité*, p. 345; *Treatise*, p. 253.
* '부분 밖의 부분'(partes extra partes)이라는 라틴어는 말 그대로 부분 '밖의' 부분이라기보다는 서로 겹칠 수 없다는 뉘앙스를 담고 있다. 즉 부분들이 모두 합쳐지면 전체가 된다고 할 때, 부분들의 합이 그 전체에 정확히 맞아떨어지는 그런 공간적 논리의 관계를 가리키는 말이다. 따라

려한다면 모든 대상이 "서로에게 원인이나 결과가 되는"64) 것이 가능하다. 인과관계는 대상의 성질이 아니기 때문이다. 논리적으로는 무엇이든 무엇의 원인이 될 수 있다. 반면 두 대상의 연접을 관찰한다면, 연접을 현시하는 수적으로 상이한 각각의 경우들은 서로에 대해 독립적이며, 어느 것도 다른 것에 영향을 미치지 않는다. 각각의 경우는 "시간과 공간에 의해 전적으로 분리되어 있다."65) 또한 어떤 개연성의 구성 부분일 뿐이다.66) 사실 개연성이 인과성을 전제한다면 인과적 추론에서 태어난 확실성은 여전히 하나의 한계, 개연성의 특수한 경우, 절대적으로 실천적인 개연성들의 수렴이다.67) **자연**은 실제로 하나의 외연적 크기이며, 물리적 실험과 측정에 동참한다. 본질적인 것은 부분들을 결정하는 것이며, 그것이 인식의 영역 안에서 일반 규칙의 기능이다. **자연**의 전체는 없으며, 더 이상 발견될 것이 있다기보다는 발명될 것이 있다. 전체는 바로 하나의 다발이다. "나는 이 부분들을 하나의 전체로 통합하는 것

서 이 표현을 아주 심하게 의역한다면 '외연적 정합성' 정도가 될 것이다. 여기서 이 표현은 부분들의 외재성을 강조하기 위해 사용됐다고 볼 수 있다. 다시 말해 전체에 선행하는 부분들이 서로 외재적인 관계를 맺고 있다는 것으로, 임마누엘 칸트의 외연적 크기와 강도적 크기의 구분에 있어서 전자의 조건에 해당한다.

64) Hume, *Traité*, p. 260; *Treatise*, p. 173.
65) Hume, *Traité*, p. 250; *Treatise*, p. 164.
66) Hume, *Traité*, pp. 219~220; *Treatise*, pp. 135~136.
67) Hume, *Traité*, p. 213; *Treatise*, p. 130.

은 …… 다만 정신의 임의적 작용에 의해 수행될 뿐이며, 사물의 본성에는 영향을 미치지 않는다고 답한다."68) 지식의 일반 규칙은 그 일반성이 전체에 관한 것인 한에서 우리 오성의 자연적 원리와 다르지 않다.69) 어려움은 발명에 있는 것이 아니라 그것을 적용하는 데 있다고 흄은 말한다.

대조적으로 도덕적 실천은 이와 다르다. 여기서 부분들은 직접적으로 어떤 추론도, 어떤 필연적 적용도 없이 주어진다. **그러나 확장적으로 존재하는 대신에 이 부분들은 상호 배타적이다.** 그것들은 자연에서처럼 부분적이지 않다. 그것들은 오히려 편파적이다. 도덕적 실천에서 어려움은 그런 부분성을 우회시키고 비끼게 하는 것이다. 중요한 것은 발명하는 것이다. 정의는 인위적 덕성이고, "인간은 발명하는 종이다."70) 본질적인 것은 도덕성 전체를 구성하는 것이며, 정의는 하나의 도식이다.71) 그 도식은 사회의 원리 자체이다.

정의의 단일한 작용은, 그 자체를 고려할 때 종종 공공복리와 모순될 수 있다. 또한 행위의 일반적 도식 또는 체계 안에서 인류의 협력만이 이로운 것이다.72)

---

68) Hume, *Religion naturelle*, p. 258; *Natural Religion*, pp. 78~79.
69) Hume, *Traité*, p. 262; *Treatise*, p. 175.
70) Hume, *Traité*, p. 601; *Treatise*, p. 484.
71) Hume, *Traité*, p. 615; *Treatise*, p. 497.

문제는 이제 넘어섬에 관한 것이 아니라 통합^{intégration}에 관한 것이다. 언제나 한 부분에서 다른 부분으로 진행하는 이성과는 대조적으로, 감정은 전체에 대해 반응한다.73) 그에 따라 도덕의 영역에서 일반 규칙은 다른 의미를 가진다.

---

72) Hume, *Traité*, p. 705; *Treatise*, p. 579.
73) Hume, *Principes de la morale*, p. 151; *Principles of Morals*, p. 497.

2 문화의 세계와 일반 규칙
Le monde de la culture et les règles générales

1. 도덕의 결정에 대해 설명해야 한다. 도덕적 의식의 본질은 승인하는 것과 반대하는 것이다. 우리가 칭찬하게도 비난하게도 만드는 감정^{sentiment}, 또는 선과 악을 결정하는 고통과 기쁨은 근원적 본성을 가진다. 그것은 어떤 성격 일반을 고려함으로써 우리의 특수한 이해관계와 무관하게 산출된다.[1] 그러나 우리가 어떤 추리도 없이 자신의 관점을 버리고 "간단히 조사해봄으로써" 어떤 성격^{caractère} 일반을 고려하도록 만들 수 있는 것은 무엇인가? 달리 말해 그 성격을 타인이나 인물 자체에 유용한 것으로, 혹은 그것이 타인이나 인물 자체의 마음에 드는 것인 한에서 파악하고 그것을 체험하도록 만드는 것은 무엇인가? 이에 대한 흄의 답은 간단하다. 공감^{sympathie}이라는 것이다. 다만 공감에는 한 가지 역설이 있다. 공감은 우리에게

---

[1] "성격은 우리 자신의 특수한 이해관계와 무관하게 일반적으로 고려될 때에만 도덕적으로 선하거나 악하다고 부를 수 있는 느낌이나 감정을 유발한다." David Hume, *Traité de la nature humaine*, trad. André Leroy, Paris: Aubier, 1946, p. 588; *Treatise of Human Nature*, ed. Lewis Amherst Selby-Bigge, Oxford: Clarendon Press, 1888, p. 472.

도덕적 연장$^{étendue\ morale}$과 일반성을 열어주지만 그 연장 자체에는 외연이 없고 그 일반성에는 양이 없다. 사실 도덕적이기 위해서 공감은 현재의 계기에 제한되는 것이 아니라 미래로 확장되어야 한다. 그것은 **이중**의 공감이 되어야 한다. 즉 그것은 타인의 기쁨에 대한 욕망과 그의 고통에 대한 혐오를 겸하는 인상들에 대응하는 것이다.[2] 또한 공감이 존재한다는 것, 자연적으로 확장된다는 것은 사실이다. 그러나 이 확장은 배제가 없이는 명확히 드러나지 않는다. 그러니까 "우리에게 생생한 충격을 주는 현재의 어떤 정황의 도움 없이,"[3] [즉] 이런 정황이 나타나지 않는 경우를 배제하지 않으면서 공감을 배가시키는 것은 불가능하다. 이런 정황은 환상에 관련해서는 불행의 정도, 그것의 막대함이 될 것이고,[4] 인간본성에 관련해서는 인접성, 유사성, 인과성이 될 것이다. 정황에 따라 우리가 사랑하는 것은 우리의 이웃, 동료, 친족이다.[5] 요컨대 우리의 관대함은 본성에 의해 제한되어 있다. 제한된 관대함이 우리에게는 자연적인 것이다.[6] 공감은 자연적으로 미래로 확장되지만 그것은 정황들이 그 확장을 제한하는 한에서이다. 공감

---

2) Hume, *Traité*, p. 487; *Treatise*, p. 382.
3) Hume, *Traité*, p. 492; *Treatise*, p. 386.
4) Hume, *Traité*, p. 493; *Treatise*, p. 387.
5) Hume, *Traité*, p. 600; *Treatise*, pp. 483~484.
6) Hume, *Traité*, p. 712; *Treatise*, p. 586.

이 우리를 초대하는 일반성 이면에는 편파성, 우리에게 본성의 특성으로 주어진 "감응들의 불평등"이 있다. 그리하여 "그것은 우리가 감응을 축소하거나 너무 확대함으로써 그 편파성의 정도를 현저히 위반하는 것을 악하고 부도덕한 것으로 여기게 한다."[7] 우리는 자신의 자녀보다 남의 아이를 더 좋아하는 부모를 비난한다.

이처럼, 도덕적인 것이 우리의 본성이 아니라 우리의 본성 속에 있는 것이 우리의 도덕이다. 가장 단순하지만 가장 중요한 흄의 관념 중 하나는, 인간은 이기적인 것이기보다 훨씬 더 **편파적**이라는 것이다. 사람들은 이기주의가 모든 활동의 최종 심급이라고 주장하면서 자신을 철학자나 좋은 사상가로 여긴다. 그것은 너무 안이하다. 그들은 "재산의 가장 큰 몫을 아내의 기쁨과 아이들의 교육을 위해 내놓으면서 자기 자신의 씀씀이와 사교를 위해서는 최소한의 돈만 남기는 사람이 있다"는 것을 모르는가?[8]

사실, 인간은 언제나 무리의 인간, 공동체의 인간이다. 가족, 친구, 이웃, 이런 것은 페르디난트 퇴니에스가 말하는 공동체의 유형에 앞서 존재하는 범주들로서, 흄에게는 이것들이 공감의 자연적 결정이다.* 공감이 자기 쪽에서 특수한 이해관

---

7) Hume, *Traité*, p. 606; *Treatise*, p. 488.
8) Hume, *Traité*, p. 604; *Treatise*, p. 487.

계도 정념도 넘어서지 않는 것은 바로 정념의 본질이나 특수한 이해관계의 본질이 이기주의가 아니라 편파성이기 때문이다.** "우리의 의무감은 언제나 우리 정념의 공통적이고 자연적인 경로를 따른다."9) 이기주의와 공감을 구분함으로써 생기는 이점을 잃는 것처럼 보이더라도 끝까지 가보자. 공감은 이기주의만큼이나 사회에 대립하는 것이다.

그토록 고귀한 감응은 인간을 큰 사회에 적응시키기는커녕 가장 편협한 이기심만큼이나 사회에 반한다.10)

타인과 동일한 공감을 가진 사람은 아무도 없다. 그렇게 정의된 편파성의 복수성으로 인해 모순과 폭력이 있게 된다.11)

---

* 퇴니에스가 말하는 공동체의 유형이란 이익사회와 공동사회의 구분을 뜻한다. 그런데 여기서 가족, 친구, 이웃 등은 퇴니에스가 말하는 그런 사회적 유형에 앞서는 자연적 범주에 해당한다는 것이다. 흄의 논의의 핵심인 인간본성에 관한 문제는 인간이 작위적으로 만들어낸 어떤 장치들에 앞서는 것이고, '공감'이라는 것은 자연에서 유래한 매우 기본적인 인간의 감정이라는 것이다. 즉 흄이 제시하는 윤리학의 특징은 어떤 작위적이거나 형이상학적 가치를 가지고 출발하는 것이 아니라 인간의 자연적 본성, 한 생명으로서 가지고 있는 본성에서 출발하는 것이다.
** 흄에게서 윤리적 문제의 출발은 '이기주의'가 아니라 '편파성'에 있다. 그런데 그것은 크게 두 가지, 즉 하나는 특수한 이해관계이고, 두 번째는 정념이라는 것이다.

9) Hume, Traité, p. 600; Treatise, p. 484.
10) Hume, Traité, p. 604; Treatise, p. 487.

이것이 본성의 귀결이다. 이 수준에서 사람들 사이에 합리적인 언어는 존재하지 않는다.

누구나 각자 타인에 대해 특유한 위치를 가진다. 그리고 우리들 각각이 성격과 인물을 자신의 고유한 관점에서 보는 대로만 고려한다면 우리는 어떤 합리적인 말로도 함께 이야기를 나눌 수 없다.[12]

그런데도 공감이 이기주의**와 같다면**, 인간이 이기적이 아니라 공감적이라고 보는 흄의 고찰에는 어떤 중요성이 있는가? 실제로는 사회가 공감에서 가장 순수한 이기주의에서와 **마찬가지의** 장애물을 발견한다고 해도, 이기주의에서 출발하느냐 공감에서 출발하느냐에 따라 사회의 의미나 구조 자체는 절대적으로 변한다. 결국 이기주의는 제한되어야만 할 뿐이다. 하지만 공감은 경우가 다르다. 우리는 공감을 통합해야, 즉 하나의 적극적 총체 안에 통합해야 한다. 흄은 우리에게 사회의 추상되고 왜곡된 이미지를 제시하고, 사회를 부정적으로만 정의하며, 사회를 적극적으로 발명된 기획들의 체계로 이해하는 대신 이기주의와 이해관계의 제한으로 이뤄진 집합으로 본다

---

11) Hume, *Traité*, p. 604; *Treatise*, p. 487.
12) Hume, *Traité*, p. 707; *Treatise*, p. 581.

는 점에서 계약론을 비난한다.* 이것이 자연적 인간이 이기주의자가 아니라는 점을 환기하는 것이 그토록 중요한 이유이다. 모든 것이 사회의 개념에 달려 있다. 우리가 자연 안에서 부득이하게 발견하는 것, 그것은 가족이다. 또한 [흄이 생각하는] 자연 상태는 언제나 이미 [이를테면 토머스 홉스가 생각하는] 단순한 자연 상태와는 다른 것이다.13) 모든 입법으로부터 독립적인 가족은 성적인 본능에 의해, 그리고 공감에 의해, 즉 부모 사이의 공감, 부모가 자녀에 대해 갖는 공감에 의해서 설명된다.14) 사회의 문제를 여기서부터 이해해보자. 왜냐하면 사회는 이기주의가 아니라 공감 자체에서 그 장애물을 발견하기 때문이다. 의심의 여지없이 사회라는 것의 기원에는 가족의 결합이 있다. 그렇지만 가족의 결합은 가족적 결합이 아니다. 분명 가족은 사회적 단위이다. 그러나 이 단위의 특성은 서로 합산되지 않는다는 것이다. 그것들은 서로를 배제하며 [전체의 일부를 구성한다는 의미에서] 부분적이지 않고

---

* 가령 홉스가 생각하는 계약론은 국가의 발생을 '만인에 대한 만인의 투쟁 상태'로 집약되는 (단순한) 자연 상태와 연관짓는데, 흄이 볼 때 그것은 인간본성을 너무 부정적인 것으로 설정해놓고 그런 본성을 제안함으로써 사회가 형성됐다고 보는 부자연스러운 발상이다.

13) David Hume, *Enquête sur les principes de la morale*, trad. André Leroy, Paris: Aubier, 1947, p. 45; *An Inquiry Concerning the Principles of Morals*, ed. Charles W. Hendel, Indianapolis: Bobbs-Merrill, 1957, p. 21.
14) Hume, *Traité*, p. 603; *Treatise*, p. 486.

오히려 [그 자체로] 편파적이다. 어떤 한 가족의 부모는 언제나 다른 가족에게 이방인이다. 자연 안에서 모순이 터져 나오는 것이다. 사회의 문제는 이런 의미에서 제한의 문제가 아니라 통합의 문제이다. 공감을 통합하는 것, 그것은 공감이 자신의 모순과 자연적 편파성을 넘어서야 하는 것이다. 이런 통합은 적극적인 도덕적 세계를 내포하며, 그런 세계의 적극적인 발명 안에서 이뤄진다.

이는 도덕적 세계가 도덕적 본능이나 공감의 자연적 결정으로 환원되지 않음을 말한다.15) 도덕적 세계는 모순이 효과적으로 해소될 때, 대화가 가능하고 폭력을 대체할 때, 소유권[재산]propriété이 탐욕을 대신할 때, "우리의 공감의 다양함에도 불구하고 우리가 **중국**에서든 **영국**에서든 동일한 도덕적 성질을 동일하게 승인할 때," 한마디로 "우리의 평가가 달라지지 않으면서 공감이 달라질 때"16) 자신의 실재를 긍정한다.

평가estime는 공감들의 통합[적분]intégrale이다. 평가가 정의의 바탕이다. 그리고 그런 정의의 바탕이나 평가의 균일성은 상상적 여행의 결과가 아니다. 상상적 여행을 통해서 우리는

---

15) "도덕감을 인간 정신의 근원적 본능으로 분해하는 사람들은 충분히 권위 있게 덕의 명분을 옹호할 수 있을 것이다. 그러나 그들은 인류에 대한 확장된 공감에 의해 도덕감을 설명하는 사람들이 얻는 장점은 결여하게 된다." Hume, *Traité*, p. 748; *Treatise*, p. 619.

16) Hume, *Traité*, p. 706; *Treatise*, p. 581.

머릿속에서 멀리 떨어진 시대나 나라로 이동해 우리가 우리의 가능한 이웃이나 동료, 그리고 친족이라고 생각할 수 있는 인물을 구성하게 된다. "**실제** 감정이나 정념이 대체 어떻게 알려진 **상상적** 이해관계에서 발생할 수 있는지 생각할 수 없다."17) 도덕적이고 사회적인 문제는 서로 배제하는 실제 공감들을, 공감 자체를 포함하는 현실 전체로 이행시키는 데 있다. 공감을 **확장하는** 것이 문제이다.

2. 우리는 도덕과 자연의 차이, 혹은 차라리 자연과 도덕 사이의 불일치inadéquation를 본다. 도덕적 세계의 현실은 전체의, 사회의 불변하는 체계의 구성이다. 즉 이런 현실은 자연적인 것이 아니라 인위적이다.

> 정의의 규칙은 그 보편성과 절대적 불변성으로 인해 자연으로부터 도출될 수 없으며, 자연적 경향이나 동기로부터 직접 창조될 수 없다.18)

도덕성의 모든 요소(공감)는 자연적으로 주어지지만, 그 자체로 도덕적 세계를 구성할 수는 없다. 편파성이나 특수한 이해관계는

---

17) Hume, *Principes de la morale*, p. 72; *Principles of Morals*, p. 45.
18) Hume, *Traité*, pp. 600~601; *Treatise*, pp. 483~484.

서로를 배제하기 때문에 자연적으로 총체화될 수 없다. 유일하게 가능한 발명은 전체의 발명이므로, 하나의 전체는 오직 발명될 수 있을 뿐이다. 이런 함축은 도덕적 문제의 본질을 드러낸다. 정의는 자연/본성의 원리가 아니라 규칙이며, 각 요소와 자연의 원리를 전체 안에서 조직하는 역할을 하는 구성의 법칙이다. 정의는 수단이다. 도덕적 문제는 도식론의 문제이다. 말하자면 자연적 이해관계를 본성 속에 주어지지 않는 전체나 총체의 **정치적** 범주와 관련시키는 작용이다. 도덕적 세계는 인위적 총체로, 그 안에서 특수한 목적들이 서로 통합되고 합산된다. 혹은 역시 나의 특수한 이해관계가 타인의 이해관계와 마찬가지로 충족되고 실현되도록 허용하는 수단의 체계이다. 도덕성은 그 부분들과의 관계에 의해서 하나의 전체로, 그 목적과의 관계에서 하나의 수단으로 동등하게 사유될 수 있다. 요컨대 도덕적 의식은 정치적 의식이다. 진정한 모럴리스트가 입법자이듯 참으로 도덕적인 것은 정치적인 것이다. 혹은 도덕적 의식은 심리적 의식의 결정으로, 그것은 오로지 그 발명적 힘의 관점 아래 파악된 심리적 의식이다. 도덕적 문제는 전체의 문제이고 수단의 문제이다. 입법은 위대한 발명이며, 참된 발명가는 기술자가 아니라 입법자이다. 그는 아스클레피오스와 바쿠스가 아니라 로물루스와 테세우스이다.[19]

---

[19] David Hume, "Of Parties in General," *Essays*, London: G. Routledge &

정향된 수단의 체계, 결정된 총체를 규칙 또는 규범이라 부른다. 흄은 이를 **일반 규칙**이라고 말한다. 규칙에는 양극이 있다. 형식과 내용, 대화와 소유권, 양속良俗의 체계와 소유의 안정성이 그것이다. 사회 속에 존재한다는 것은 무엇보다 폭력을 가능한 대화로 대체하는 것이다. 다시 말해 각자의 생각이 타인의 생각을 표상하는 것이다. 어떤 조건 아래에서 그런가? 각자의 특수한 공감이 특정한 방식을 넘어서고, 상응하는 편파성과 그것이 사람들 사이에서 발생시키는 모순을 정복하는 조건 아래에서 그렇다. 자연적 공감이 인위적으로 그 자연적 한계를 넘어서 실행되는 조건 아래에서 그렇다. 규칙의 기능은 우리의 현재 상황에 구애받지 않는 확고하고 차분한, 안정적이고 공통된 관점을 결정하는 것이다.

우리가 성격을 판단할 때 모든 관찰자에게 동일하게 보이는 유일한 이해관계나 쾌락은 그 성격이 검토되고 있는 사람 자신이나 그와 연관된 사람들의 이해관계나 쾌락뿐이다.[20]

분명히 그런 이해관계는 우리 자신의 이해에 비해, 또는 우리의 이웃, 동료, 친족의 것보다는 약하게 다가온다. 우리는 그

Sons, 1907, p. 37. ["Of Parties in General," *Political Essays*, ed. Charles W. Hendel, Indianapolis: Bobbs-Merrill, 1953, pp. 77~84 — 영어판.]
20) Hume, *Traité*, p. 717; *Treatise*, p. 591.

것이 결여된 생생함을 다른 곳에서 얻는 것을 보게 될 것이다. 그러나 그것은 적어도 마음이 따르지 않는 경우에도 일반적이고 불변하는 기준, 상대방에 의존하지 않는 제3의 이해관계, 가치가 존재한다는 실천적 이점을 가진다.21)

일반적 관점에서 인간의 행위에 어려움을 부여하는 모든 것은 **부덕**Vice으로 불린다.22)

이렇게 산출된 의무는 인위적인 것이기 때문에 본질적으로 자연적 의무, 자연적이고 특수한 이해관계, 행위의 동기와 구별된다. 그것은 도덕적 의무 또는 당위의 의미이다.* 한편 소유권은 유사한 조건을 전제한다. "다른 사람이 내게도 마찬가지 방식을 취하는 한 그가 자신의 재산[소유권]을 소유하도록 내버려 두는 것은 결국 나 자신의 이해관계를 위해서이다."23) 여기서 제3자의 이해관계는 일반적 이해관계이다. 소유권의 관행은 인위적 고안물**로, 그로 인해 각자의 행위가 타인의

---

21) Hume, Traité, p. 731; Treatise, p. 603.
22) Hume, Traité, p. 617; Treatise, p. 499.
  * 흄은 임마누엘 칸트와 달리 의무라는 것을 어떤 정언명법과 같은 것으로 보지 않았다. 말하자면 의무는 인간본성에 따른 것이 아니며, 이 점에서 흄의 인간본성은 칸트의 의무와 대립한다.
23) Hume, Traité, p. 607; Treatise, p. 490.
  ** 여기서 '인위적 고안물'로 옮긴 artifice는 일반적으로 '기교,' '수단,' '책략'

2. 문화의 세계와 일반 규칙

행위와 관계된다. 그것은 도식의 수립, 상징적 집합이나 전체의 설립이다. 흄도 소유권에서 본질적으로 정치적인 현상, 그리고 본질적인 정치 현상을 본다. 결국 소유권과 대화는 사회과학의 두 장을 형성하는 가운데 서로 만나게 된다.24) 공통 이해관계의 일반적 의미가 유효하려면 **표현되어야** 한다.25) 이성은 여기서 소유자들의 대화로 나타난다.

우리는 이미 최초의 결정으로부터 일반 규칙의 역할이 이중의 것임을, 즉 **확장적이고 교정적인** 것임을 보게 된다. 일반 규칙은 우리가 현재의 상황을 망각하도록 만드는 가운데 우리의 감정을 교정한다.26) 이와 동시에 일반 규칙은 본질적으로 "그것이 태어난 정황 너머로 간다." 비록 당위의 의미는 "타인의 행위에 대한 응시로부터 유일무이하게 도출된 것이지만 우리는 우리 자신의 행위로까지 그것을 확장하지 않는 데 실패한

등을 뜻하는데, 흄의 저작에서 이 표현은 자연/본능과 대립적 의미에서의 고안/발명의 차원, 또한 이런 고안/발명을 통해 구성된 인위적 장치나 고안물을 의미하기도 한다(문화, 도덕, 제도 같은 인위적 장치). 이런 점을 고려해 이것을 맥락에 따라 '인위적 고안[물]'로 옮겼다.

24) "그러므로 **자연법**을 수립해 사회의 소유를 보장하고 자기 이해관계의 대립을 방지하는 것과 마찬가지로, 우리는 **교양**의 규칙을 수립함으로써 사람들의 자존심의 대립을 방지하고 대화를 유쾌하고 거슬리지 않는 것으로 만든다." Hume, *Traité*, p. 724; *Treatise*, p. 597.
25) Hume, *Traité*, p. 607; *Treatise*, p. 490.
26) "경험으로부터 우리는 곧 우리의 감정을, 혹은 적어도 우리의 언어를 교정하는 이런 수단을 배운다. 언어에서 감정은 더 완고하고 불변한다." Hume, *Traité*, p. 708; *Treatise*, p. 582.

다."27) 결국 규칙은 예외를 포함하는 것이다. [일반]규칙은 타인이 일반적으로 그 상황에 부응하는 감정을 느끼지 않을 때조차 우리가 타인과 공감하게 만든다.

불운에 낙담하지 않는 사람은 그의 인내심 때문에 더 큰 슬픔에 빠진다. …… 설령 어떤 예외가 있더라도 상상력은 **일반 규칙**의 영향을 받는다. …… 살인 중에서도 잠이 든 채 완전히 방심한 사람에게 저지른 살인이 더 악질적이다.28)

우리는 규칙의 발명이 어떻게 가능한지 자문해봐야 한다. 이것이 가장 중요한 물음이다. 사람들은 어떻게 수단의 체계, 일반 규칙의 체계, 확장적이면서 교정적인 집합의 체계를 형성하는가? 그러나 당장은 이런 물음에 답할 수 있다. 사람들은 정확히 무엇을 발명했는가? 인위적 고안물에 관한 이론에서 흄은 자연과 문화, 경향과 제도가 맺는 관계의 전체 개념화를 제안한다. 의심의 여지없이 특수한 이해관계들은 서로 동일화될 수 없으며 자연적으로 총체화된다. 그런데도 자연은 그것들의 동일화를 요청하는 것이 사실이다. 그렇지 않다면 일반 규

---

27) Hume, *Traité*, p. 618; *Treatise*, p. 499.
28) "소통된 공감의 정념은 때때로 그 기원의 약점에서 힘을 얻으며, 심지어 실재하지 않는 감응의 이행에 의해 야기된다." Hume, *Traité*, pp. 475~476; *Treatise*, pp. 370~371.

칙은 결코 구성될 수 없고, 소유와 대화는 사유될 수조차 없을 것이다. 공감은 둘 중 한 가지 상태가 된다. 즉 인위적 고안물에 의해 확장되거나 모순에 의해 파괴된다. 정념에 관해 말하면 그것은 인위적이고 우회적으로 충족되거나 폭력에 의해 소멸한다. 훗날 제레미 벤담이 훨씬 정밀하게 보여주게 되듯이, 욕구^{besoin}는 자연적인 것이지만 욕구의 충족은 없으며, 그 만족을 위한 인위적이고 산업적이며 문화적인 항상성이나 지속은 더욱 더 없다.[29] 그러므로 이해관계의 동일화[일치]는 인위적인 것인데, 그런 동일화가 이해관계 자체의 자연적 동일성에서 자연적 장애물을 제거한다는 의미에서 그렇다. 달리 말하면 정의의 의미작용^{signification}은 오로지 위상학적인 것이다. 인위적 고안물은 다른 어떤 것, 공감 이외의 다른 원리를 발명하지 않는다. 원리는 발명되지 않는다. 인위적 고안물은 공감과 자연적 정념에 확장을 보증한다. 그 확장 안에서 공감과 자연적 정념은 실행되고 자연적으로 전개되며 그것이 가진 자연적 한계들로부터 해방될 뿐이다.[30] **정념들은 정의에 의해 제한되지 않으며, 확대되고 확장된다.** 정의는 정념과 이해관계의 확장으로서 거기서 오직 부분적 운동만이 부정되고 강제된다. **확장**이 그 자체로 **교정**이고 **반성**이라는 것은 이런 의미에서이다.*

---

29) Hume, *Traité*, pp. 601~602; *Treatise*, pp. 484~485.
30) Hume, *Traité*, pp. 620, 748; *Treatise*, pp. 492~493, 619~620.

그러므로 감응 자체가 그 방향을 바꾸지 않는 이상 정념이 이해타산적인 감응을 통제할 수는 없다. 그런데 이런 [방향] 전환은 최소한의 반성만으로도 일어난다.31)

정의가 이해관계**에 대한** 반성이 아니라 이해관계**의** 반성이라는 것, 그 자체가 그것에 감응을 불러오는 정신 안에서 일종의 정념의 왜곡이라는 것을 이해해야 한다. 반성은 그 자체가 자신을 억압하는 경향의 작동이다.

그때 처방은 자연이 아니라 **인위적 고안물**에서 나온다. 혹은 좀 더 적절히 말해서 자연은 감응 안의 불규칙하고 불편한 것을 위해 판단력과 오성에 처방을 제공한다.32)

경향의 반성은 실천이성을 구성하는 운동이다. 그런데 이 실천이성, 즉 정신의 감응의 결정된 계기, 차분한 혹은 차라리 진정된 감응에 다름 아닌 이성은 "어떤 구별된 관점에 혹은 반성에 근거하고 있다."**

---

* 정의가 정념들을 무조건 제한하는 것이 아니라 정념의 어떤 편파성 같은 것을 정리해준다는 말이다.
31) Hume, *Traité*, p. 610; *Treatise*, p. 492.
32) Hume, *Traité*, p. 606; *Treatise*, p. 489. "판단과 오성 안에서" 어떻게 이해해야 하는지는 3장에서 계속 논하겠다.
** 정의와 정념의 관계처럼 이성과 정념도 완전히 불연속적인 것이 아니며

흄에게서 참된 이중성이란 감응과 이성, 자연과 인위적 고 안물 사이가 아니라 인위적 고안물이 구성되는 자연 전체와 그 전체에 의해 감응되고 결정되는 정신 사이에 있다. 그러므로 정의의 의미가 본능이나 자연적 의무로 귀착되지 않는다고 해서 도덕적 본능이나 자연적 의무, 무엇보다 일단 구성된 정의에 대한 자연적 의무를 막을 수는 없다.33) 평가는 공감이 변화하듯 변화하지 않는다는 사실, 자연적 관대함에는 한계가 있지만 평가는 제한되지 않는다는 사실 때문에 자연적 공감이나 제한된 관대함을 평가의 필수 조건이자 유일한 요소가 될 수 없는 것은 아니다. 사람들은 공감에 의해 평가한다.34) 결국 정의가 우리의 정념을 부분적으로 구속할 수 있다고 해서 정의가 정념의 만족 이외의 다른 목적을 갖거나35) 정념의 결

특히 이성은 "정신의 감응의 결정된 계기, 차분한 혹은 차라리 진정된 감응"이 된다. 흄에게 이성, 의무, 도덕, 정의 등은 (칸트에서처럼) 어떤 다른 수준에서 부여되는 초월적인 것이 아니라 결국 모두 자연적 본성에 뿌리를 둔 채, 그 본성을 어느 정도 억제하고 정돈하며 가다듬는 그런 능력을 말한다.

33) "그런 정의가 인위적인 것이라면 도덕감은 자연적인 것이다. 정의의 어떤 행위든 사회에 유익하게 만드는 것은 하나의 행동체계 내에서의 인간의 결함이다. 그러나 인간의 결함이 일단 그런 경향을 갖게 되면 우리는 그 결함을 **자연적**으로 승인하게 된다." Hume, *Traité*, p. 748; *Treatise*, pp. 619~620.

34) Hume, *Traité*, p. 709; *Treatise*, p. 583.

35) 모럴리스트와 정치가가 할 수 있는 일은 "우리의 욕구가 무모하고 충동적인 움직임에 의해서보다는 우회적이고 인위적인 방식으로 더 잘 충족됨을 가르쳐주는 것"밖에 없다. Hume, *Traité*, p. 641; *Treatise*, p. 521.

정 이외의 또 다른 기원을 가진다는 의미는 아니다.36) 요컨대 정의는 정념을 우회적으로 만족시킨다. 정의는 자연적 원리가 아니라 인위적 고안물이다. 그러나 인간이 **발명하는 종**種이라는 의미에서 인위적 고안물은 자연이기도 하다. 즉 소유의 안정성은 자연법이다.37) 앙리 베르그손이 말하듯 습관은 본성에 속하지 않지만, 습관을 들이는 습관l'habitude de prendre des habitudes은 본성에 해당한다. 본성은 문화를 **이용**해서만 그 **목적**에 도달하며, 경향은 제도를 통해서만 충족된다. 역사가 인간본성의 것이라는 말은 이런 의미에서이다. 거꾸로, 본성은 역사의 잔여물로서 발견된다.38) 본성은 역사가 설명하지 않는 것, 정의될 수 없는 것, 기술하려 해도 소용없는 것, 하나의 경향을 충족시키는 가장 여러 가지 방식에 공통되는 것이다.

그러므로 자연과 문화는 하나의 전체나 복합체를 형성한다. 흄 역시 정의를 포함해 모든 것을 자연에 부여하는 주장,39)

---

36) "인간의 정념에 어떤 규제를 가하든 그것들[세 가지 기본적인 자연법, 즉 소유의 안정성에 관한 자연법, 동의에 의한 소유의 양도에 관한 자연법, 약속 이행에 관한 자연법]은 정념의 실제 자녀이며, 다만 그것을 충족시키는 좀 더 기교적이고 세련된 방식일 뿐이다. 우리의 정념만큼 늘 깨어 있고 발명적인 것은 없다." Hume, Traité, p. 646; Treatise, p. 526.
37) "정의의 규칙은 **인위적**이지만 임의적이지는 않다. 그것을 **자연법**이라고 칭하는 표현도 부적절하지 않다." Hume, Traité, p. 601; Treatise, p. 484.
38) 흄이 『도덕원리에 관한 탐구』에서 행하는 '대화'의 주제가 바로 이것이다. 특히 다음을 참조하라. Principles of Morals, pp. 141~158.
39) Hume, Traité, p. 748; Treatise, p. 619.

덕의 의미를 포함하는 모든 것을 정치와 교육에 부여하는 주장을 두 가지 모두 거부한다.[40] 전자는 문화를 잊은 채 자연의 일그러진 이미지를 우리에게 제시하며, 후자는 자연을 잊고 문화를 왜곡한다. 무엇보다 흄은 이기주의에 대한 이론에 비판을 집중한다.[41] 그것은 마찬가지로 자연적인 공감의 현상학을 무시하고 있다는 점에서 그 자체가 인간본성의 심리학은 아니다. 이기심이라는 것을 모든 경향이 자신의 만족을 추구한다는 사실로 이해한다면, 이는 A=A라고 하는 동일성의 원리를 제기하는 데 그치는 것일 뿐이다. 그것은 형식적이고 공허한 인간 논리의 원리, 그리고 더욱이 야만적이고 추상적이며 역사도 차이도 없는 인간[성]의 원리이다. 구체적으로 이기주의는 인간이 다른 가능한 도구와는 대조적으로 자신의 경향을 만족시키기 위해 조직하는 **특정한** 수단들을 지시할 수 있을 뿐이다. 그럴 때 이기주의가 처한 상황은 그리 중요한 문제는 아니다. 바로 여기서 흄의 정치경제학이 가진 의미를 파악할 수 있다. 본성에 공감의 차원을 도입했듯이 흄은 이해관계에 다른 많은 동기를 덧붙인다(낭비, 무지, 유전, 의상, 습관, "탐욕과 활력의 정신, 사치와 풍요로움의 정신"). **경향은 결코 만족을 위해 조직된 수단으로부터 추상되지 않는다.** 흄의 분석만큼 경제

---

40) Hume, *Traité*, p. 618; *Treatise*, p. 500.
41) Hume, *Principes de la morale*; *Principles of Morals*. 특히 제2부의 논의를 참조하라.

적 인간[호모 에코노미쿠스]과 거리가 먼 것은 없다. 인간의 동기에 대한 참된 과학인 역사는 추상적 경제학과 위조된 본성의 이중 오류를 고발하지 않으면 안 된다.*

흄이 사회에 대해 형성한 개념은 이와 같은 의미에서 매우 강력한 것이다. 흄은 우리에게 공리주의자들뿐만 아니라 **자연권**[천부인권]^{Droit naturel}에 반대하는 법학자들 대다수가 되찾으려고 하는 [사회]계약에 대한 비판을 제시한다. 중심 개념은, 사회의 본질은 법이 아니라 제도라는 것이다. 결국 법은 기획과 행위의 제한이며, 사회에서 오로지 부정적인 측면에만 집중하는 것이다.** 계약론의 과오는 우리에게 법을 본질로 하는 사회를 제시한다는 데 있다. 즉 계약론의 대상은 오직 선재하는 특정한 본연의 권리들을 보장하는 것뿐이며, 그것의 기원은 다름 아닌 계약이다. 그러므로 적극적[긍정적]인 것은 사회적인 것 바깥에 놓이며, 반면에 사회적인 것은 부정적인 것,

---

* '경제적 인간'(homo economicus)이라는 개념은 근대 경제학이 탄생하면서 인간의 행위를 이윤동기로 파악함에 따라 본격화됐다. 특히 막스 베버의 프로테스탄트 이데올로기는 인간을 경제적 동물로 규정하고 있는데, 흄의 인간본성론에 따르면 이는 '위조된 본성'에 지나지 않는다.

** 여기서 법과 제도는 대립되는 개념으로 사용된다. 먼저 '법'은 우리가 일반적으로 말하는 법만이 아니라 상당히 칸트적인 뉘앙스(정언명법)를 띠고 있다. 즉 들뢰즈적인 개념체계로 볼 때 일종의 초월성이라 할 수 있다. 이에 비해 '제도'는 내재적인 성격을 띤다. 이것은 법과 같이 위에서 주어지는 것이 아니라 자연스러운 대화, 소통, 관행 등을 통해 만들어가는 것이라 할 수 있다.

제한, 소외 안에 놓인다. 흄이 자연 상태에 대해, 자연권에 대해, 계약에 대해 했던 모든 비판은 이 문제가 전복되어야 한다는 결론에 도달한다. 법은 그 자체로 의무의 원천일 수 없다. 법에 대한 의무가 유용성^{utilité}을 전제하기 때문이다. 사회는 선재하는 권리를 보장할 수 없다. 인간이 사회에 진입한다면 그것은 바로 그가 선재하는 권리를 갖고 있지 않기 때문이다. 흄이 약속에 대해 제안하는 이론에서 우리는 유용성이 어떻게 계약에 반대되는 원리가 되는지 잘 볼 수 있다.[42] 근본적 차이는 어디에 있는가? 유용성은 제도이다. 제도는 법과 같은 제한이 아니라, 반대로 행위의 모델, 다양한 기획, 적극적 수단을 발명하는 체계, 간접적 수단의 적극적 발명이다. 이런 제도적 개념화는 문제를 효과적으로 전복시킨다. 사회적인 것 바깥에 있는 것은 부정적인 것, 결여, 욕구이다. 사회적인 것에 대해 말하자면 그것은 심오하고 창조적이며 발명적이다. 그것은 적극적이다. 의심의 여지없이 사람들은 흄에게서 관행의 개념이 크나큰 중요성을 보존하고 있다고 말할 것이다. 그렇지만 [여기서 흄이 말하는 것과 같은] 관행을 계약과 혼동해서는 안 된다. 제도의 바탕에 관행을 두는 것은 다만 제도가 표상하는 수단의 체계가 간접적이고 우회적이며 발명적인, 한마디로 문화적인 체계임을 의미할 뿐이다.

---

[42] Hume, *Traité*, pp. 635~636; *Treatise*, pp. 516~517.

이와 똑같은 방식으로 언어 역시 어떤 약속 없이도 인간의 관행에 의해 점차 수립된다.[43]

사회는 유용성에 근거한 관행의 집합이지 계약에 근거한 의무의 집합이 아니다. 법은 사회적으로 일차적이지 않다. 법은 그것이 제한하는 어떤 제도를 전제한다. 입법자 역시 법률을 제정하는 사람이 아니라 제도화하는 사람이다. 자연과 사회의 관계에 대한 문제는 전복된 채로 발견된다. 그것은 이미 권리와 법의 관계가 아니라 욕구와 제도의 관계이다. 이런 관념은 우리에게 권리의 전체적 개편과, 오늘날 심리-사회학으로 이해되는 인간과학의 근원적 비전을 동시에 모두 제시한다. 따라서 유용성, 즉 제도와 욕구의 관계는 적용범위가 넓은 [많은 것을 낳는] 원리이다. 흄이 일반 규칙이라 부른 것은 제도이다. 나아가 일반 규칙이 정말로 유용성 속에서 그 원리를 발견하는 적극적이고 기능적인 체계라면, 일반 규칙과 원리를 묶는 끈의 본성이 어떤 것인지도 이해할 수 있어야 한다.

정의의 규칙이 단순히 이해관계에 따라 수립된 것이라 할지라도 그 규칙과 이해관계의 연관은 다소 독특한 것이며 다른 경우에서 관찰할 수 있는 것과 다르다.[44]

---

43) Hume, *Traité*, p. 608; *Treatise*, p. 490.

자연과 사회가 분리 불가능한[서로 뗄 수 없는] 복합체를 형성한다고 해서 후자를 전자로 환원할 수 없다는 것을 잊어서는 안 된다. 인간이 발명하는 종이라고 해서 그 발명이 발명이 아니게 되는 것은 아니다.* 때때로 우리는 **공리주의**에 '기능주의적'이라는 견해를 제시한다. 그에 따르면 사회는 유용성에 의해, 제도는 경향이나 욕구에 의해 **설명될** 것이다. 아마도 이런 견해를 지지해 온 사람들이 있겠지만, 그 자체도 확실한 것은 아니며, 어떤 경우든 흄은 분명히 지지하지 않았다. 어떤 경향이 제도 안에서 충족되는 것, 그것이 사실이다.** 여기서 우리는 말 그대로 사회적인 제도를 말하고 있는 것이지 정부 제도를 의미하는 것이 아니다. 결혼에서 성욕이 충족되고, 소유권[재산]을 통해 탐욕이 충족된다. 제도, 즉 행위의 모델은 가능한 충족을 미리 구상해보는 체계이다. 다만 우리는 제도가 경향에 의해 **설명된다**고 결론지을 수는 없다.*** 흄은 [제도

---

44) Hume, *Traité*, p. 615; *Treatise*, p. 497.
  * 앞 문단에서는 방점이 '종'(種)에 있다면, 뒤에서는 '발명'에 있다. 그러므로 "인간이 발명하는 종이라고 해서 그 발명이 발명이 아니게 되는 것은 아니다"라는 말은, 그런데도 불구하고 그것은 어디까지나 자연을 넘어서는 발명이라는 의미이다.
 ** 흄은 우리의 문화생활을 자연에 근거해 설명하고자 했지만, 사실 자연적 경향은 순수한 자연이 아닌 제도 안에서 충족된다는 의미이다.
*** 앞서 고딕체로 쓰여진 '설명될 것이다'(s'expliquerait)라는 말이나 지금 여기서 '설명된다'(s'explique)는 말은 곧 '환원된다'는 것을 뜻한다. 즉 제도가 경향으로 설명=환원되는 것은 아니라는 의미이다.

란] 수단의 체계라고 말하지만, 그 수단은 우회적이고 간접적이다. 즉 그 수단은 동시에 경향을 억압하는 한에서만 그것을 충족시킬 수 있다.**** 여기 결혼의 **한** 형식, 소유권의 **한** 체제가 있다고 치자. 어째서 **이** 체제이고 **이** 형식인가? 다른 시대와 장소에서 다른 가능한 것을 수없이 많이 찾아볼 수 있다. 본능과 제도의 차이는 다음과 같은 것이다. 하나의 경향을 충족시키는 수단이 더 이상 그 경향 자체에 의해 결정되지도 구체적인 성격에 의해 결정되지도 않을 때, 거기 제도가 있다.

유산과 계약이라는 단어들 역시 무한히 복잡한 관념을 나타낸다. 그리고 그것들을 정확히 규정하려면 백 권의 법전과 천 권의 주석서로도 충분하지 않았다. 인간 안에 완전히 단순한 본능만을 가지고 있는 본성은 자신의 이성의 활동에 아무것도 맡기지 않고서도[의지하지 않고도] 그토록 복잡하고 인위적인 대상을 포용하고 이성적 산물을 창조하는가? …… 동일한 종의 모든 새는 어느 시대, 어느 나라에서도 똑같은 둥우리를 짓

**** 흄의 주장은 환원주의나 속류 유물론 등의 입장과는 거리가 멀다. 즉 아무리 자연적 경향에 기반을 둘지라도 제도가 경향을 충족시키려면 어느 정도 그 경향을 억압할 수밖에 없다고 본다. 가령 앞에서도 나왔듯이 결혼이라는 것은 성욕을 일정 정도 억압하면서 충족시키는 것이고, 소유권이나 사유재산은 인간의 탐욕을 일정 정도 억압하면서 충족시킨다. 그런데 제도란 (비록 그 방식에서 다양한 차이가 있을지라도) 그것을 통해서 자연적 경향 또는 본능을 억압하는 동시에 충족시켜주는 체계라는 것이다. 그리고 이것은 역사와 문화에 따라 달라진다.

는다. 여기서 우리는 본능의 힘을 본다. 인간은 상이한 시대와 장소에서 각기 다르게 집의 골조를 구성한다. 여기서 우리는 이성과 관습의 영향을 인지한다. 세대의 본능과 소유의 제도를 비교해 봐도 비슷한 추론을 하게 될 것이다.[45]

자연이 유사성과 균일성의 원리라면, 역사는 차이들의 장소$^{\text{le lieu des différences}}$이다. 경향은 일반적이며, 특수한 것을 설명하지 않는다. 경향이 특수한 것에서 자신을 만족시키는 형식을 발견하는 경우에조차 그렇다.

소유의 안정성에 관해 규칙을 수립하는 것은 인간 사회에 유용할 뿐만 아니라 절대적으로 필수적이기까지 하다. 그러나 일반적 조건에 머물러 있다면 그 규칙은 결코 그 어떤 목적에도 기여할 수 없다.[46]

즉 **유용성으로는 제도를 설명할 수 없다**. 사적 유용성도 공적 유용성도 모두 마찬가지이다. 전자의 경우는 제도가 사적 유용성을 제약하기 때문에, 후자의 경우는 공적 유용성 자체가 창조할 수 없고 다만 연결되어 있을 뿐인 제도적 세계를 이미 전

---

45) Hume, *Principes de la morale*, p. 58; *Principles of Morals*, pp. 32~33.
46) Hume, *Traité*, p. 630; *Treatise*, pp. 501~502.

제하고 있기 때문이다.47) 그렇다면 제도의 본질과 특수한 성격을 설명할 수 있는 것은 무엇인가? 흄은 방금 [살펴본 논의에서] 이성과 관습이라고 했다. 다른 곳에서는 상상력을 든다. 상상력, "또는 우리의 사유와 개념화의 더 하찮은 속성들."48) 가령 버려진 도시를 차지하려면 성문에 창을 던져 꽂아놓는 것으로 충분한가, 충분하지 않은가?49) 우리는 단순히 경향과 욕구를 원용하는 것으로 이 물음에 답하는 대신 경향, 정황, 상상력의 관계를 검토할 것이다.* 투창, 이것이 정황이다.

누군가 다른 사람의 땅에 집을 지었을 때처럼 두 사람의 소유가 **분할**도 **분리**도 받아들일 수 없도록 결합되어 있을 때, 모든 것은 ······ 가장 중요한 부분의 소유자에게 속해야 할 것이다. ······ 유일한 어려움은 무엇을 가장 중요한 부분으로 불러야 좋을 것이며 상상력에 가장 매력적인 것으로 봐야 할지이다. ······ 지상권은 토지에 속하는 것으로 민법에 규정되어 있다. 저작은 저작물에, 캔버스는 그림에 속한다. 이 결정은 일관되지 않으며, 그것이 도출된 원리의 모순을 입증한다.50)

---

47) Hume, *Traité*, p. 597; *Treatise*, pp. 480~481.
48) Hume, *Traité*, p. 622; *Treatise*, p. 504.
49) Hume, *Traité*, p. 626; *Treatise*, p. 508.
 * 이것은 제도의 문제이다. 과연 누가 이 버려진 도시를 차지할 수 있는가? 경향이나 욕구만 가지고 이 문제를 설명할 수 없으며, 거기에 경향, 정황, 상상력의 관계를 검토해야만 한다는 것이다.

또한 의심의 여지없이 상상력의 유희[놀이]를 규제하는 연합의 법칙은 가장 하찮은 동시에 가장 진지하다. 그것은 이성의 원리이고 환상의 이점이다. 그러나 지금은 이 문제에 관해서는 다루지 않기로 하자. 어떤 경우든 우리가 다음을 간과하고 있다는 것으로 충분하다. 즉 제도를 설명하는 것은 경향이 아니라 **상상작용에서의 경향의 반성**réflexion de la tendance dans l'imagination이다.* 우리는 곧바로 연합론을 비판했다. 우리는 민족지학이 우리를 그리로 데려간다는 것을, 그리고 베르그손이 말하듯 "우리는 미개인들에게서 모호한 관념의 연합으로 설명되는 금지와 처방을 많이 만나게 된다"는 것을 쉽게 잊는다. 이것은 미개인들에게만 해당되는 이야기가 아니다. 연합은 모호하지만, 이는 정황에 따라 그것이 특수하고 다양하다는 의미에서이다. 상상력은 지극히 다양한 **모델**의 진정한 산출로 모습을 드러낸다.** 경향이 상상력 안에, 즉 연합의 원리를 따르는

---

50) Hume, Traité, p. 632; Treatise, pp. 512~513.

* 앞서 말했듯이 제도는 자연적 경향을 위해 생겨난 것이지만 경향에서 제도가 나온 것은 아니다. 제도는 경향이나 본능을 충족시켜주는 동시에 제약함으로써 다듬는다. 오히려 제도를 설명해주는 것은 어떤 경향의 반성작용이라 할 수 있는데, 자연적 경향이 반성의 층위로 승화되어 제도를 만들어가는 기능은 "상상작용에서" 이뤄진다. 요컨대 상상작용이라는 기능 내에서의 경향의 반성이라 할 수 있다.

** 이것은 본능으로부터 제도로 넘어갈 때 상상력이 작동해서 그 본능을 승화시킴으로써 여러 가지 가능한 제도적 모델을 만들었다는 의미이다. 다르게 말하면 이 본능이 제도로 승화돼가는 과정에 상상력이 작동함으로써 여러 가지 가능세계를 만든다는 의미이다.

상상작용에서 반성될 때, 제도는 정황에 따라 경향이 따르는 형상figure에 의해 결정된다. 이것은 상상력이 본질적으로 능동적이라는 의미가 아니라 단지 상상력이 **반향을 일으키며 공명한다**는 뜻이다. 제도, 그것은 형상이다. 감정을 정의할 때 흄은 이중의 기능을 부여한다. 즉 감정은 목적을 제시하며 전체에 반응한다. 그러나 이 두 기능은 하나나 같다. 경향의 목적이 동시에 감성sensibilité이 반응하는 전체일 때 거기에 감정이 있다. 이 전체는 어떻게 형성되는가? 경향과 그 목적이 정신 안에서 반성될 때 형성된다. 인간은 본능을 갖지 않기 때문에, 본능 자체에 의해 순수 현재의 현실성에 종속되지 않기 때문에, 자신에게 주어진 상상력의 조형력을 해방했고 그 경향을 상상력과의 비매개적이고 직접적인 관계 속에 위치시켰다. 따라서 인간에게 경향의 만족은 경향 자체가 아니라 반성된 경향에 따라 평가된다.*** 제도가 본능과의 차이에서 갖는 의미는 이것이다. 마침내 우리는 이렇게 결론내릴 수 있다. 자연과 문화, 경향과 제도는 각각 하나가 다른 하나를 [문화가 자연을, 제도가 경향을] 충족시키는 한에서 하나이지만, 후자[문화/제도]가 전자[자연/경향]에 의해 설명되지 않는 한에서는 둘이다.

*** 제도는 경향으로 온전히 흡수/환원되지 않는다는 것이다. 즉 반성은 반성이지만, 순수한 이성적 반성이 아니라 상상력이라는 터 위에서의 반성이라는 의미이다. 그것을 통해 제도로 넘어가기 때문에 흄에게 제도와 경향이 연속적이기는 하지만 분절된 형태를 띠는 것이다.

3. 이렇게 규정된 정의의 문제를 다룰 때 도식과 총체성이라는 단어가 정당화되는 것은 일반 규칙은 특정인을 결코 지시할 수 없기 때문이다. 일반 규칙은 소유자를 명명하지 않는다.

정의의 여신은 판결을 내릴 때 결코 특정인에게 대상이 들어맞는지 아닌지 고려하지 않는다. …… **소유가 안정되어야 한다**는 일반 규칙은 특정한 판단이 아니라 다른 일반 규칙에 의해 적용되며, 이는 사회 전체로 확장되어야 하고 악의에 의해서든 호의에 의해서든 변경될 수 없는 것이어야 한다.51)

우리는 규칙이 이해관계와 유용성에 따라 **수립**됐으며 상상력에 따라 **결정**됐음을 봤다. 이런 의미에서 규칙은 실제 인물을 결정하는 것이 아니라, 반성된 상황과 가능한 정황을 표현하는 가운데 **결정되고** 수정된다. 그런 식으로 소유의 안정성은 직접적 소유, 점유취득, 시효, 증식, 상속 등 다양한 권리로 세분된다. 하지만 실제 인물과 가능한 상황의 불일치를 어떻게 **교정하는가**? 이 불일치는 아마도 그 자체가 하나의 정황이나 상황으로 여겨질 것이다. 그러므로 인물의 유동성은 양도가 이뤄지는 대상이 존재하거나 특수한 것일 때 합의된 양도에 의해서, 그리고 대상 자체가 부재하거나 일반적인 것일 때

---

51) Hume, *Traité*, pp. 621, 678; *Treatise*, pp. 502, 555.

약속에 의해서 조정될 것이다.52) 다른 한편으로는 우리는 일반 규칙에서 동시적인 세 가지 차원을 구별해야 한다. 일반 규칙의 **수립**, 그것의 **결정**과 **교정**이다.

난항은 여전하다. 공감은 일반 규칙에 의해 참된 도덕적 판단의 일관성, 거리, 균일성을 획득했지만, 확장 속에서 획득한 것을 생생함 속에서 잃어버렸다.*

공정성을 위반한 결과는 늘 멀리 있는 것처럼 여겨지고, 그런 위반으로부터 거둘지 모르는 즉각적인 이득에는 비견될 수 없다고 생각되는 것 같다.53)

문제는 규칙에 결정을 부여하는 것이 아니라 그것에 결여된 생생함을 부여하는 것이다. 이제 정의를 낱낱이 밝히는 게 아니라 그것을 **지지하고** 되살리는 것이 관건이다.54) 정의의 확

---

52) Hume, *Traité*, p. 640; *Treatise*, p. 520. 이런 의미에서 약속은 인물을 선정한다. *Traité*, p. 678; *Treatise*, p. 555.
* 앞서 흄의 윤리학의 출발점이 이기주의가 아니라 편파성이라고 했는데, 공감이 매우 좋은 인간의 감정이기는 하지만 문제는 그 범위가 제한적이라는 데 있다. 가령 남의 아이보다 자신의 자녀에게 더 관심을 갖는 것이 편파성인데, 공감이라는 것이 제도나 윤리를 통해 확장되고 일반화되어 도덕성을 확보하게 되면 동시에 확장되고 넓어지기 때문에 본래 공감이 가지고 있던 그 생생함을 상실하게 된다.
53) Hume, *Traité*, pp. 656, 659; *Treatise*, pp. 535, 538.
54) Hume, *Traité*, p. 665; *Treatise*, p. 543.

장 속에서 가능한 상황을 상상력을 통해 낱낱이 밝히는 것으로는 충분하지 않다. 이제 그 확장 자체가 실제적 상황이 되게 해야 한다. 인위적인 방식으로, 가장 가까운 것이 가장 먼 것이 되어야 하고, 가장 먼 것이 가장 가까운 것이 되어야 한다. 정부의 의미가 바로 이런 것이다.

인간은 자신의 본성을 바꿀 수 없다. 인간이 할 수 있는 것이라고는 자신이 처한 상황을 바꾸고, 어떤 특정한 사람들이 정의를 준수하는 것이 가까운 이익이고 정의를 위반하는 것이 더 먼 이익임을 알게 해주는 것뿐이다.[55]

우리는 여기서 모든 진지한 정치철학의 원리를 재발견한다. 참된 도덕성은 가정의 아이가 아니라 **국가**의 성인에게 호소한다. 도덕성은 인간의 본성을 바꾸는 것이 아니라 인위적이고 객관적인 조건을 발명함으로써 그 본성의 나쁜 점이 승리할 수 없게 하는 데 있다. 18세기에 모든 이가 그랬듯이 흄은 그런 발명이 정치적인 것, 오직 정치적인 것이 되리라 여겼다.*

---

55) Hume, *Traité*, p. 658; *Treatise*, p. 537.

* 흄의 관심은 인간본성을 억지로 바꾸려는 데 있지 않고, 인위적이고 객관적인 조건들(가령 제도 등)을 발명함으로써 현재 상황에서 가장 최악을 막는 데 있다. 이것이 바로 넓은 의미에서의 정치이다. 이런 점에서 흄은 가령 흡스처럼 리바이어던을 통해 인간의 자연 상태(만인에 대한 만인의 투쟁 상태)를 통치하는 방식이 아니라, 인간의 본능을 넘어설 수

"자신들 **국가**의 현재 상황에 만족한" 위정자들은 일반적 이해관계를 직접적인 것의 측면에서 파악하고 정의를 삶의 선으로 이해한다. 위정자들에게 가장 먼 것은 가장 가까운 것이 된다. 반대로 "사회의 법을 위반하는 것을 가능한 한 자신의 힘 바깥에" 두는 이상 피치자들은 가장 가까운 것이 가장 먼 것이 되는 것을 본다.56) 따라서 정부와 소유권은 대체로 믿음과 추상 사이의 것과 같은 관계에 있다. 즉 후자가 역할의 부여에 관한 것이라면, 전자는 생생함을 주는 것이다. 이처럼 충성은 일반 규칙의 목록을 완성한다. 이 수준에서 [사회]계약론은 다시 한 번 비판의 대상이 된다. 그것은 정부를 약속 위에 수립하는 문제가 아니다. 왜냐하면 약속은 정의의 결정에 따른 결과이며, 충성은 [정의의 결정에 대한] 지지이기 때문이다. 정의와 정부는 동일한 원천을 가지며, "유사한 불편을 개선하기 위해 발명됐다." 다만 전자는 확장을, 후자는 생생함을 발명하는 것뿐이다. 정의에 구속된 채, 약속의 법을 준수하는 것은 바로 그 때문이고, 다른 면에서는 정부 제도의 결과이지 원인이 아니다.57) 그러므로 정의에 대한 지지는 결정과는 별개의 것이며, **다른 부분**에서 형성된다. 하지만 그래서, 그렇기 때문에 더욱 더 그런 지지는 결국 스스로 결정하고 유통/분배해야 하며, 결정

있는 능력을 잘 개발해서 다루는 것이 더 중요하다고 본다.
56) Hume, *Traité*, p. 677; *Treatise*, p. 554.
57) Hume, *Traité*, pp. 667~671; *Treatise*, pp. 545~549.

자체처럼 관련된 부적절함을 교정함으로써 보충해야 한다. 주권의 결정은 장기 소유, 증식, 정복, 상속이 될 것이다. 주권의 교정은 분명하고 드문 경우에 특정한 저항의 권리와 혁명의 합법화가 될 것이다. 사람들은 허용된 혁명이 정치적이지 않음을 알아챌 것이다. 결국 **국가**의 가장 주된 문제는 표상[대표]이 아니라 믿음의 문제이다. 흄에 따르면 국가는 일반적 이해관계를 표상하는 것이 아니라 믿음의 대상으로 만들고, 특수한 이해관계만이 자연적으로 가질 수 있는 생생함을 제재^{sanction}라는 장치를 통해 일반적 이해관계에 부여한다. 위정자들이 각자의 상황을 바꾸거나 정의의 집행에서 직접적인 이해관계를 획득하는 대신 위조된 정의의 집행을 자신의 우둔하고 직접적인 정념에 종속시킨다면, 그때는 그리고 오직 그럴 때만 비로소 저항이 일반 규칙의 이름 아래 합법화된다.[58]

이 지점에서 규칙의 첫 번째 계열은 이해관계를 확장했고, 그 자체에는 없는 일반성을 그 이해관계에 부여했다. 이런 운동 속에서 소유는 소유권이 되고 소유의 안정성을 갖게 된다. 규칙의 두 번째 계열은 이 일반적 이해관계에 그 자체에는 없는 현전^{presence}과 생생함을 부여했다. 그러나 사회가 극복해야 하는 장애들은 재화^{biens}의 불안정성과 일반적 이해관계의 추상적 성격만이 아니라 재화의 희소성도 있다.[59] 또한 안정성

---

58) Hume, *Traité*, pp. 672~676; *Treatise*, pp. 549~553.

이라는 것은 소유에, 막대한 부의 형성에 유리한 조건을 부여함으로써 그 장애를 극복하기는커녕 공고하게 만든다. 흄은 내적 변증법에 의해 소유권이 불평등함을 발생·발달시킨다는 생각을 종종 피력한다.60) 따라서 불평등성과 희소성을 동시에 완화할 규칙들의 세 번째 계열이 있어야 한다. 이 규칙들은 정치경제학의 대상이 될 것이다. 소유의 안정성과 정부에 대한 충성에 상업의 번성이 추가된다. 후자는 "**국가**의 한 구성원에서 다른 구성원으로 산업을 순조롭게 전달함으로써, 그리고 그중에 어떤 것도 소멸하거나 무용하게 되지 않게 함으로써 산업을 증대시킨다."61)

우리는 흄의 경제학에 등장하는 주요 주제만을 대략 논의하고 있을 뿐이다. 상업의 번성은 앞서 제시한 두 종류의 규칙과 마찬가지로 스스로 결정되고 교정된다. 바로 그와 같은 결정, 화폐의 순환, 자본, 이해관계[이자], 수출 등에서 우리는 소유권과의 관계를 본다. 또한 우리는 바로 그와 같은 교정에서 국가와 상업의 관계, 즉 우연적이며 외부로부터 오는 관계를 본다. 상업은 소유권을 전제하고, 선재하는 소유권을 내포한

---

59) Hume, *Traité*, p. 605; *Treatise*, pp. 487~488.
60) Hume, *Principes de la morale*, p. 50; *Principles of Morals*, p. 25; *Essais économiques*, Paris: Guillaumin, 1847, p. 46; "Of Interest," *Essays, Moral, Political and Literary*, London: Oxford University Press, 1963, p. 305.
61) Hume, *Essais économiques*, p. 52; "Of Interest," p. 309.

다. 경제학적으로는 토지임대료가 일차적인 것이다. 상업 일반의 의미는 정치적 현상인 토지 소유권에 그것이 그 자체로는 갖고 있지 않은 경제적 균형을 보장해준다는 것이다. 금리야말로 정확히 여기에 해당하는 사례이다. "문명화되고 인구가 많은 국가에서" 소유권은 그 자체로 지주계급과 농민계급을 맞닥뜨리게 한다. 지주계급이 "지속적인 부채의 요구를 창조"한다면, 농민계급은 "그 요구를 충족시킬 돈을 가지고 있지 않다." "자본주의적 이해관계[이자]"를 형성하고 "엄청난 수의 대부업자가 탄생하도록 하며 결과적으로 금리를 낮게 결정"[62]하는 가운데 이렇듯 과도한 부채와 너무나 적은 부의 모순을 넘어서는 것은 상업의 진보이다. 상업과 국가의 관계에 대해 말하자면, 그 원리를 이해하기 위해서는 상업의 번성이 신민들의 번영과 행복을 이뤄주는 노동의 자본을 축적한다는 점, 그러나 **국가**는 **필요할 때마다** 항상 그것을 요구하거나 청구할 수 있다는 점을 생각해봐야 한다.

토지에서 그 자신과 가족이 존속하는 데 필요한 것 이상을 가꿔낼 만큼 힘들게 일하도록 노동자에게 강요하는 것은 폭력적인 방법이며, 대부분의 경우에 터무니없다. 노동자에게 수공업자와 상품을 제공한다면 노동자는 스스로 일할 것이다. 그

---

62) Hume, *Essais économiques*, p. 48; "Of Interest," p. 307.

뒤에 우리는 노동자의 잉여노동의 일부를 취하는 것이 수월함을 알게 될 것이고, 노동자에게 늘 지불하던 대가를 치르지 않고서도 공공 서비스에 이를 도입하게 될 것이다.63)

방법이나 규칙이 없는 **국가**는 거칠고 폭력적으로 행동한다. 그 행위는 반복되는 우연적 사건으로 그 신민에게 강제되고 인간본성에 모순된다. 이와는 대조적으로 체계적인 **국가** 안에서 우연적 사건에 대한 모든 이론은 교정하는 규칙의 대상으로 나타난다. 이 **국가**는 상업에서 자신의 권력의 가능한 긍정을 발견하며, 더불어 그 신민의 번영을 위한 실제적 조건을 발견한다. 이 둘은 모두 본성에 따른다.

우리는 종종 흄과 공리주의자들에게 경제적 영감과 정치적 영감이 매우 다르다는 것을 발견한다. 공리주의에 대한 책에서 알레비는 세 조류를 구별한다. 도덕에서 이해관계의 자연적 혼성(공감), 정치에서 이해관계의 인위적 동일화, 경제에서 이해관계의 기계적 동일성이 그것이다.64) 우리는 이것들 사이의 관계를 살펴봤지만, 문제는 세 '조류'가 아니다. 결국

---

63) Hume, *Essais économiques*, p.13; "Of Commerce," *Essays, Moral, Political and Literary*, London: Oxford University Press, 1963, p. 268.
64) Élie Halévy, *La formation du radicalisme philosophique*, tome 1, Paris: Félix Alcan, 1901; *The Growth of Philosophical Radicalism*, trans. Mary Morris, London: Faber and Faber, 1934, Part 1.

은 경제의 역학^{mécanique}이 입법의 인위적 고안물만큼이나 인공적이라는 것, 그리고 상업이 소유권만큼이나 하나의 제도이며 전자가 후자를 전제한다는 것에 주목해야 한다. 그러나 경제에는 입법자도 **국가**도 필요하지 않다고들 말한다. 또한 의심의 여지없이, 지주와 자본가, 그리고 무엇보다 노동자의 이해관계가 단일한 것이 아니라는 사실을 보지 못하고 그저 이따금 예감만 했던 것이 자본주의가 전개되기 직전, 그 전야라고 할 시기의 특징으로 남아 있다. 이와 같은 개념화의 원리는 다른 관점에서 매우 구체적인 것으로, 우리는 그것을 흄이 종종 피력한 어떤 생각에서 찾아야 한다. 흄은 소유권과 관련해 양量의 문제가 있다고 말한다. 재화는 희소하고, 희소하기 때문에 불안정하다는 것이다. 이것이 소유권이 입법부와 국가를 요청하는 이유이다. 이와는 대조적으로 화폐의 양은 많든 적든 그 자체로 작동하지 않는다. 그러니까 화폐는 역학의 대상이다. 흄의 경제학 논문의 본질적인, 그리고 거의 유일한 주제는 우리가 보통 화폐의 양에 귀속시키는 효과가 실제로는 다른 원인에 의한 것임을 보이는 것이라고 말할 수 있다. 그리고 흄의 경제학에서 구체적인 것은 경제활동이 내포하는 관념이 질적 동기화라는 점이다. 그러나 양의 관점에서 상업과 소유권의 차이에 민감했던 흄은 한 사회 안에서 경제활동의 양적 조화가 소유권에서 발생했던 것과는 대조적으로 기계적으로 수립된다고 결론 내린다.

이 모든 것을 아래와 같이 일반 규칙, 또는 도덕적 범주의 표로 작성할 수 있다.

	a) 정 의	b) 정 부	c) 상 업
1.	일반 규칙의 내용: 소유의 안정성	일반 규칙의 지지: 정부에 대한 충성	일반 규칙의 보완: 상업의 번영
2.	일반 규칙에 의한 일반 규칙의 결정: 직접적 소유, 점유취득 등	지지의 결정: 장기 소유, 증식 등	보완의 결정: 화폐 순환, 자본 등
3.	일반 규칙에 의한 앞선 결정의 교정 : 약속, 양도	교정: 저항	교정: 조세, 국영사업 등

3 도덕과 인식에서 상상력의 힘
Le pouvoir de l'imagination dans la morale et dans la connaissance

1. 때때로 흄은 일반 규칙이 본질적으로 반성과 확장의 통합이라고 말한다. 이 둘은 결국 동일하다. 정념은 그것이 반성되기 때문에 확장되며, 이와 같은 것이 규칙을 수립하는 원리이다. 그러나 또 어떤 때 흄은 규칙의 두 종류를 구별해야 한다고 말하기도 한다. 하나가 결정하는 규칙이라면 다른 하나는 교정하는 규칙이다. 또한 결정하는 규칙은 반성적이라기보다는 **확장적**이다. "사람들은 일반 규칙에 강하게 중독되어 있다 …… 우리는 종종 우리가 가진 공리를 당초 우리로 하여금 그것을 수립하게 만든 근거를 넘어서는 정도까지 가져가곤 한다. 여러 가지 정황이 유사한 경우에 우리는 그것이 대부분의 물질적 정황에 있어서는 상이하다는 점을 고려하지 않고 동일한 토대 위에 그것을 올리려는 경향이 있다."[1] 이 규칙의 속성은 그것이 태어난 정황 너머로 확장된다는 것이다. 그 규칙은 예

---

[1] David Hume, *Traité de la nature humaine*, trad. André Leroy, Paris: Aubier, 1946, p. 673; *Treatise of Human Nature*, ed. Lewis Amherst Selby-Bigge, Oxford: Clarendon Press, 1888, p. 551.

외를 알지 못하며, 우연적인 것을 일반적인 것 또는 본질적인 것과 혼동해 제대로 인식하지 못한다. 이런 것이 문화의 불합리이다. 두 번째 규칙, 즉 교정하는 규칙에 관해 말하자면, 그것은 확장적이기보다는 **반성적**이다. 이 교정의 규칙이 교정하는 것은 바로 결정하는 규칙의 확장이다. 우연적인 것과 일반적인 것을 혼동하는 대신에 그것은 우연성$^{l'accident}$ 자체를, 또는 예외를 고려하는 일반 규칙으로서 나타난다.

일반 규칙은 대체로 자신이 토대로 삼은 원리 너머로 확장된다. 그리고 …… 우리는 예외가 일반 규칙의 성질을 갖고 매우 많은 공통의 사례에서 발견되는 경우가 아니라면 좀처럼 어떤 예외도 두지 않는다.[2]

교정하는 규칙은 가능한 모든 경우를 설명해주는 경험의 위상을 표현한다. 결국 예외는 자연적 대상이고, 관습과 상상력의 결과에 의해서 경험과 지식의 대상, 복잡한 분절^{casuistique}의 대상이 된다.

여기 화해해야 하는 두 개의 관념이 있다. 확장과 반성은 동일하면서도 상이한 두 관념이다. 혹은, 두 종류의 규칙은 서로 구별되며 서로 교전하지만, 그런데도 둘은 동일한 기원, 동

---

[2] Hume, *Traité*, p. 674; *Treatise*, p. 551.

일한 구성 원리를 가진다. 여기서 우리가 다시 만나게 되는 주된 문제는 이런 것이다. 그 규칙은 어떻게 가능한가?

우리는 통합에서 출발한다. 규칙은 정념의 확장인 동시에 반성이다. 정념은 자신에 대해 반성한다. 하지만 어디에서, 무엇 안에서? 그것은 바로 상상력 안에서이다. 일반 규칙은 상상력 안에서 반성된 정념이다.* 의심의 여지없이 본성의 원리로서 정념의 성질의 속성은 정신에 감응을 불러오고 정신을 특화하는 것이다. 그러나 역으로 정신은 자신의 정념을, 자신의 감응을 반성한다.

감관을 따르는 모든 것은 또한 어느 정도 환상을 따르며, 사유에 만족의 이미지를 전달한다. 이 만족의 이미지는 신체 기관에 대한 실제적 적용을 통해 주어진다.3)

정념은 자신을 반성하는 가운데 한계에서 벗어나 확대된 자신의 재생산을 마주하게 되고, 그 자신의 고유한 현실성의

---

* 여기서 '정념'(passion)은 이 책의 18쪽 두 번째 역주에서 이미 설명한 것처럼 좁은 의미의 정념이나 열정이 아니라 넓은 의미의 '겪음'이나 '수동'으로 이해해야 한다. 비록 '정념'으로 옮기기는 했지만, 여기서는 우리가 경험하는 것, 또는 지각하는 것이라는 뉘앙스를 우선적으로 갖는다. 따라서 본문은 일반 규칙이 정념, 즉 우리가 겪은 것을 확장하고 반성해보는 것이라는 뜻으로 해석된다. 이 외에도 3장에서 빈번히 등장하는 '정념'은 대부분 이런 의미를 기본적으로 가지고 있다.

3) Hume, *Traité*, p. 462; *Treatise*, p. 358.

한계와 조건으로부터 스스로 해방된 것을 본다. 정념은 이와 같이 모든 인위적인 영역, 문화의 세계가 개방되는 것을 보며 거기서 정념은 이미지에 자신을 투사해 무제한으로 펼쳐질 수 있다. 반성된 이해는 자신의 편파성을 넘어선다. 말하자면 정념의 이미지와 그 대상들로 가득한 상상력은 "그에 속하는 일군의 정념"4)을 획득한다. 반성 안에서 정념은 자신을 상상하고, 상상력은 자신에게 몰입한다. **규칙은 가능하다.** 일반 규칙의 실제 정의는 그것이 상상력의 정념이라는 것이다. "상상력은 사물들의 일반적 관점을 고수한다."5)

이런 의미에서 규칙의 세 유형을 구별할 수 있다. 우선 **취미의 규칙**이 있다. 우리는 동일한 문제를 다른 형식 아래 재발견한다. 감정은 어떻게 자신의 비항상성^{inconstance}을 넘어서서 미적 판단이 되는가? 상상력의 정념은 그것의 대상에 유효성을, 실제 대상 고유의 적응을 요구하지 않는다. "이 정념은 생생함과 힘의 정도에 따라 움직여지는데, 그것은 믿음보다 열등하고, 그 대상의 실제 존재와 무관하다."6) 누더기를 걸쳤어도 덕은 덕이다. 비옥한 땅은 사람이 살지 않아도 우리를 그 가능한 거주자들의 행복에 대해 생각하게 만든다.

---

4) Hume, *Traité*, p. 711; *Treatise*, p. 585.
5) Hume, *Traité*, p. 713; *Treatise*, p. 587.
6) Hume, *Traité*, p. 711; *Treatise*, p. 585.

감정이 우리의 정념을 통제하기 위해서는 우선 우리의 마음을 움직여야 한다. 그러나 그것이 우리의 취미에 영향을 미치기 위해서 상상력을 넘어설 필요는 없다.[7]

이와 같이 취미는 상상력의 감정이지 마음의 감정이 아니다. 이것은 하나의 규칙이다. 일반적으로 하나의 규칙은 힘과 그것의 실행 사이의 구별에 근거한다. 오로지 상상력만이 그 구별을 할 수 있다. 상상력은 정념과 그 대상을 반성하면서 그것들을 그 현실성으로부터 분리하고, 가능한 것의 양태로 그것들을 회복하기 때문이다. 미학은 사물과 존재를 힘의 범주 또는 가능성의 범주 안에서 고려하는 과학이다. 종신형을 받아 감옥에 갇혀 있는 미남은 미적 판단의 대상이다. 그의 신체의 특성인 활기^{vigueur}와 균형^{équilibre}이 현실적 실행에서 분리되어 다만 상상될 뿐이기 때문만이 아니라, 상상력이 그런 특성에 열중하기 때문이다.[8] 흄이 비극의 예에서 더 정확하게 전개하고 있는 것은 이런 논제이다. 문제는, 어떻게 그 자체로 불쾌감을 주는 암울한 정념의 스펙터클이 우리를 기쁘게 하는가이다. 시인이 우리를 불안하게 하고, 공포에 떨게 하고, 분개하게 만드는 법을 잘 알수록 "우리는 더욱 더 즐거워한다."[9] 또

---

7) Hume, *Traité*, p. 712; *Treatise*, p. 586.
8) Hume, *Traité*, pp. 710~711; *Treatise*, pp. 584~585.

한 흄은 베르나르 르 보비에 드 퐁트넬의 논제를 비판하면서 정념이 비극에서 단순히 허구적이고 약화되어 있다고 말하는 것으로는 충분하지 않다고 주장한다. 이것은 해답의 일면만을, 그것도 부정적이고 덜 중요한 면만을 보는 일일 것이다. 현실과 예술 사이에는 정도상의 차이가 없다. 정도상의 차이는 본성상의 차이의 조건일 뿐이다.

따라서 비극의 허구는 단순히 슬픔을 약화시키거나 줄임으로써가 아니라 새로운 느낌을 혼합함으로써 정념을 유화하는 것이다.[10]

정념이 자신을 상상하고, 동시에 상상력이 열중하는 것으로는 충분하지 않다. 비극은 정념의 이미지를 상연하기 때문에 관객의 상상력에 정념을 제공한다. 반성된 이해가 자신의 편파성을 넘어서는 것과 마찬가지로 반성된 정념은 자신의 성질을 변화시킨다. 다시 말해 재현된 정념의 슬픔이나 음울은 상상력의 거의 무한한 유희^{jeu}가 가져다주는 쾌락[기쁨] 속에 자취를 감춘다. 예술작품은 그러므로 실제 대상의 것도 현실적

---

9) David Hume, "Of Tragedy," *Essays*, London: G. Routledge & Sons, 1907, p. 157. ["Of Tragedy," *Essays, Moral, Political and Literary*, London: Oxford University Press, 1963, p. 221 — 영어판.]
10) Hume, "Of Tragedy," p. 161. ["Of Tragedy," pp. 225~226 — 영어판.]

정념의 대상의 것도 아닌, 그[작품에]에 고유한 존재의 양태를 가진다. 믿음의 정도가 낮은 것은 다른 종류의 믿음의 조건이다. 인위적 고안물은 자신의 믿음을 가진다.

규칙의 두 번째 유형을 간단히 소개만 하자면 그것은 **자유의 규칙**이다. 우리는 정념의 일종인 의지가 "어떤 방향으로든 쉽게 움직이며, 그것이 정착하지 않은 곳에서조차 자신의 이미지를 생산함"[11]을 느낀다.

끝으로 **이해관계의 규칙**과 **의무의 규칙**이 있다.

두 대상은, 하나가 다른 것의 작용이나 운동의 원인일 때, 전자가 후자의 존재의 원인일 때처럼 이런 [인과]관계에 놓여 있는 것으로 고려될 수 있다. …… 주인은 힘이나 동의에서 비롯한 자신의 위치에서 우리가 하인이라 부르는 다른 이들의 행위를 특정한 부분에 관해 지시하는 힘을 가진 자이다.[12]

흄은 의무의 관계에 대한 다른 예를 더 정밀하게 분석하는데, 아내와 남편의 관계가 그것이다. 실제 정념의 대상으로서의 아내는 확실성, 완벽한 안전성을 원하는 자에게는 주어질 수 없다. 이를테면 해부학이 이에 반한다. 왜냐하면 남편은 결

---

11) Hume, *Traité*, p. 516; *Treatise*, p. 408.
12) Hume, *Traité*, p. 77; *Treatise*, p. 12.

코 자녀가 [생물학적으로] 자신의 아이임을 확신할 수 없기 때문이다.13) 상상력 안에서 반성될 때, 이런 불확실성은 승화되고 여성의 특수한 [미]덕의 요구로 나타나는 사회적이고 문화적인 내용을 취한다. 즉 여성은 가능한 정념의 대상인 한에서 언제나 순결하고 정숙하고 단정해야 한다는 것이다.

또한 이런 종류의 일반 규칙이 일단 수립되면, 사람들은 그것이 처음 생겨나게 한 원리 너머로 이를 확장하는 경향이 있다. 그리하여 총각들은 그 자신이 얼마나 방탕하든 간에 여성이 호색적이거나 정숙하지 못한 사례를 보면 충격에 빠질 수밖에 없는 것이다.14)

그러므로 정념의 반성을 가능하게 만드는 것은 바로 상상력이다.* 일반 규칙은 정신 안에서, 상상력 안에서 감응의 반향이다. 그 규칙은 반성된 절차^{procédés}, 실천의 관념이다. 그러면 우리는 지나치게 단순한 우리의 첫 번째 도식을 수정해야

---

13) Hume, *Traité*, p. 694; *Treatise*, pp. 570~571.
14) Hume, *Traité*, p. 696; *Treatise*, p. 572.
 * 여기서 정념은 겪음 혹은 수동인데, 상상력이라는 것이 이런 겪음/수동을 반성하도록 만든다는 것이다. 다시 말해 우리가 어떤 것을 겪어서 그것이 우리 마음속에 인상과 관념의 형태로 존속할 때, 그것은 우리가 받아들인 그대로 수동적으로 머무는 것이 아니라 상상력에 의해 반성됨으로써 역동적으로 운동하게 된다는 것이다.

한다. 우리는 본성의 원리, 정념의 성질이 오로지 그것이 정신에 미친 효과 내에서 연구되어야 함을 봤다. 그러나 그 결과는 다만 상상력이 감응되고 고정된 것이라는 사실에서 성립한다. 이것은 단순한 결과이다. 이제 우리는 복합적인 결과를 여기에 결합해야 할 필요를 보게 된다. 상상력은 감응을 반성하고, 감응은 정신 안에서 울려퍼진다. 도덕의 원리와 정념의 원리가 정신에 감응을 불러올수록 정신은 하나의 환상으로 존재하기를 멈추고 스스로 고정되며 하나의 인간본성이 된다.** 그러나 정신이 그것을 고정한 감응을 반성하는 한 그것은 다시금 또 다른 면에서 새로운 방식의 환상이 된다. 환상은 그것의 변형의 원리 안에서 회복된다. 왜냐하면 적어도 감응 안에 있는 것은 모든 반성을 피해가기 때문이다. 감응의 실제적 실행, 그 한계의 현실성, 감응이 이러저러한 형식 아래 정신을 고정시키는 수단이 되는 행동 등을 정의하는 것은, 자신을 반성하는 가운데 모순에 부딪히지 않을 수 없다. 그 자신을 고정하는 형식들을 반성하는 가운데 상상력은 그것들을 해방시키고, 스스로 해방되면서 그것들을 무한히 확장시킨다. 다시 말해 상상력은 한계로부터 환상의 대상을 만들고 우연적인 것으로 나타나는 그 한계를 본질적인 것처럼 가지고 유희하며, 힘

** 이것은 흄의 경험주의적인 특성을 잘 드러낸 대목이라 할 수 있다. 즉 본성이 초험적으로 주어져 있는 것이 아니라 오히려 경험한 것이 일반화되고 고착화되어 본성을 그 효과로서 산출한다는 것이다.

을 그것의 현실적 실행으로부터 분리시킨다. 이런 분리가 환상의 착각[가상]이라고 흄은 말한다.15) 상상력의 힘, 그것은 힘을 상상하는 것이다. 요컨대 정념은 상상력이 정념을 확장하는 한에서만 상상력 안에서 스스로를 반성한다. 일반 규칙은 상상력 안에서 이뤄지는 정념의 **반성**과 상상력에 의한 정념의 **확장**의 이런 절대적 통합이다. **반성과 확장이 하나라는 것은 이런 의미에서이다.**

그러나 이런 의미에서 반성과 확장은 서로 다른 것이기도 한데, 왜냐하면 이 새로운 영역 안에 하나의 온전한 엄격성을 수립하기 위해서는 사후적으로 교정이 이뤄져야 하기 때문이다. 이제 여기서 반성은 앞선 반성에 **대한** 반성, 혹은 경우에 따라 반성된 이해에 대한 반성이 될 것이다. 이 두 경우에 모두 반성이라는 동일한 단어를 쓰는 까닭은 무엇인가? 그것은 확장이 곧 그 자체로 이미 하나의 교정이기 때문이다. 확장은 자연적 정념의 편파성을 넘어섰다. 그러나 확장이 자연을 넘

---

15) "오성을 다루는 데 있어서 때때로 **힘**과 그 힘의 **실행**을 구별하는 것은 전적으로 하찮은 일로, 인간이나 그 외의 다른 어떤 존재도 능력이 행동으로 옮겨지지 않는 한 어떤 능력도 소유한 것으로 여겨질 수 없는 것으로 관찰되어왔다. 그러나 이것이 사유의 정당하고 **철학적인** 방식에 있어서 엄격한 사실이라 할지라도 이것이 우리의 정념에 대한 **철학**은 아님이 분명하다. 그런데도 그토록 많은 것들이 힘이라는 관념과 그 힘에 대한 가정에 의해 그것의 현실적 실행과는 무관하게 정념에 작용한다." Hume, *Traité*, p. 412; *Treatise*, pp. 311~312.

어섬에서 본질과 우연적인 것을 혼동하고 있기 때문에 그것은 스스로 수립한 새로운 질서 안에서 그 질서를 위한 새로운 교정을 요청하며, 이 새로운 질서는 진지한 것이다. 결국 독특한 인위적 고안물을 환상과 경박함과 착각의 관점에서 보는 것으로는 충분하지 않다. 그것은 문화의 진지한 세계이기도 한 것이다. 자연과 문화의 구별은 정확히 단순한 결과와 복합적 결과의 구별이다. 흄이 전 저작을 통해 동물의 심리학이라는 문제에 지속적인 관심을 드러낸 것은 아마도 동물이 문화를 갖지 않는 하나의 자연이기 때문일 것이다. 원리는 동물의 정신에 작용하지만, 단순한 결과밖에는 갖지 못한다. 동물에게는 현실성 속에서 본능에 의해 유지되는 일반 규칙이 없고, 항구적인 환상과 반성된 절차도 없다. 따라서 동물에게는 역사 또한 없다. 당연히 문제는 여기에 있다. 즉 인간에게 있어 문화 또는 역사가, 환상이 회복되는 것과 똑같은 방식으로, 즉 그것이 정신 안에서 감응의 반향을 통해 회복됨과 동시에 구성된다는 것을 어떻게 설명할 것인가? **가장 경박한 것과 가장 진지한 것의 이런 결합을 어떻게 설명할 것인가?**

우리는, 정념이 반성되는 한 그것은 필연적으로 환상 속에서 자신을 반성하게 된다는 점을 살펴봤다. 그러나 결국 정념은 이미 고정되고 감응되고 자연화된 환상 속에서 퍼져나간다. 그것은 정념의 성질들에 의해서 명백히 고정된 것이 아니라, 다른 면에서 유희하는 본성의 다른 원리들에 의해서, 즉 연합의 양태들에 의해서 고정된 환상이다. 규칙이 스스로를 결정하는 것은 이 때문이다. 정념이 상상력 안에서 결정된 항상적인 형상形狀을 효과적으로 그려내는 것은 이런 조건에서이다. 흄은 이것을 다음과 같이 명백하게 표현하고 있다.

자연은 감응에서의 불규칙하고 불편한 것에 대한 치료제를 **판단력과 오성**에 제공했다.16)

이미 미학의 경우 정념은 연합의 원리를 통해 스스로를 반성하며, 그럼으로써 이 원리가 구성 규칙의 세부사항을 제공하게 된다. "모든 종류의 구성은 명제와 추론의 계속일 뿐이다."17) 이와 마찬가지로 우리는 소유권, 점유취득, 증식, 상속 …… 등의 규칙이 연합의 원리에 의해 결정됨을 봤다.

어떤 사람이 산토끼 한 마리를 죽도록 쫓고 있을 때 다른 이가 뛰어들어 사냥감을 낚아채 간다면 처음 사람은 부당함을 느낄 것이다. 그러나 같은 사람이 손 닿는 곳에 열린 사과를

---

16) Hume, *Traité*, p. 606; *Treatise*, p. 489.
17) David Hume, "Of the Standard of Taste," *Essays*, London: G. Routledge & Sons, 1907, pp. 246~276. ["Of the Standard of Taste," *Hume's Ethical Writings*, ed. and introd. Alasdair MacIntyre, New York: Collier Books, 1965, pp. 275~295 — 영어판.]

따려고 팔을 뻗는데 그보다 민첩한 누군가가 앞질러 그 사과를 딴다고 해서 그가 불평할 이유는 없을 것이다. 이런 차이가 생겨나는 이유는, 본성적으로 가만히 있지 않는 산토끼를 잡는 일은 오로지 근면성의 결과일 뿐으로, 그것은 사냥꾼에게 반드시 필요한 덕목이지만 [사과를 따는 등의] 다른 경우에는 요구되지 않는 것이라고 설명할 수밖에 없다.[18]

권리는 그 전체가 연합론적이다. 우리가 중재인이나 재판관에게 요구하는 것은 관념의 연합을 **적용하는** 것, 사물이 관찰자 일반의 정신 안에서 누구와, 혹은 무엇과 관계맺고 있는지 말하는 것이다. "바다는 어떤 나라의 소유도 될 수 없다는 것이 철학자들과 법학자들의 의견이다. 바다를 소유하거나, 소유권의 토대로 삼을 수 있을 만큼 바다와 분명한 관계를 형성하는 것이 불가능하기 때문이라는 것이다. 이런 이유가 더 이상 존재하지 않는 곳에서 소유권은 즉각 발생한다. 그러므로 바다의 자유를 가장 열렬히 지지하는 사람들은 강어귀와 만이 주변 대륙의 소유자들에게 [재산이나 소유의] 증식으로서 자연스럽게 주어지는 것을 보편적으로 허용한다. 강어귀와 만은 이를테면 바다보다 육지와 더 적절하게 결합되거나 통합되는 것이 아니다. 그러나 환상 속에서 [육지와] 통합을 이루고, 동

---

18) Hume, *Traité*, p. 625; *Treatise*, p. 506~507.

시에 [육지]보다 **작기** 때문에 당연히 육지의 증식으로 간주된다."19) 요컨대 역사를 이해하기 위해서와 마찬가지로 소유권의 규칙을 결정하기 위해서 상상력은 본질적으로 연합의 원리의 역할을 하며, 그것의 규범은 쉬운 이행이다.20) 그럴 때 상상력은 그것이 연합의 원리의 단순한 결과와 더불어 형성하는 통합 안에서 실제로 구성적 상상력의 분위기를 띠게 되지만, 그것은 외관상 구성적이다.*

그러나 그런 경우에조차도 연합의 원리를 내세우는 것은 결국 환상임을 잊어서는 안 된다. 연합의 원리는 환상을 인식

---

19) Hume, *Traité*, p. 630; *Treatise*, p. 511.
20) "우리가 어떤 것을 소유하고 있다고 말하게 되는 것은 그것에 직접적으로 접촉하고 있을 때뿐 아니라, 그것과 관련해 우리가 처한 상황이 그것을 우리 마음대로 취해 사용할 수 있을 때, 또한 현재 우리의 즐거움이나 이익에 따라 움직이거나 바꾸거나 파괴할 수 있을 때를 말한다. 그렇다면 이런 관계는 일종의 인과[이다]." Hume, *Traité*, p. 624; *Treatise*, p. 506. '쉬운 이행'이라는 주제에 대해서는 다음을 참조하라. *Traité*, pp. 626, 634, 684, 690; *Treatise*, pp. 507~508, 515, 561, 566.

* '구성적 상상력'은 아무런 규칙도 없는 상상력이 아니라 말 그대로 구성적인 역할을 하는 상상력을 말한다. 이것을 임마누엘 칸트의 경우와 비교해보자. 먼저 칸트에게서 오성은 오성대로 잡다는 잡다대로 순수한 것이고 구상력은 이것들을 이어주는 역할을 수행한다. 반면에 흄은, 상상력은 오성 밑에서 움직이고 오성은 그 상상작용에 어떤 규칙성을 부여하는 것으로 이해했다고 볼 수 있다. 즉 흄에게서 상상력과 오성의 관계는 한쪽에서 상상력이 자신의 유희를 통해 마구 흩트려 놓으면 다른 한쪽에서 오성이 정리하는 식의 밀고 당기는 관계라 할 수 있다. 이런 점에서 볼 때, 칸트는 (능력들의 일치 문제에서) 판단력을 나중에 등장시키지만, 흄은 애초에 판단력에서부터 출발했다고 말할 수도 있다.

면plan de la connaissance 위에 고정하고, 상상력은 이제 문화의 세계를 상세하게 설명하고 결정하는 역할을 한다. 우리는 인위적 고안물과 환상 사이의 근본적인 관계, 가장 진지한 것의 역할과 가장 경박한 것의 역할을 본다.

나는 이 규칙이 주로 상상력, 혹은 우리 사유와 개념화의 더 경박한 속성들에 의해 고정된다는 것에 의혹을 가진다.[21]

이와 마찬가지로 한 작품의 논리적 구조를 만드는 추론들은 허울 좋고 그럴싸할 뿐인 것으로, "상상력이 화려한 색채로 덧칠한다고 해도 사람들이 그 추론들을 알아보지 못하게 할 수는 없다."[22] 소유권의 규칙과 주권의 규칙의 결정된 내용 뒤에서 환상이 모습을 드러낸다. 더 분명하게 다시 말하자면 환상은 이런 규칙의 약화,[23] 혹은 이런 규칙의 상호 대립을 틈타 나타난다.[24] 이것이 소송이 존재하는 이유이며, 법적 논쟁이

---

21) Hume, *Traité*, p. 622; *Treatise*, p. 504.
22) Hume, "Of the Standard of Taste," p. 265. ["Of the Standard of Taste," p. 288 — 영어판.]
23) 분쟁과 폭력이 존재하는 곳에서, "우리가 이런 어려움들에 대한 해답을 이성과 공공의 이해관계에서 구한다면 결코 만족할 수 없을 것이다. 그리고 상상력에서 이를 찾는다면 그 인식능력에 작용하는 성질들이 감지할 수 없을 만큼 서서히, 점진적으로 서로 뒤섞여서 거기에 어떤 정확한 경계나 한계점을 부여하기는 불가능해질 것이 분명하다." Hume, *Traité*, p. 625; *Treatise*, p. 506.

끝없이 이어지는 이유이다. 따라서 점유취득에 관한 사례, 즉 도시와 투창의 사례에서 흄은 다음과 같이 말한다.

우리가 논쟁을 해결할 수 없는 것은 …… 이 문제의 모든 것이 환상에 달려 있기 때문이다. 이 경우에 환상은 판단을 내리도록 해주는 명확하고 결정된 규칙을 갖지 않는다.25)

결국에 가서 역사가는 **당혹하게** 되어 있다.26) 역사가의 당혹감은 철학자의 회의주의와 결합되어 마무리된다.* **이것이 규칙의 결정들이 교정되어야 하는 이유**이고, 두 번째 반성의 대상, 복잡한 분절 또는 우발성 이론의 대상이 되어야 하는 이유이

---

24) "그러나 이런 소유권들이 각기 다른 정도로 뒤섞이고 대립할 때 종종 당혹하게 된다. 또한 이럴 때는 법률가들과 철학자들의 논쟁보다는 군대의 검에서 해법을 찾는 편이 쉽다." Hume, *Traité*, p. 685; *Treatise*, p. 562.
25) Hume, *Traité*, p. 626; *Treatise*, p. 508.
26) Hume, *Traité*, p. 685; *Treatise*, p. 562.
* 흄에 따르면, 일반 규칙이나 덕은 이성에서 유래됐다기보다는 편협하고 완고한 믿음이나 미신적 습관 등에서 유래된 것이다. 예를 들어 로마의 2대 황제였던 티베리우스(Tiberius Julius Caesar Augustus, 42 BC~37 AD)는 자신의 후계자를 지명하지 않고 죽었는데, 그렇다면 누가 그를 계승해야 했을까? 티베리우스의 양자이지만 동시에 장자이기도 한 게르마니쿠스(Germanicus, 15 BC~19 AD)[그의 조카]였을까, 아니면 그의 친아들인 드루수스(Drusus, 13 BC~23 AD)였을까? 이런 왕위계승 문제 외에도 국가의 혁명이나 정복, 정부의 수립, 소유권 등의 문제에서 역사를 고찰하는 사람이라면 당혹감을 느낄 수밖에 없으며, 결국 역사연구는 철학적 회의주의의 추론들을 확인하게 된다는 것이다.

다. 오성의 원리와, 환상이 그 원리를 적용한 새로운 영역 사이의 간극을 메워야만 한다.

환상의 착각은 문화의 실재이다. 문화의 실재는 오성의 관점에서 착각이지만 오성이 그 착각을 흩뜨릴 수 없고, 그렇게 해서는 안 되는 영역 안에서 스스로를 긍정한다. 예컨대 어떤 행위에 대해 오성이 생각하는 바와 같은 필요성은 그 행위의 성질이 아니며, 행위자의 성질도 아니고, 그것들을 고려하는 사유하는 존재의 성질이다. 이와 마찬가지로 우리가 행위자로서 행위를 완수함에 있어 [우리의 자유로운 행위를 구속하는] 어떤 필연성도 느낄 수 없는 한, 우리는 불가피하게 자신이 자유롭다고 믿는다.[27] 이런 의미에서 착각은 그것을 고발하는 오성만큼이나 실재적이며, 문화는 위조된 경험이지만 또한 참된 경험이기도 하다. 오성은 다만 우리가 문화의 힘을 부당하게 현실적 상황으로 변형시킬 때, 일반 규칙에 현실적 상황을 부여할 때만 비로소 그 비판을 행사할 권리를 가진다.[28] 그렇지 않으면 오성은 아무것도 할 수 없다. 오성은 문화의 세계가 결정되도록 연합의 원리를 차용한다. 오성은 이 원리가 상정하는 확장을 교정한다. 그러면서 예외의 전체 이론을 구성하지만, 그 예외 또한 그 자체로 문화의 부분을 이룬다.

---

27) Hume, *Traité*, p. 517; *Treatise*, p. 408.
28) Hume, *Traité*, p. 516; *Treatise*, pp. 407~408.

2. 문제의 핵심은 정념과 상상력의 관계에 있다. 이 관계의 결정은 정념 이론의 진정한 독창성을 구성한다. 결국 정념이 상상력 안에서 그 복합적 결과를 전개하도록 허용하는 이 둘 사이의 단순한 관계란 무엇인가? 연합의 양태들이 그렇듯 정념의 원리는 정신을 넘어서며 그것을 고정한다.

자연이 정신에 어떤 근원적 성질을 부여하지 않았다면, 그것은 어떤 이차적 성질도 가질 수 없을 것이다. 왜냐하면 그럴 경우 정신은 활동의 토대를 가질 수 없을 것이고, 노력하기 시작할 수조차 없을 것이기 때문이다.[29]

그러나 정념의 이런 성질들은 연합의 양태들과 같은 방식으로 상상력을 고정하지 않는다.* 연합의 양태들이 관념들에 가능한 상호적 관계를 준다면 정념의 성질들은 그 관계에 한 방향과 한 가지 의미를 주며, 그것에 하나의 실재, 일의적 운동, 따라서 일차적 항을 부여한다. 예컨대 자아는, 상상력에 어떤 경향이나 성향penchant을 부여하는 자연적이고 근원적인 소유권에 근거한 자부심과 겸손의 대상이다. 자아라는 관념, 또는 차라리 자아라는 인상[30]은 정신을 **붙잡아둔다**.

---

[29] Hume, Traité, p. 379; Treatise, p. 280.

　* 왜냐하면 연합의 양태들과 같은 방식으로 상상력을 고정시키는 것은 바로 오성이기 때문이다.

어떤 사람이 내 형제라는 것은 나도 그에 대해 마찬가지라는 뜻이다. 그러나 이 관계는 비록 상호적이기는 하지만 상상력에 대해서는 매우 상이한 결과를 낳는다.[31]

상상력은 가장 멀리에서 가장 가까이로, 즉 나의 형제로부터 나에게로 쉽게 움직이지 나로부터 형제로 가는 것이 아니다. 다른 예를 들어보자.

인간은 공간적으로나 시간적으로 그리 멀리 떨어져 있지 않은 대상들에 주로 관심을 가진다.[32]

더구나 상상력의 성향은 현재에서 미래로 나아가게 되어 있다. "우리는 자신의 존재를 후퇴시키기보다는 전진하게 한다."[33] 우리는 두 종류의 감응, 즉 관계와 정념이 어떻게 서로 관계 맺으면서 자리 잡게 되는지 본다. 연합은 상상력 안에서 관념들을 연결 짓는 것이고, 정념은 이 관계에 하나의 의미를, 따라서 상상력에 하나의 성향을 부여한다. 따라서 특정한 방식으로 정념은 관념들의 연합을 필요로 하지만, 역으로 연합은

---

30) Hume, *Traité*, p. 419; *Treatise*, p. 317.
31) Hume, *Traité*, p. 442; *Treatise*, p. 340.
32) Hume, *Traité*, p. 539; *Treatise*, p. 428.
33) Hume, *Traité*, p. 542; *Treatise*, p. 432.

정념을 전제한다. 관념들이 연합할 때, 그것은 정념만이 인간의 활동에 부여할 수 있는 목표, 의도, 또는 목적에 따라서 이뤄진다.34) 인간이 그 관념들을 연합하는 것은 그가 정념을 갖기 때문이다. 따라서 정념과 관념들의 연합이라는 이중의 내포가 있다. "이런 두 종류의 연합," 즉 인식에서 관념들의 연합과 정념에서 인상들의 연합은 "서로를 크게 돕고 촉진하는 것을 관찰할 수 있다"고 흄은 말한다.35) 그렇기 때문에 상상력은 정념이 그것에게 부여한 성향을 따른다. 또한 정념이 제안하는 관계는 일의적인 것이 되어 실재적이 되며, 그것은 다만 정념의 어떤 정황, 정념을 구성하는 일부에 지나지 않는다. 이것이 상상력에 대한 정념의 단순한 결과이다. 그러나 또한 정념이 자신의 정황들과 더불어 일반 규칙을 구성하기 위해서, 그리고 **상상력의 성향을 넘어** 가장 먼 것, 가장 멀리 떨어진 것에 더 높은 가치를 부여하기 위해서 연합의 원리를 통해 자기 자신을 반성하는 것은 상상력 안에서이다. 이는 복합적인 결과이다. 한편으로 가능한 것은 실재적인 것이 되고, 다른 한편으로 실재적인 것은 반성된다.

---

34) David Hume, *Enquête sur les principes de la morale*, trad. André Leroy, Paris: Aubier, 1947, pp. 60~61; *An Inquiry Concerning the Principles of Morals*, ed. Charles W. Hendel, Indianapolis: Bobbs-Merrill, 1957, pp. 33~34.
35) Hume, *Traité*, p. 383; *Treatise*, pp. 283~284.

결국 여기서 우리는 흄의 기대에 어떤 의미를 부여하면서 자아에 대한 문제를 해결할 수 있지 않을까? 이제 우리는 주체성이라는 관념이 무엇인지 말할 수 있다. 주체는 하나의 성질이 아니라 관념 다발의 특성화이다. 상상력이 원리들에 의해 **감응된다**는 것은 어떤 집합이 부분적인 현실적 주체로서 자격이나 성질을 부여받는다는 것을 의미한다. 주체성의 관념은 이제 상상력에서의 감응의 반성이며, **그것은 일반 규칙 자체이다**. 주체성의 관념은 여기서 더 이상 사유의 대상, 어떤 사물의 성질이 아니며 표상적이지 않다. 그것은 하나의 규칙, 도식, 구성의 규칙이다. 주체성의 관념은 그것을 관념으로 갖는 주체의 부분성을 넘어서면서, 고려되는 각각의 다발 속에 주체들 간의 가능한 일치의 원리와 규칙을 포함한다. 이와 같이 오성의 측면에서 해답을 찾을 수 없는 자아의 문제는 오직 문화 안에서 윤리적이고 정치적인 해결을 발견한다.* 우리는 기원과 감응이 자아 안에서 결합할 수 없음을 봤다. 왜냐하면 이 수준에서 원리들과 환상 사이에는 엄청난 차이가 존속하고 있기 때문이다. 사실상 이제 자아를 구성하는 것은 감응 자체와 그것의 반성의 종합이며, 상상력을 고정하는 감응과 감응을 반성하는 상상력의 종합이다.

---

* 주체는 어떤 원리에 따라 규정되는 것이 아니라 그 자체가 이미 하나의 도식·규칙이며, 주체는 단지 주어지는 것이 아니기에 결국 자기 스스로 어떤 주체를 만들어 가는 것 자체가 윤리적·정치적 문제라는 것이다.

3. 이처럼 실천 이성은 문화와 도덕성 전체의 수립이다. 이 모든 것이 상세하게 제시된다는 것은 [앞의 문장("실천 이성은 문화와 도덕성 전체의 수립이다")과] 모순이 아닌데, 왜냐하면 그 세부사항은 부분들이 아니라 일반적 결정으로 구성되어 있기 때문이다.36) 어떻게 이런 [문화와 도덕성의] 수립이 일어날 수 있는가? 그것을 가능하게 만드는 것은 **도식화하는 상상력**l'imagination schématisante이다. 또한 그런 도식론은 상상력의 세 가지 속성을 나타내고 번역한다. 즉 상상력은 반성적이고, 본질적으로 넘쳐나며débordant, 외관상 구성적이다. 그러나 반대편 극단에서, 이론적 이성은 자연의 세부사항, **말하자면** 계산에 종속되는 부분들에 대한 결정이다.

이 결정은 어떻게 가능한가? 이는 분명 [문화와 도덕성의] 수립과는 다른 방식을 취할 것이다. 왜냐하면 우리는 오성의 체계와 도덕의 체계가 정신의 평행한 감응이 아님을 봤기 때문이다. 이론적 이성에 특수한 도식론이 있어야 할 것이다. 여기서 도식론은 더 이상 한 전체를 구축하는 원리가 아니라 부분들을 결정하는 원리이다. 연합의 원리의 역할은 상상력을 고정하는 것이다. 그러나 연합은 정념처럼 자신을 진정시키고 이

---

36) Hume, *Traité*, p. 678; *Treatise*, p. 555. 또한 다음의 언급도 참조하라. "정의는 판결을 내릴 때 특정한 인물에 대한 대상[판결의 대상]의 적합성 또는 부적합성을 고려하지 않으며 더욱 확장적인 관점을 따른다." *Traité*, p. 620; *Treatise*, p. 502.

성을 구성하기 위해서 자신에 대해 반성할 필요를 느끼지 않는다. 연합은 직접적으로 차분하며, "정신에 비밀스럽고 차분하게 작용한다."37)

그러므로 이성은 본성이 된 상상력이며, 연합의 단순한 결과, 일반 관념, 실체, 관계의 전체이다. 다만 이런 의미에서 보자면, 관계의 종류가 두 가지이기 때문에 이성에도 두 종류가 존재한다. 우리는 관념들의 관계에서, "우리가 서로 비교하는 관념들에 전적으로 의존하는"것(유사성, 양률의 관계, 성질의 정도, 반대)과 "관념들에 아무런 변화가 없어도 변화할 수 있는" 대상들의 관계(시간과 장소, 동일성, 우발성의 관계)를 구별해야 한다.38) 이와 마찬가지로 두 가지 이성도 구별되는데, **확실성**(직관 또는 논증)39)에 따라 활동하는 이성과 개연성40)(실험적 이성, **오성**)41)에 의해 활동하는 이성이 그 각각이다. 의심의 여지없이 이 두 가지 이성은 관계의 종류에 따른 두 가지 사용일 뿐이며, 이들은 [관념들의] **비교**를 공통의 뿌리로서 갖고 있기 때문에 각각의 확신conviction은 서로 무관한 채로 있을

---

37) Hume, Traité, p. 436; Treatise, p. 334.
38) Hume, Traité, p. 141; Treatise, p. 69.
39) Hume, Traité, p. 142; Treatise, p. 70.
40) Hume, Traité, p. 205; Treatise, p. 124.
41) 오성이라는 용어는 흄이 대상들의 관계를 지시할 때 가장 많이 사용된다. 그러나 이것이 절대적인 법칙은 아니다. Hume, Traité, p. 252; Treatise, p. 166.

수 없다(확실성과 믿음).42) 그런데도 이들은 여전히 구별된 상태로 머물러 있다. 예컨대 일단 인과성이 확실성이나 인식의 대상이 아님을 밝히고 나면, 우리는 오성이 그 대상인 이 인과성을 생산하는지,43) 또는 인과성은 개연성에서 유래된 것인지를 자문하게 된다.44) 후자의 물음에 대한 답은 역시 부정적이다. 그러나 이 새로운 부정이 근거하는 논변들은 동시에 우리가 이성의 두 차원[확실성과 개연성] 사이의 차이를 이해할 수 있도록 해준다.

인과관계를 그 결과로 산출하는 원리는 점진적으로 형성된다. **여기서 인간본성은 저절로 그 결과를 산출하지는 않는다.***

어째서 과거의 경험과 관찰이 그런 결과를 산출하는지에 대해, 어째서 자연만이 그런 결과를 산출해야 하는지에 대해 궁극적인 이유를 제시할 수 있는 사람이 있을까?45)

인간본성은 **자연**에 대한 관찰, **자연**의 경험을 우회한다. 흄에 따르면 이것이 핵심이다.

---

42) Hume, Traité, p. 157; Treatise, p. 84.
43) Hume, Traité, pp. 163~164; Treatise, p. 89.
44) Hume, Traité, p. 163; Treatise, p. 89.
  * 인간본성이 인과적 결과를 저절로 산출해내는 것은 아니며, 오히려 이런 결과를 생산하는 것은 과거의 경험과 관찰이다.
45) Hume, Traité, p. 266; Treatise, p. 179.

연합을 산출하는 습관은 대상들의 잦은 연접을 통해 발생하므로 그 습관은 점차 완전성에 도달해야 하고, 우리가 관찰하게 되는 각각의 사례로부터 새로운 힘을 획득해야 한다.46)

여기서 인과성이 개연성에서 유래되지 않는 이유를 정확히 알 수 있다.47) 실제로 우리는 각각의 습관의 결정된 정도를 개연성으로 지칭해야 한다.48) 다만 그럴 때 개연성이 습관을 원리로 간주한다는 점을 잊어서는 안 되는데, 하나의 대상의 관점에서 볼 때 습관의 결정된 정도는 저마다 다른 대상의 존재를 전제하는 것일 뿐이기 때문이다. 그것은 마치 첫 번째 대상을 **습관적으로** 동반하는 것과 같다.49) 습관의 역설은 그것이 점진적으로 형성되는 동시에 인간본성의 원리라는 데 있다.

습관은 자연/본성의 원리 중 하나일 뿐이며, 습관의 모든 힘은 자연이라는 기원에서 유래한다.50)

---

46) Hume, *Traité*, p. 213; *Treatise*, p. 130.
47) Hume, *Traité*, pp. 212, 165; *Treatise*, pp. 130, 90.
48) "그러나 이런 완벽의 정점에 도달하기 전에 그것[우리의 판단]은 몇 개의 열등한 단계를 거치며, 그 모든 단계에서 다만 전제 또는 개연성으로 평가될 뿐인 것이다." Hume, *Traité*, p. 214; *Treatise*, pp. 130~131.
49) Hume, *Traité*, p. 164; *Treatise*, p. 89.
50) Hume, *Traité*, p. 266; *Treatise*, p. 179; *Principes de la morale*, p. 89; *Principles of Morals*, pp. 45~46.

원리는 바로 습관들을 수축시키는 습관이다. 정확히 말하면, 점진적 형성은 우리가 그것을 일반적으로 고려할 때 하나의 원리이다. 흄의 경험주의에서 발생genèse은 항상 원리들에 준하며, 또한 하나의 원리로서 이해된다. 개연성에서 인과성을 도출하는 것은 이성이 의존하는 원리의 이런 점진적 형성을 추론의 전개와 혼동하는 일이다. 사실 실험적 이성이 습관으로부터 태어나는 것이지 그 반대가 아니다. 습관은 이성의 뿌리이며, 이성을 결과로서 갖는 원리이다.[51]

그러나 관념들의 관계와 상관적인 다른 용도에서 이성은 점진적 형성 없이 오직 인간본성의 결과 아래에 대응하는 원리들에 의해 직접적으로 결정된다. 그로부터 수학에 대한 유명한 텍스트가 유래한다.[52] 이와 마찬가지로, 관념들의 관계에 대한 정의는 "관계가 전적으로 우리가 서로 비교하는 관념들에 좌우되는 경우" **연합이 특히 여기서 관념들 자체의 성질이라는 의미가 아니며**, 수학이 분석적 판단의 체계라는 것도 아니다. 관념들의 관계든 대상들의 관계든 그런 관계는 언제나 그 항들에 대해 외재적이다. 그러나 흄이 말하고자 하는 것은 이런 것이다. 정신 안에서 관념들의 관계를 산출하는 것은 그 관

---

51) Hume, *Traité*, p. 266; *Treatise*, p. 179.
52) David Hume, *Enquête sur l'entendement humain*, trad. André Leroy, Paris: Aubier, 1947, p. 70; *An Enquiry Concerning Human Understanding*, La Salle: Open Court, 1966, p. 24.

념들에[만] "단독으로" 작용하는 인간본성의 원리이다. 이는 대상들의 세 관계에서 **자연**에 대한 관찰 자체가 원리로서 작용하는 것과 대조적이다. 그러므로 뒤에서 이야기하게 될 수학의 논리에는 일반 법칙들만이 효과적으로 채울 수 있을 물리학, 또는 존재의 논리가 병치될 것이다.53) **관계라는 관점에서 도식론의 대상이 되는 것은 물리학뿐이다.**54)

본성의 한 원리인 습관이 점진적으로 형성된다는 말은 우선 경험이 그 자체로 본성의 한 원리라는 말이다.

경험은 과거 대상들의 몇 가지 연접에 대해 나를 가르치는 원리이다. 습관은 내가 미래에도 동일한 것을 기대하도록 결정하는 **또 다른 원리**이다. 그리고 경험과 습관은 공모해 상상력에 작용한다.55)

다음으로 습관이 경험을 전제하는 동시에 경험과는 **다른 원리**라는 점을 기억하자. 사실 내가 습관이라고 여기는 것은 내

---

53) Hume, Traité, pp. 260~262; Treatise, pp. 173~176.
54) 그런데도 불구하고 물론 수학의 도식론이 있다. 삼각형의 관념, 큰 수의 관념은 적절한 관념이 아니라 하나의 관념을 산출하는 **힘**이다. Hume, Traité, pp. 87, 89; Treatise, pp. 21, 22. 그러나 우리는 지금 이 도식론을 연구할 수는 없는데, 왜냐하면 이 도식론은 관계의 관점이 아니라 일반 관념의 관점을 취하기 때문이다.
55) Hume, Traité, p. 357; Treatise, p. 265. 강조는 지은이.

가 습관을 갖게 된다는 사실을 제대로 설명하지 못할 것이며, 반복은 절대 그 스스로 점진적 과정을 형성하지 않을 것이다. 경험에 의해 우리는 특수한 연접들의 관찰자가 된다. 그 본질은 유사한 경우의 반복이다. 그 결과는 철학적 관계와 같은 인과성이다. 상상력이 오성이 되는 것이다. 그러나 이로부터 그 오성이 원인과 결과에 대해 어떻게 추리하고 **추론하는지**는 알 수 없다.* 인과성의 참된 내용, 언제나 말인 그것은 경험 안에서 구성될 수 없는데, 어떤 의미로는 그것이 경험을 구성하기 때문이다.56) 추론을 가능케 하는 것은 하나의 추론이 아니다. 또한 추론이 직접적으로 오성 안에 주어지는 것도 아니다. 오성은 경험과는 다른 원리에서 경험 자체의 결론을 이끌어내는 능력, 경험을 넘어서서 추론하는 능력을 얻어야 한다. 반복은 그 자체로 점진적 과정이 아니다. 그것은 아무것도 형성하지 않는다. 유사한 경우의 반복은 한 경우가 다른 경우 뒤에 일어난다는 것 외에는 서로 간에 아무런 차이를 갖지 않고, 그러면서 어떤 새로운 관념을 발견하지 않는다는 점에서 우리에게 도움이 되지 않는다.57) 습관은 어떤 양量의 역학이 아니다.

---

* 이것은 결국 앞서 나온 것처럼 개연성에서 인과성으로 넘어가지 못한다는 말이다.
56) "그러므로 경험에서 나온 어떤 논거로도 과거와 미래의 이런 유사성을 증명하는 것은 불가능하다. 이 모든 논거가 그 유사성의 전제에 근거하고 있기 때문이다." Hume, *Entendement humain*, p. 84; *Human Understanding*, p. 39.

대상들이 오성에 통합되지 않는 것처럼 보이듯 관념들이 환상 속에서 통합되지 않는다면, 우리는 결코 원인에서 결과로 추론을 이끌어낼 수 없을 것이며 어떤 사실의 문제에서도 믿음을 가질 수 없을 것이다.58)

바로 이것이 습관이 다른 원리로서 나타나는 이유이다. 혹은 인과성이 자연적 관계로서, 관념들의 연합으로서 나타나는 이유이다.59) 이런 또 다른 원리의 결과는, 상상력이 믿음이 되는 것으로 나타난다.60) 왜냐하면 어떤 한 대상의 인상으로부터 다른 대상의 관념으로 이행이 일어나기 때문이다. 그러므로 [이로부터] 이중의 내포가 모습을 드러낸다. 한편으로 습관은 오성이 경험에 관해 추론하도록 해주고, 믿음을 오성의 가능한 작용으로 만든다.

기억, 감관, 오성은 그러므로 모두 상상력, 또는 우리의 관념들의 생생함에 근거하고 있다.61)

---

57) Hume, *Traité*, p. 162; *Treatise*, pp. 87~88.
58) Hume, *Traité*, p. 167; *Treatise*, p. 92.
59) Hume, *Traité*, p. 168; *Treatise*, p. 93.
60) Hume, *Traité*, p. 180; *Treatise*, pp. 102~103. 또한 다음의 언급을 참조하라. "믿음은 관습에서 발생한 정신의 활동이다.""믿음은 오직 인과로부터만 발생한다." *Traité*, pp. 192, 185; *Treatise*, pp. 114, 107.
61) Hume, *Traité*, p. 358; *Treatise*, p. 265.

다른 한편, 습관은 경험을 전제한다. 대상들의 연접이 일단 발견되면 대상들은 상상력 안에서 연결된다. 습관은 그것이 오성이나 상상력에 의해 한 대상의 관념을 산출하는 한 경험 자체라고 할 수도 있다.62) 아무것도 바뀌거나 발견되거나 산출하지 않은 채로 반복될 뿐인 대상에 대해 고찰하는 대신에, 이와는 대조적으로 반복을 응시하고 반복이 새로운 인상을 산출토록 하는 정신을 고찰한다면, 그때 반복은 점진적 과정이 되고 생산이 되기까지 한다.* 이 새로운 인상은 "우리의 사유를 하나의 대상에서 다른 대상으로 가져가는,63) 그리고 과거를 미래로 이전시키는 결정"64)이며, 기대이고 경향이다. 경험과 습관은 여전히 두 개의 상이한 원리들이다. 그것들은 이를테면 정신의 관찰에 대한 항상적 연접의 경우를 현시하는 것, 그 동일한 경우를 그것들을 관찰하는 정신 안에서 결합하는 것과도 같다. 이런 의미에서 흄은 인과성에 관해 언제나 두 개의 결부된 정의를 부여한다. 즉 유사한 대상들의 통합, 한 대상에서 다른 대상으로의 정신의 추리가 그것이다.65)

---

62) Hume, Traité, p. 163; Treatise, pp. 88~89.
　* 실제로 흄은 인과추론에 대한 분석에서 항상적 연접의 발견을 계기로 대상에 대한 관심에서 정신의 작용에 대한 관심으로 전환한다. 즉 대상들의 필연적 연관[성]을 인상들에서 찾기를 멈추고 항상적 연접이 발견될 때 정신 속에서 일어나는 이행과 결합의 작용에 주목하게 된다.
63) Hume, Traité, p. 251; Treatise, p. 165.
64) Hume, Traité, p. 237; Treatise, p. 134.

인위적 고안물(도덕적 세계)과 습관(인식의 세계) 사이에 유비가 성립한다. 이 두 심급은 대응하는 그들의 세계 안에서 확장적이며 교정적인 일반 규칙의 기원에 존재한다. 그러나 이들이 작동하는 방식은 서로 다르다. 도덕의 체계 안에서 규칙들의 조건은 상상력 안에서의 본성 일반의 원리에 대한 반성이 된다. 그런데 인식의 체계 안에서 그 [규칙들의] 조건은 한 원리의 매우 특수한 성격 안에 있다. 이는 원리가 경험(혹은 등가적인 어떤 것)을 전제할 때뿐 아니라 원리가 형성되어야 할 때도 마찬가지이다. 그런데도 불구하고 우리는 이런 형성이 자연적으로 자신의 법칙을 가지며, 그 법칙은 추론하는 오성의 합법적인 실행을 정의하게 된다고 말할 것이다. 우리는 원리의 형성이 형성의 원리임을 살펴봤다. 믿음은 신중한 자연$^{une\ nature\ prudente}$ 원리의 결과라고 흄은 말한다.66) 정의상 우리가 믿는 관념은 현재의 인상과 연합되어 있는 관념, 따라서 상상작용을 고정하는 관념, 인상이 자신의 생생함을 전달하는 관념이다. 또한 이런 전달은 의심의 여지없이 유사성과 인접성에 의해 강화되지만,67) 본질적으로 인과성에서, 습관에서, 그러므로 결국 두 대상 사이의 경험에서 관찰되는 항상적 연접이라는 경우의 반복에서 자신의 법칙을 발견한다. 그런데도

---

65) Hume, *Traité*, pp. 256, 259; *Treatise*, pp. 169~170, 172.
66) Hume, *Traité*, p. 197; *Treatise*, p. 118.
67) Hume, *Traité*, p. 188; *Treatise*, pp. 110~111.

불구하고 바로 여기에 어려움이 있다. **습관 자체는 경험과는 다른 하나의 원리이며, 경험과 습관의 통합은 주어지지 않는다.** 습관은 그 자체로 위조된 경험을 내세워 가장할 수 있고 "경험에서 유래하지 않은 반복에 의해" 믿음을 산출할 수 있다.[68]
이것은 불법적인 믿음, **상상력의 허구**일 것이다. "어떤 의존성을 상상하는 관습은 이 의존성을 관찰하는 관습이 가질 수 있었을 것과 동일한 결과를 가진다."[69] 따라서 상상력은 자신의 고유한 환상이 이뤄지도록 하는 동시에 그 고정을 넘어서고 경험을 벗어나도록 하는 데 습관을 이용하는 한에서만 습관의 원리에 의해 고정된다.

이런 습관은 원인과 결과의 항상적이고 불가분적인 결합에서 발생하는 것에 영향을 미치며 접근할 뿐 아니라, 많은 경우에 그것을 압도하기까지 한다.[70]

이렇게 산출된 오성의 믿음은 엄격한 실행이라는 관점에서 불법적이지만, 그런데도 불구하고 불가피한 것으로서 흄이 **비철학적 개연성**nonphilosophical probability이라고 부른 확장적이고 일반적이며 넘쳐나는 규칙들의 집합을 형성한다.* "아일랜드인

---

68) Hume, *Traité*, p. 244; *Treatise*, p. 140.
69) Hume, *Traité*, p. 312; *Treatise*, p. 222.
70) Hume, *Traité*, p. 194; *Treatise*, p. 116.

은 위트가 없고, 프랑스인은 신뢰할 수 없다." 따라서 최초의 외양과는 달리 오성은 그것이 합법적으로 실행되기 위한 법칙을 직접적으로 결정하는 데 있어 본성을 믿을 수 없다. 이 법칙은 오로지 교정의 산물, 반성의 산물로서만 존재할 수 있다. 그로부터 일반 규칙의 두 번째 계열이 생겨난다. 오로지 오성이 새로운 작동에 의해 믿음의 작용 그 자체와 그것의 원리를 과거 경험의 한계 내에 유지하는 한에서, 비로소 믿음 자체의 합법적인 조건들은 **철학적 개연성** 또는 개연성들의 계산의 규칙을 형성하는 가운데 인식되고 적용될 것이다. (또한 바로 이런 의미에서, 연합의 원리에 의해 결정된 이후임에도 정념의 확장적 규칙이 도덕적 세계 안에서 교정되어야 한다면, 그것은 이 경우에 연합의 원리가 그 자신을 자신의 것과는 다른 면^{plan}에서 유희하게 만드는 환상에 의해 환기되기 때문만이 아니라, 그 인과성이 이미 그 자체로 그리고 그에 고유한 면 위에서 환상적이고 확장적인 용도를 가지기 때문이기도 하다. 오성이 정념의 확장적 규칙을 수정**할 수 있고**, 도덕의 본성에 대해 **스스로** 질문할 수 있다면, 그것은 오성이 먼저 인식 자체의 확장을 교정해**야만** 하기 때문이다.)

---

* 오성이라는 것이 엄격하게 실행되어야 하는데, 거기에는 어떤 경험에 의해 뒷받침되지 않는 반복에 의한 습관이 상상력의 허구를 낳는다는 것이다. 그래서 그 상상력의 허구가 끼어들어 (뒤에 나오는 것처럼) 아일랜드인은 위트가 없고 프랑스인은 신뢰할 수 없다는 식의 근거가 빈약한 일반론이 나오게 된다.

불법적인 믿음, 경험에서 발생하지 않은 반복, 비철학적 개연성 등은 언어와 환상이라는 두 개의 원천을 가진다. **이것들 [즉, 언어와 환상]은 허구적 인과성**이다. 언어는 관찰된 반복을 발화된 반복으로 대체하고, 현재 대상의 인상을 우리에게 생생한 관념을 떠올리도록 하는 결정된 말^{mot}의 청취로 대체하면서 스스로 믿음을 산출한다.

우리는 [우리 자신이] 들은 것은 무엇이든지 믿는 경향이 매우 강하다. 이런 경향은 심지어 유령[환영]이나 마법, [비범한] 천재같이 일상의 경험과 관찰에 아무리 모순되는 것에 관해서일지라도 마찬가지이다.[71]

철학자는 능력들과 신비스러운 성질들에 대해 말한 끝에 그 말들이 "우리가 반성을 통해 발견할 수 있는 숨은 의미를 지니고 있다"는 것을 믿기에 이른다.[72] 거짓말쟁이는 거짓말을 반복한 끝에 그 기만을 믿기에 이른다.[73] 맹신뿐 아니라 교육,[74] 웅변술, 시詩도 말의 힘으로 설명된다.[75]

---

71) Hume, *Traité*, p. 191; *Treatise*, p. 113.
72) Hume, *Traité*, p. 314; *Treatise*, p. 224.
73) Hume, *Traité*, p. 195; *Treatise*, p. 117.
74) Hume, *Traité*, p. 194; *Treatise*, p. 116.
75) Hume, *Traité*, p. 199; *Treatise*, p. 121.

우리는 마르스니, 유피테르니, 베누스니 하는 이름들에 너무 익숙해져 있어서 교육이 어떤 의견을 각인시키는 것과 같은 방식으로 이 관념들을 지속적으로 반복하면 그것들은 쉽게 정신에 들어가 환상에 만연하게 된다. …… 작품의 몇 가지 사건은 한 편의 시나 재현 안에서 결합됨으로써 일종의 관계를 획득하게 된다. …… 또한 환상에 의해 산출된 생생함은 많은 경우 관습과 경험으로부터 유발된 것보다 훨씬 크다.[76]

요컨대 말은 "믿음의 허상,"[77] [믿음의] "위조"[78]를 산출한다. 이런 허상으로 인해 철학적으로 언어에 대한 가장 엄격한 비판이 필요해진다. 다른 한편, 환상은 본질적인 것과 우연적인 것을 혼동케 한다. 믿음의 위조는 사실 언제나 우연적 성격에 의존한다. 즉 그것은 대상들의 관계가 아니라 "그 사람의 현재 기분과 성향"[79]에 의존한다. 환상은 어떤 대상에 수반된 그저 우연적인 정황의 나타남apparition을 경험 안에서 그 대상의 반복으로 해석한다.[80] 따라서 [높은 탑 위에 매달린 철제 우리 안에 들어가 있는] 사람이 현기증을 느끼는 사례에서,

---

76) Hume, *Traité*, pp. 200~201, 139; *Treatise*, pp. 121, 122.
77) Hume, *Traité*, p. 202; *Treatise*, p. 630.
78) Hume, *Traité*, p. 204; *Treatise*, p. 123.
79) Hume, *Traité*, p. 202; *Treatise*, p. 630.
80) Hume, *Traité*, p. 232; *Treatise*, pp. 147~148.

[매달려 있는 곳의] 높이와 추락[할 경우]의 상황이 그에게 너무 충격적이기 때문에, 막상 견고하게 지탱되고 있어 완벽한 안정감을 주어야 할 상황에조차도 그 영향은 사라지지 않는다.[81]

결국 도덕의 체계에서와 마찬가지로 오성의 체계 안에서도 상상력은 본질적으로 넘쳐흐른다. 그러나 우리는 [오성의 체계와 도덕의 체계 사이의] 차이를 본다. 인식의 과잉 속에서 우리는 더 이상 예술의 적극성^{positivité}을 발견할 수 없을 것이며, 다만 오류와 기만의 부정성^{négativité}만을 발견하게 될 것이다. 이런 까닭으로 교정은 이제 질적인 엄격성의 수립이 아니고 양적 계산에 의한 오류의 파기가 된다. 인식의 세계에서, 오성의 경우에 확장적 규칙은 이미 상상력 안에서 원리들의 반성이 가진 이면이 아니다. 확장적 규칙은 다만 그 원리에 **대한** 예방적 반성의 불가능성을 나타낼 뿐이다.

우리가 한 대상이 다른 대상과 결합된 것을 보는 데 익숙해져 있을 때 우리의 상상력은 자연적 이행에 따라 전자에서 후자로 이행한다. 그것은 반성에 선행하며, 반성에 의해 막을 수 없는 것이다.[82]

---

81) Hume, *Traité*, p. 233; *Treatise*, p. 148.
82) Hume, *Traité*, p. 231; *Treatise*, p. 147.

상상력은 우연적인 것과 일반적인 것을 혼동해 믿음을 위조하는 경우에만 믿음을 얻는다. 습관은 믿음을 위조하는 동시에 허구적 반복을 환기하는 경우에만 경험을 환기하는 원리이다. 그렇기 때문에 교정, 빼기[배제]^{soustraction}, 두 번째 종류의 규칙으로서만, 일반적인 것과 우연적인 것의 양화된 구별의 범주로서만 드러나는 사후적 반성$^{réflexion\ ultérieure}$은 필연적이다.

이 규칙은 우리 오성의 본성, 우리가 대상들에 관해 형성하는 판단들 속에서 오성의 작동에 근거해 형성된다.[83]

오성의 한계 안에서 믿음을 유지하는 것, 습관과 경험의 일치를 확고히 하는 것이야말로 철학적 개연성의 대상, 또는 개연성들의 계산의 대상이고, 그 허구와 편견을 해소하는 수단이다. 달리 말해서 절대적으로 합법적인 존재를 위한 추론은 습관으로부터 "**직접적**이 아니라 …… **우회적** 방식으로"[84] 태어나야 한다. 의심의 여지없이 믿음, 추리, 추론의 속성은 경험을 넘어서는 것, 과거를 미래로 전환하는 것이다. 여전히 믿음의 대상은 과거의 경험과의 일치 아래 결정되어야 한다. 경험은 **부분 밖의 부분**이며, 대상들은 오성 안에서 분리된다.

---

83) Hume, *Traité*, p. 233; *Treatise*, p. 149.
84) Hume, *Traité*, p. 217; *Treatise*, p. 133.

과거를 미래로, 기지의 것을 미지의 것으로 전환할 때 모든 과거의 실험은 동일한 무게를 가지며 …… 어느 쪽으로든 기울어지게 할 수 있는 것은 실험들의 수적 우세뿐이다.[85]

과거의 경험들의 수를 결정해야만 하며, 그 사이에서 부분들의 대립과 양적 일치를 결정해야 한다. 믿는다는 것이 상상력의 작용이라면 그것은 오성에 의해 현시된 부합되는 이미지들, 자연의 부합되는 부분들이 **상상력** 안의 동일한 관념에 근거하고 있다는 의미에서이다. 이런 관념은, **오성**이 별도로 제시한 무수히 많은 유사한 부분들에서 여전히 자신의 내용을 발견해야 하고, 자신의 생생함의 척도를 발견해야 한다.[86]

그러므로 규칙에 의한 규칙의 비판이 필요하다는 점이 확인된다. 어려움은 각기 확장적이고 교정적인 두 종류의 규칙, 비철학적 개연성과 철학적 개연성이 동일한 원리, 즉 습관의 결과라는 것이다. 그것들이 "어떤 방식으로 서로 대립을 이루게 되는"[87] 한에서 말이다. 그것들은 같은 기원을 가진다.

일반 규칙을 따르는 것은 매우 비철학적인 종류의 개연성이지만 오직 일반 규칙을 따름으로써 우리는 이것과 다른 모든

---

85) Hume, *Traité*, p. 219; *Treatise*, p. 136.
86) Hume, *Traité*, p. 224; *Treatise*, p. 140.
87) Hume, *Traité*, p. 234; *Treatise*, p. 149.

비철학적 개연성을 교정할 수 있다.88)

그러나 습관은 그 자체로 경험 속에 관찰된 경우의 반복에 종속되지 않기 때문에, 다른 반복들이 습관을 형성할 수도 있기 때문에, 습관과 경험의 적합화^{adéquation}는 얻어내야 할 과학적 결과이며 완수해야 할 과업이다. 이 과업은 믿음의 작용이 배타적으로 겨냥한 것이 오성의 본성에 비추어, 경험 안에서 관찰된 반복에 비추어 결정된 대상인 한에서 완수된다.89) 또한 이런 결정은 교정적 규칙의 의미를 구성한다. 즉 이런 규칙은 본성의 세부사항에서 인과성을 재인하며, 대상들이 "원인이나 결과가 될 때"를 우리가 알게 해주고,90) 따라서 불법적인 믿음들을 고발하는 것이다.91) 요컨대 습관은 상상력에 대해, 그리고 판단에 대해 상반되는 결과를 가진다. 그것은 확장과 확장의 교정이다.92)

---

88) Hume, *Traité*, p. 235; *Treatise*, p. 150.
89) Hume, *Traité*, p. 234; *Treatise*, pp. 149~150.
90) Hume, *Traité*, p. 260; *Treatise*, p. 173.
91) "그들의 느낌에서 큰 차이가 반성과 **일반 규칙**에서 어느 정도 진행됨을 …… 우리는 허구가 시나 웅변술에서 얻는 개념화의 활력이 단지 우연적인 정황임을 관찰한다." Hume, *Traité*, p. 203; *Treatise*, p. 631.
92) Hume, *Traité*, p. 232; *Treatise*, pp. 147~148.

4 신과 세계
Dieu et le Monde

1. 우리가 계속해서 일반 규칙에 부여해온 모든 의미작용이 결합되는 하나의 사례를 찾는다면 우리는 그것을 종교에서 발견하게 될 것이다. 네 종류의 규칙들은 각각 정념의 확장적이고 교정적인 규칙과 인식의 확장적이고 교정적인 규칙으로 구별된다. 그런데 종교는 동시에 인식의 성격과 정념의 성격을 모두 띤다. 종교적 감정은 사실 다신론과 유일신론의 양극을 가지고 있다. 그리고 대응하는 두 원천은 한편으로 정념의 성질이며 다른 한편으로 연합의 양태이다.[1] 유일신론의 원천은 **자연**의 스펙터클의 통합, 현상 안에서 유사성과 인과성만이 보장할 수 있는 통합에 있다. 반면 다신론의 원천은 정념의 다양성과 계속되는 정념의 환원 불가능성에 있다.

그리고 종교는 그 각각의 경우에 확장적 규칙의 체계로서 나타난다. 한편, 종교적 감정이 정념에서 그 원천을 찾는다고

---

[1] David Hume, *L'Histoire naturelle de la religion*, trad. Jean-Bernard Mérian, London: David Wilson, 1764, pp. 5~7; *The Natural History of Religion*, London: Adam & Charles Black, 1956, pp. 5~7. 두 판본의 쪽수가 같아서 다음부터는 프랑스어판 쪽수만 기재하겠다.

해서 그것이 그 자체로 정념인 것은 아니다. 그것은 본능, 자연의 원초적 인상이 아니라고 흄은 말한다. 종교적 감정은 자부심l'amour-propre이나 자연적으로 결정된 성욕과 같지 않다. 그것은 역사를 위한 하나의 연구대상이다.2) 다신론의 신들은 정념의 메아리, 확장, 반성이다. 그 신들의 하늘은 단지 우리의 상상력일 뿐이다. 이런 의미에서 우리는 확장적 규칙의 성격을 재발견한다. 즉 종교적 감정은 우연적인 것과 본질적인 것을 혼동하고 있다. 그 기원은 인간의 삶의 사건들 안에, 우리가 거기서 발견하는 다양성과 모순 안에, 그리고 행·불행의 계속, 희망과 공포의 계속 안에 있다.3) 종교적 감정은 우리가 감각적 세계 안에서 만들어내는 낯선 마주침과 더불어, 예외적이고 환상적인 정황과 더불어, 우리가 그것을 알지 못하기 때문에 본질로 파악하고 있는 미지의 현상과 함께 깨어난다.4) 이런 혼동은 미신과 우상숭배를 정의한다.

야만성, 변덕스러움, 이런 성질들이 아무리 명목상으로 가장하고 있더라도 우리는 그 성질이 대중적 종교에서 신의 지배적 성격을 형성한다는 것을 보편적으로 관찰할 수 있다.5)

---

2) Hume, *L'Histoire naturelle de la religion*, p. 2.
3) Hume, *L'Histoire naturelle de la religion*, p. 10.
4) Hume, *L'Histoire naturelle de la religion*, p. 29.
5) Hume, *L'Histoire naturelle de la religion*, p. 88.

우상숭배자는 "인위적 삶"vies artificilles의 인간이며,6) 비상한 것을 본질로 만드는 사람, "**초월적 존재**의 직접적 조력"을 찾는 사람이다. 우상숭배자는 신비주의자, 광신도, 또는 미신숭배자이다. 이런 영혼들은 기꺼이 범죄적 기도에 뛰어든다. 왜냐하면 그들의 공통점은 도덕적 행위가 자신에게 충분하지 않다는 것이기 때문이다. 기실 그런 것이 도덕성의 서글픔이고, 도덕성은 시선을 끌지 않지만 악덕은 화려한 법이다.

사람들은 심지어 남들에게서 온순하다는 소리를 듣게 될까 봐 두려워한다. 그로 인해 좀 모자라는 것으로 보이지 않을까 해서이다. 그래서 종종 실제보다 더 방탕한 척 허세를 부리기도 한다.7)

그러나 다른 한편, 반대편 극에 자리하는 유일신론 역시 확장적 규칙의 체계이다. 이번에는 확장이 인식에 관련된다. 종교는 이런 의미에서 다시금 상상력의 범람, 허구, 믿음의 허상

---

6) David Hume, "Un dialogue," *David Hume moraliste et sociologue*, trad. Georges Lechartier, Paris: Alcan, 1900, p. 275; "A Dialogue," *An Inquiry Concerning the Principles of Morals*, ed. Charles W. Hendel, Indianapolis: Bobbs-Merrill, 1957, pp. 156~157.

7) David Hume, *Traité de la nature humaine*, trad. André Leroy, Paris: Aubier, 1946, p.734; *Treatise of Human Nature*, ed. Lewis Amherst Selby-Bigge, Oxford: Clarendon Press, 1888, p. 607.

이다. 그것은 발화된 반복, 그리고 구전이나 기술된 전통을 내세운다. 사제는 말하고, 기적은 인간의 증언에 좌우된다.[8] 기적은 직접적으로 실재를 드러내는 대신에 우리가 일반적으로 증언과 현실 사이에서 발견하곤 하는 적합성^{conformité}을 내세운다. 게다가 유비, 즉 기계의 유비와 세계의 유비에 근거한 신 존재의 증거 안에서, 종교는 일반적인 것과 우연적인 것을 혼동한다.* 종교는 세계와 기계의 유사성이 극단적으로 희박한 것에 불과함을 보지 않으며, 세계가 가장 우연적인 정황에 의해서만 기계를 닮는다는 것을 보지 않는다.[9] 유비의 근거로서 부분적인 것 이상도 이하도 아닌 다른 작동 양태들, 예컨대 생식^{generation}이나 생장^{vegetation}이 아닌 인간의 기술技術 활동을 꼽는 까닭은 무엇인가?[10] 결국 **인과성**에 근거한 증거들 안에서 종교는 경험의 한계를 넘어선다. 종교는 신의 효과, 그러니까

---

8) David Hume, *Enquête sur l'entendement humain*, trad. André Leroy, Paris: Aubier, 1947, p. 158; *An Enquiry Concerning Human Understanding*, La Salle: Open Court, 1966, p. 120.

* 기계의 유비란 마치 장인이 기계를 제작하는 것과 같이 제작자로서의 신과 기계로서의 피조물이라는 유비적 관계를 가리킨다. 또한 이런 점에서 세계라는 말은 조화로운 우주라는 뉘앙스를 가진다.

9) David Hume, *Dialogues sur religion naturelle*, trad. Maxime David, Paris: Alcan, 1912, pp. 207, 241; *Dialogues Concerning Natural Religion*, ed. Nelson Pike, Indianapolis: Bobbs-Merrill, 1970, pp. 22~23, 62.

10) "어떤 질서체계가 두뇌에서만 직조되어야 하고, 배(腹)에서 만들어져서는 안 된다는 법이 있는가?" Hume, *Religion naturelle*, p. 247; *Natural Religion*, p. 67.

세계나 **자연**을 가지고 **신**을 입증했다고 주장한다. 그러나 때로 종교는 클레안테스**의 경우에서 보듯11) 무질서, 또는 악의 현전과 강도^{intensité}는 전적으로 부정하면서 그 결과를 엄청나게 부풀리는 것으로 시작한다. 또한 **신**을 자의적으로 윤색된 세계의 적합한 원인으로 구성한다. 때로 종교는 데미아***

** 『자연종교에 관한 대화』(이하『자연종교』)에서 클레안테스는 신 존재의 목적론적 논증을 지지하는 온건한 회의주의자로 등장한다. 그는 신앙을 변호하기 위해 초기 신학자들이 취한 회의론적 입장(신앙을 이성보다 앞세우는 입장, 가령 아우구스티누스의 "나는 알기 위해 믿는다")이나 근대 이후 합리주의적·계몽주의적 옷으로 갈아입고 이성을 종교적 인식의 유일한 근거로 내세운 독단론(특히 이신론) 모두를 비판하며 실험적 방법이나 추론을 통해 신의 속성을 인식할 수 있다고 본다. 특히 10장에서는 신인동형적(神人同形的) 관점에서 인간과 신의 유사성에 따른 신의 존재 및 본성의 유비적 추론을 정당화하는 인물로 그려진다. 또한 그렇기 때문에 신의 자애로움을 입증하기 위해 인간의 일반적 불행과 악함을 부정하기에 이른다. 왜냐하면 10장에서 필로가 인용한 에피쿠로스의 신정론적 물음(악을 막기 원했으나 할 수 없었다면 신은 무능한 것이고, 악을 막을 수 있었지만 그렇게 하기를 원치 않았다면 신은 악하다는 난제)을 해결해야 하기 때문이다. 여하튼 유비적 유사성을 통해 자연과 인간으로부터 신의 존재나 속성을 유추하는 클레안테스의 입장은 그것의 경험과 지각이 부재하다는 점에서 결정적으로 필로에게 논박된다.

11) Hume, *Religion naturelle*, p. 270; *Natural Religion*, p. 90.

*** 데미아는 신 존재의 유신론적 입장을 옹호하는 정통 신학자의 표상이다. 클레안테스가 실험적 추론을 통해 (자연에서 신에 관한 인식을 얻을 수 있다는) 18세기 자연종교를 변호하는데 반해 데미아는 퓌론적 회의주의의 방법을 통해 계시종교를 적극 옹호한다. 데미아는 이런 인식론적 회의주의적 입장에 따라 자연법칙에 역행하는 기적과 계시, 이에 기반한 예언 등을 신의 존재 근거로 제시한다. 특히 데미아는 『자연종교』의 10장에서 인간의 나약함, 타락, 고통, 비참, 불행 등을 일반화하며, 이것들을 신적 존재나 종교의 근거 내지는 정당성과 연관짓는다.

의 경우에서 보듯12) 미래의 삶을 요체로 하는 미지의 결과를 원용함으로써 세상으로 다시 내려가 부적절함을 채우기 위해 비율에 맞지 않는[지나치게 큰]^{disproportionné} **신**을 수립하고, 그것을 원인에 좀 더 일치시키기 시작한다. 이처럼 종교는 인과의 원리를 오용한다. 게다가 종교에는 불법적이고 허구적인 인과성의 사용만이 있다.

우리는 두 **종류**의 대상이 항상적으로 연접되어 있음을 발견할 때 비로소 하나로부터 다른 하나를 추론할 수 있다. 또한 전적으로 독특한 하나의 결과가 현시되고, 그것이 기지의 어떤 종류로도 파악될 수 없다면 나는 우리가 그 원인에 대한 어떤 추측이나 추론을 형성할 수 있다고 생각하지 않는다.13)

즉 물질적 대상과 반복은 세계 안에만 존재한다. 세계는 그 자체가 본질적으로 **유일무이한 것**$^{l'Unique}$이다. 세계는 상상력의 허구이지, 결코 오성의 대상이 아니다. 우주론은 언제나 환상적이다. 그래서 흄은 인과론에서 임마누엘 칸트와는 다른 방식으로 두 층을 본다. 그것은 경험에 대한 합법적 실행 조건의 결정, 경험 바깥의 불법적 실행에 대한 비판이다.

---

12) Hume, *Religion naturelle*, p. 269; *Natural Religion*, p. 89.
13) Hume, *Entendement humain*, p. 203; *Human Understanding*, p. 164.

그러므로 종교는 확장적 규칙의 이중적 체계이다. 그러나 그것은 어떻게 교정되는가? 우리는 문화에서와 마찬가지로 인식에서 그 상황이 매우 특수한 것을 잘 알 수 있다. 의심의 여지없이 교정은 존재한다. 기적은 인식의 세계에 종속된다. 증언에서 나온 증거는 그것이 경험에 의한 것이기 때문에 우리가 계산에 집어넣는 하나의 개연성이 된다. 이것은 빼기[배제]의 두 항 가운데 하나이며, 다른 하나는 상반되는 증거이다.14) 문화에서, 또는 도덕적 세계 안에서 교정적 규칙은 예외를 무력화시키는 대신, 가능한 모든 경우가 가지성^{intelligibilité}의 규칙을 발견하고 오성의 규정 아래 정렬되는 경험의 이론을 만들면서 그 예외를 인식하고 파악한다. 흄은 어느 시론에서 이 예외 이론의 사례를 분석한다. 자살은 신에 대한 우리의 의무를 거역하는 것이 아니며, 사회에 대한 의무를 위반하는 것도 아니다.* 자살은 "집을 짓는 것과 마찬가지로 불경하지 않은" 인

---

14) Hume, *Entendement humain*, p. 163; *Human Understanding*, p. 124.
 * 흄은 「자살에 관하여」라는 짧은 시론에서 자살에 반대하는 모든 (특히 미신과 거짓종교의) 일반적 논증에 반론을 제기한다. 흄은 자살이 신, 사회, 우리 자신에 대한 의무의 파기라는 입장으로 구분해 각각 반론을 전개하는데, 먼저 자살이 신의 섭리에 대한 범죄라는 주장에 대해 인간을 비롯한 만물은 그것을 둘러싼 외부와의 상호 작용 가운데 놓여 있으며 어떤 것도 (신이 부여한) 일반법칙에서 벗어나는 것은 없다고 말한다. 이런 점에서 인간의 자살 역시 신이 인간에게 부여한 (자연적) 판단력과 분별력에 따라 선택한 자연적 행위로 봐야 하며, 신의 섭리를 위반한 것이 아니라 우주를 지배하는 일반법칙 내에 있는 것이라고 주장한다. 만일 자살이 신의 섭리나 일반법칙을 거스른 행위라면, 집을 짓고 땅을 개

간의 힘이며, 예외적 정황 속에서 사용되어야 한다.15) 예외는 **자연**의 대상이 된다.

내가 삶을 벗어나, 계속 이어졌다면 나를 비참하게 만들었을 존재에 종지부를 찍는다고 해서 내가 **섭리**에 대해 불평하거나 나 자신의 창조를 저주한다고 생각하는가?16)

그러나 문제는 이런 것이다. 종교가 교정될 때 종교 자체에서 존속하는 것은 무엇이 될 것인가? 두 가지 경우에 교정은 총체적 비판으로 보인다. 그것은 아무것도 존속하게 두지

간하고 바다를 여행하는 것 역시 자연의 정상적 과정(신의 섭리)에 개입해 인위적 변화를 야기하는 것이므로 모두 범법 행위가 될 것이다. 즉 자살은 집을 짓는 것과 마찬가지의 자연적 행위이므로 유독 그것만 예외적으로 취급하는 것은 부당하다는 것이다. 둘째로 자살이 사회적 의무를 파기한 범죄행위라는 주장에 관해, 사회의 이익을 증신시킬 힘이 없어 오히려 사회의 짐이나 해악이 된다고 판단해 자살을 선택할 경우 그것은 무죄일 뿐 아니라 오히려 어떤 면에서는 (사회의 해악을 없애 공헌했다는 점에서) 칭찬받을 일이 될 수도 있다고 말한다. 마지막으로 우리 자신의 이해나 의무에 반하는 행위라는 입장에 관해 만일 노환이나 질병 등으로 인해 자신의 삶을 비참하고 짐스럽게 여겨 선택한 자발적 죽음이라면, 그것은 단지 비겁한 도피가 아니라 오히려 죽음이라는 자연적 공포를 극복한 용기 있는 선택이 될 수도 있다고 말한다.

15) David Hume, *Essai sur le suicide*, London: Smith, 1785, p. 11; "On Suicide," *Essays, Moral, Political and Literary*, London: Oxford University Press, 1963, p. 592.
16) Hume, *Essai sur le suicide*, p. 8; "On Suicide," p. 590.

않는다. 기적에서 존속하는 것은 아무것도 없으며, 그것은 지나친 빼기[배제] 속에 사라질 것이다. 우리가 앞서 연구한 확장의 형태들, 즉 정의, 정부, 상업, 예술, 풍습, 자유조차도 교정을 통해 확정되고 강화될 고유의 적극성을 가진다. 그것들은 문화의 세계를 형성한다. 대조적으로 흄은 문화에서 종교 자체를, 그리고 그에 관계된 모든 것을 배제하는 듯하다. 종교에 있어 어떤 말이 대상을 신성화하는 것은 사회적인 것에서, 그리고 법률적인 것에서 어떤 말이 다른 대상과 관계된 작용의 본성을 변화시키는 약속을 하는 것과 다르다.17) 철학은 여기서 미신에 대한 실천적 투쟁 속에 완성된다. 반대 극에서, 인식에 그것이 실행되기 위한 기준과 규칙을 부여함으로써 참된 인식을 가능하게 만드는 교정적 규칙은 그렇게 정의된 영역으로부터 종교를 필두로 하여 인과성의 허구적 용도 전부를 축출하고서야 유효해진다. 요컨대 확장 안에서 종교는 경박한 것만을 보호하고 진지한 모든 것은 잃어버린다. 그리고 우리는 그 까닭을 이해한다. 종교는 바로 상상력 안에서 정념의 확장이며 정념의 반성이기 때문이다. 그러나 종교와 더불어 정념은 연합의 원리에 의해 이미 고정된 상상력 안에서 진지함이 가능하도록 반성되지 않는다. 반면에 순수한 상상력 안에서, 그리고 오직 환상 속에서 이 원리가 반성될 때 종교가 존

---

17) Hume, *Principes de la morale*, p. 54; *Principles of Morals*, p. 30.

재한다. 어째서 그런가? 그 자체로써, 그리고 그것의 다른 측면에서도 종교는 **오직** 연합의 원리, 유사성과 인과성의 환상적 사용일 뿐이기 때문이다.

그렇다면 종교로부터 존속하는 것은 아무것도 없는 것인가? 하지만 그렇다면 「영혼의 불멸성에 대하여」와 「기적에 대하여」의 최종적 선회를 어떻게 설명할 수 있는가? 기적을 믿는 것은 거짓 믿음이지만 또한 참된 기적이기도 하다.

신앙에 감동해 신앙을 승인하는 사람이라면 누구라도 자기 자신의 인격 안에서 지속적으로 일어나는 기적을 의식한다. 이 기적은 그 사람의 오성에 관한 모든 원리를 전복시키고, 그 사람이 관습과 경험에 가장 상반되는 것을 믿도록 결심하게 만든다.[18]

흄의 반어와 그의 필연적인 조심성을 이유로 들 수도 있을 것이다. 그러나 그런 것이 정당하다고 해도 이런 견해로는 『자연종교』에 담긴 본질적으로 철학적인 내용을 설명하지 못할 것이다. 사실 종교는 정당화되지만 문화의 바깥과 참된 인식의 바깥에서 그 상황은 매우 특수하다. 우리는 철학이 원리의 원인에 대해, 또한 그 힘의 기원에 대해 아무것도 할 말이 없

---

[18] Hume, *Traité*, p. 185; *Treatise*, p. 145.

다는 것을 봤다. 거기에 **신**의 자리가 있다. 우리는 세계를 신의 활동의 결과로 인식하기 위해 연합의 원리를 이용할 수 없으며, 더욱이 **신**을 세계의 원인으로 인식하는 데 이용할 수도 없다. 하지만 우리는 언제든 **신**을 원리의 원인으로서 부정적으로 이용할 수 있다. 유신론이 유효한 것은 이런 의미에서이다. 또한 합목적성이 재도입되는 것은 이런 의미에서이다. 합목적성은, **인간본성의 원리와 자연 자체의 원리의 근원적 일치**로서, 인식되지는 않아도 사유될 것이다.

자연의 경로와 우리 관념의 연합 사이에는 일종의 예정조화가 있다.[19]

그러므로 합목적성은 우리에게 하나의 가정을 통해 기원의 시원적 통일과 특성화를 부여한다. 시원적 일치로서의 **신 관념**은 일반적인 것에 대한 사유이다. 인식으로 말하자면, 그것은 경험이 드러내는 나타남apparitions의 이러저러한 양태와 동일시됨으로써, 또는 필연적으로 부분적인 유비에 의해 결정됨으로써 오직 훼손된 내용만을 받아들일 수 있을 뿐이다. "세상의

---

[19] "그리고 (자연을) 지배하는 능력과 힘을 우리가 전적으로 알지 못한다고 해도, 우리의 사유와 개념화는 여전히 자연의 다른 노작들과 같은 기차를 타고 가버린 것을 우리는 발견하게 된다." Hume, *Entendement humain*, p. 161; *Human Understanding*, p. 124.

4. 신과 세계　147

이 작은 한구석에만도 네 가지 원리인 이성, 본능, 생식, 생장이 있으며," 또한 그 각각은 우리에게 세계의 기원에 대한 정합적인 담론을 제공한다.[20] 그러나 세계의 기원이 그렇게 인식된 것이 아니라 사유된 것일 뿐이라면, 그 기원이 동시에 이 모든 것, 즉 정신과 같은 재료이자 삶이라면, 그것은 모든 대립에 무관심하며 선악의 너머에 있는 것이다.[21] 우리가 그 기원에 대해 가진 각각의 관점은 우리가 마찬가지로 가능한 다른 관점을 넘어서게 만들며, 유비가 언제나 부분적이라는 것이 문제임을 상기토록 하는 기능만을 가진다. 어떤 면에서 합목적성은 무한한 지성의 기획이나 섭리라기보다는 생명의 약동 élan vital이다.[22] 우리는 모든 질서가 하나의 섭리에서 발생한다고 반박할 수 있을 것이다. 그러나 그것은 문제가 해결된 것으로 전제하는 것이며,[23] 모든 합목적성을 하나의 의도로 환원시키는 것일 뿐 아니라, 이성이 다른 여러 가지 중 한 가지 작동 양태에 불과함을 망각하는 것이다.

어떤 질서체계가 두뇌에서만 직조되어야 하고 배에서 만들어져서는 안 된다는 법이 있는가?[24]

---

20) Hume, *Religion naturelle*, p. 244; *Natural Religion*, p. 64.
21) Hume, *Religion naturelle*, p. 284; *Natural Religion*, p. 104.
22) Hume, *Religion naturelle*, VII; *Natural Religion*, ch. 7.
23) Hume, *Religion naturelle*, pp. 243~245; *Natural Religion*, pp. 63~65.

이 새로운 상황에서 **세계**의 **관념**은 무엇이 되는가? 그것은 언제나 환상의 단순한 허구인가?

2. 우리는 이미 인과성의 원리의 두 가지 허구적 사용을 살펴봤다. 첫 번째 것은 경험에서 발생하지 않은 반복에 의해 정의된다. 두 번째 것은 반복될 수 없는, 엄밀히 말해 하나의 대상이 아닌 특수한 대상, 즉 **세계**에 의해 정의된다. 그런데 흄은 세 번째로 허구적이거나 범람하는 인과성이 있다고 말한다. 그것은 믿음 안에서 물체의 구별되고 지속적인 존재로 드러난다. 한편으로 우리가 대상에 **지속적 존재**를 부여한다면 그것은 특정한 인상의 정합성의 기초가 되는 일종의 인과적 추론 덕분이다.[25] 내 지각의 불연속성에도 불구하고, 나는 "대상들의 과거와 현재의 나타남들을 연관시키기 위해 그것들의 지속적 존재를" 인정하고, "그 대상들이 내가 경험을 통해 그것들의 특수한 본성과 정황에 적합하다고 여긴 바와 같이 서로 통합되게 한다."[26]

현재 경험 안에서 일어나는 두 대상의 연접과 나의 지각에서 일어나는 (두 대상의 동시적 나타남이 아닌) 둘 중 하나만의 나타남 사이에서 발생하게 될 모순은 이렇게 해소된다.[27] 그

---

24) Hume, *Religion naturelle*, p. 247; *Natural Religion*, p. 67.
25) Hume, *Traité*, p. 283; *Treatise*, pp. 194~195.
26) Hume, *Traité*, p. 285; *Treatise*, p. 197.

러나 그 모순은 오직 상상력의 허구에 의해서만 해결된다. 여기서 추리는 허구적이고, 인과적 추론은 확장적이다. 그것[인과적 추론]은 자신의 합법적 실행 일반의 조건을 결정하는, 그리고 그것을 오성의 한계 안에서 유지시키는 원리를 넘어선다. 결국 나는 나의 지각 속에서 내가 관찰할 수 있는 것 이상의 정합성과 규칙성을 부여한다.

그러나 사실의 문제에 관한 모든 추론이 오직 관습으로부터 발생하고, 관습은 단지 반복된 지각의 결과일 뿐이므로, 관습과 추론을 지각 너머로 확장하는 것은 결코 항상적 반복과 연관의 직접적이고 자연적인 결과일 수 없다.[28]

다른 한편 **구별되는 존재**는 그 자체가 인과성, 즉 허구적이고 모순된 인과성의 거짓 사용이다. 결국 우리는 대상과 지각 사이에 인과적 관계를 긍정하지만, 결코 우리가 가진 지각에 구애받지 않는 대상을 포착하는 것은 아니다. 우리는 과거의 경험이 **두** 존재의 연접을 우리에게 드러낼 때만 인과성이 정

---

27) "나는 그런 소리를 듣는 동시에 그런 움직이는 대상을 보는 데 익숙하다. 나는 이 특수한 순간에 이 두 가지 지각을 모두 수용하는 것이 아니다. 이 관찰은 내가 그 문이 아직 그곳에 있다고 여기지 않는다면, 그리고 그 문이 내가 모르는 새 열렸다고 생각하지 않는 한 모순되는 것이다." Hume, *Traité*, p. 285; *Treatise*, pp. 196~197.

28) Hume, *Traité*, p. 285; *Treatise*, p. 198.

당화된다는 것을 잊고 있다.29) 요컨대 지속성과 구별성은 직접적으로 상상력의 허구이며 착각이다. 왜냐하면 그것들은 정의상 감각을 통해서도 오성을 통해서도 일체의 가능한 경험에 있지 않은 것에 관계되고 그것을 지시하기 때문이다.

이 모든 것은 지속적이고 구별되는 존재에 대한 믿음을 확장적 규칙의 특수한 경우로 만드는 듯하다. 이런 믿음의 구성과 규칙의 형성에 관한 문헌들은 일견 유사해 보인다. 상상력은 언제나 자신을 고정하는 원리인 인접성, 유사성, 인과성을 이용해 자신의 한계를 넘어서고 그 실행 조건 너머로 이 원리를 확장한다.30) 이와 같이 변화의 정합성은 상상력이 지속적 존재를 인정하면서 한층 더 정합성을 가장하도록 만든다.31) 나타남들의 이런 항상성과 유사성은 상상력이 이 유사한 나타남들에 불변적 대상의 동일성을 부여토록 하는 원인이 된다. 나아가 상상력은 다시 한번 지속적 존재를 가장함으로써 유사한 지각들의 동일성과 나타남들의 불연속성 사이의 대립을 극복한다.32) 다만 믿음과 규칙 사이의 이런 평행론은 그저 표면의 것일 뿐이다. 두 가지 문제는 상호 보완적이지만 또한 매우

---

29) Hume, *Traité*, p. 301; *Treatise*, p. 212.
30) "가변적이거나 단속적이지만 동일성을 지속하는 것으로 가정되는 대상들은 유사성, 인접성, 인과성에 의해 서로 연관된 부분들의 계속으로 이뤄진 것일 뿐이다." Hume, *Traité*, p. 347; *Treatise*, p. 255.
31) Hume, *Traité*, p. 287; *Treatise*, pp. 198~199.
32) Hume, *Traité*, p. 294; *Treatise*, pp. 205~206.

상이하다. 확장적 규칙과는 대조적으로 항상성의 허구는 교정되지 않는다. 그것은 교정될 수도, 교정되어서도 안 되는 것이다. 그것은 그러므로 반성과 다른 관계를 유지한다. 더구나 상상력에 대해 말하자면, 그 기원은 일반 규칙의 기원과는 완전히 다르다. 두 번째 논점을 시작해보자.

두 가지 특징이 확장적 규칙과 물체의 존재에 대한 믿음을 구별케 해준다. 우선 인식에서 확장적 규칙의 대상은 상상력이 법칙의 가치를 부여하는 특수한 결정이다. 그럴 때 상상력은 자신을 고정시킨 원리에서 그것[원리] 너머로 확장되는 힘을 빌려오고, 가장된 경험을 내세운다. 즉 환상의 단순한 내용을 오성에 마치 그것과 관련된 대상인 양 제시하는 것이다. 상상력은 오직 감각이 우연한 마주침에서 만들어낸 어떤 경험의 순수하게 우연적인 내용을 다듬어진 일반 경험인 것처럼 오성에 제공한다. 대조적으로 상상력은 지속적이고 구별되는 존재를 오성에 가능한 경험의 대상으로 제시하지 않으며, 그렇다고 오성이 그것[지속적이고 구별되는 존재]을 상상력에 반하는 거짓 경험의 대상으로 고발하지도 않는다. 그 지속적이고 구별되는 존재는 바로 오성을 통한 것만큼이나 감각을 통한 경험도 없다는 것이다. 그것은 특수한 대상이 아니라 **세계** 일반의 성격이며, 하나의 대상이 아니라 모든 대상이 상정하는 지평선이다. (의심의 여지없이 종교적 믿음의 경우가 이미 있었다. 그러나 종교적 믿음은 지금 우리에게 확장적 규칙보다는 일종의 규칙들의 복합체로, 일종의 물체의 존재에 대한 믿음으로 보이는 것이 당연하다. 그런 믿음이 규칙의 성질을 가진다면 이는 그런 믿음이 세계를 특수한 대상으로 다루기 때문이고, 감각과 오성의 경험을 내세우고 있기 때문이다.) 두 번째로 물체의 존재에 대한 믿음과 더불어 **허구는 인간본성의 한 원리가 된다.** 바로 이 점이 가장 중요하다. 사실 인간본성의 원리의 모든 방향은 하나의 **체계**, 지식의 체계이자 지식 대상의 체계 안에서 정신을 구성하는 관념의 **다발**을 변형시키는 데 있다. 그러나 체계가 있으려면 관념들이 정신 안에서 연합되는 것으로는 충분하지 않으며, 나아가 지각은 정신으로부터 분리된 것으로 파악되어야 하고 인상은 어떤 의미로는 감각에서 떼어내져 있어야 한다. 우리는 관념의 대상에게 감각에 구애받지 않는 존재를 부여해야만 한다. 지식의 대상은 참으로 대상이어야 한다. 그렇게 되려면 연합의 원리는 충분하지 않으며 인상의 생생함이나 단순한 믿음보다 나을 것이 없다. 그 체계는 "외견상의 단속"을 넘어설 수 있을 때, "그런 [단속적 지각들의] 간격들을 메울 수 있는, 그리고 우리의 지각들의 완전하고 전체적인 동일성을 유지해줄 수 있는 지속적 존재를 가정함으로써"33) 완성된다.

달리 말해 그 체계는 체계의 동일성과 **세계**의 동일성 안에서 획득된다. 그런데 우리는 그 체계가 본성의 원리의 산물이

---

33) Hume, Traité, p. 296; Treatise, p. 208.

며, 세계(지속성과 구별성)는 곧 상상력의 허구임을 봤다. 여기
서 허구는 필연적으로 원리가 된다. 일반 규칙의 경우에 허구
는, 상상력이 더 멀리 가기 위해 자신을 고정시키는 원리를 이
용하는 한에서, 상상력으로부터 그 기원과 힘을 이끌어낸다.
지속성에 대한 믿음의 경우에 허구의 힘은 원리의 힘이 된다.
세계와 더불어 상상력은 참으로 구성적이고 창조적이 된다. 세계는
하나의 **관념**이다. 의심의 여지없이 흄은 지속성을 언제나 인과
성, 유사성, 인접성의 넘쳐나는 결과, 그리고 그 불법적인 확장
의 산물로 제시한다.34) 그러나 사실 인접성, 유사성, 인과성은
엄밀히 말하면 원리로서 개입하는 것이 아니다. 이들은 바로
세계를 구성하기 위해 감각으로부터 뽑힌 특정한 인상의 성격
으로 다뤄진다.35) 원리로서 다뤄지는 것은 물체의 존재에 대
한 믿음, 그리고 그 믿음이 의존하는 것이다.36)

물체의 존재에 대한 믿음은 몇몇 계기로 분해된다. 그 계
기 중 첫 번째는 동일성의 원리로, 이것은 허구로부터 산출되

---

34) Hume, Traité, p. 347; Treatise, p. 255.
35) "모든 인상은 내적이고 소멸하는 존재이며 그와 같이 나타나기 때문에,
인상의 구별되고 지속적인 존재에 관한 견해는 **인상이 지닌 어떤 성질**
과 상상력의 성질의 합치(concurrence)에서 발생하는 것이 분명하다. 또
한 이 견해는 그 인상 모두로 확장하지 않으므로 그것은 일부 인상에 국
한된 특정한 성질에서 발생하는 것이 틀림없다." Hume, Traité, p. 282;
Treatise, p. 194. 또한 다음도 참조하라. Traité, p. 347; Treatise, p. 255.
36) 회의주의자는 "물체의 존재에 대한 원리에 찬성해야 한다. **자연**은 그가
이를 선택하도록 놔두지 않는[다]." Hume, Traité, p. 275; Treatise, p. 187.

는데, 우리는 그 허구에 의해 시간의 관념을 불변적이고 지속적인 한 대상에 부여한다. 그다음에 우리는 혼동으로 인해 앞선 동일성을 유사한 인상들에 부여하게 된다. 이는 유사성의 결과인 쉬운 이행이, 동일한 대상에 대한 고려에서 산출된 결과와 닮아 있기 때문이다. 그 뒤에 새로운 허구, 지속적 존재의 허구는 인상들의 불연속성과 우리가 그 인상들에 부여한 동일성 사이에서 드러나는 모순을 넘어서기 위해 만들어진다.[37] 여기서 끝이 아니다. 흄이 불과 몇 쪽 간격을 두고 앞에서는 지속적 존재의 허구를 야기하는 화해를 만족스러운 것으로 제시하고,[38] 뒤에 가서 이를 다른 허구와 다른 화해를 초래하기에 이르는 거짓된 것으로 설명한다는 것은 기이하게 보일 수 있다.[39] 한편으로 지속적 존재는 나타남들의 불연속성과 매우 잘 양립한다. 그것은 불연속적 이미지들과 우리가 거기에 부여하는 완벽한 동일성을 합법적으로 결합할 수 있다.

---

[37] Hume, *Traité*, p. 288; *Treatise*, p. 199.
[38] "첫 번째 물음에 대해 우리는, 이른바 **정신**이라는 것이 상이한 지각의 더미 또는 다발일 뿐으로, 이 지각들은 특정한 관계에 의해 결합되며, 거짓으로일지언정 완전한 단순성과 동일성을 부여받은 것으로 가정된다는 것을 관찰할 수 있을 것이다. 이제 모든 지각이 서로 구별 가능함에 따라, 그리고 분리되어 존재하는 것으로 고려될 수 있으므로, 그 결과로 어떤 특수한 지각을 정신으로부터 분리하는 데 어떤 부조리도 없음이 명백하다." Hume, *Traité*, p. 296; *Treatise*, p. 207.
[39] 지속적 존재라는 허구는 "동일성과 마찬가지로 실제로는 거짓[이다]." Hume, *Traité*, p. 298; *Treatise*, p. 209.

그러나 다른 한편으로는 그런데도 불구하고 그런 동일성의 부여는 거짓이며, 우리의 지각은 실제로 중단되고, 지속적 존재의 긍정은 인간본성의 원리의 불법적 사용을 은폐한다. 더구나 **이 사용은 그 자체로 하나의 원리이다.** 상상작용의 한가운데에서 대립은 그 가장 내적인 상태에 도달한다. 상상력과 이성의 차이는 모순이 된다.*

상상력은 우리의 유사한 지각들이 지속적이고 부단한 존재를 가지며, 그 지각들이 부재한다고 해서 소멸된 것은 아님을 말해준다. 반성은 유사한 지각들이라 할지라도 그 존재에 있어 단속적이며, 서로 다르다는 것을 알려준다.[40]

흄은 모순이 확장과 반성, 상상력과 이성, 감관과 오성 사이에서 명확하게 드러난다고 말한다.[41] 그렇지만 이를 최상의

---

* 이것은 대립이 상상작용의 한 가운데에서 가장 극명한 상태에 도달한다는 뜻으로 볼 수 있다. 사실은 결코 같지 않음에도 불연속적인 나타남들에 동일성을 부여하는 것이기 때문에, 그렇게 동일성을 부여하게 되면 이와 마찬가지로 대립도 하나의 동일성이 극대화되면서 그와 비교해 다른 동일성과 극단적으로 대립하게 되는 것이다.

40) Hume, *Traité*, p. 304; *Treatise*, p. 215.
41) "어떤 체계에 따라 우리의 오성이나 감관을 옹호하는 것은 불가능하다." Hume, *Traité*, p. 307; *Treatise*, p. 218. 우리가 지속적 존재를 부여하는 지각 자체가 여기서 의미를 지시하고 있는 것이다. "그러므로 우리 이성과 감각 사이에는, 또는 더 정확하게 말해서 우리가 원인과 결과로부터 형성하는 결론과 물체의 지속적이고 독립적인 존재를 믿도록 우리를 설

표현이라 할 수는 없는데, 왜냐하면 이것이 일반 규칙에도 들어맞기 때문이다. 다른 곳에서 흄은 **상상력의 원리와 이성의 원리** 사이에서라고 좀 더 명확하게 말하고 있다.42) 앞 장들에서 우리는 이성과 상상력 사이의 대립을, 또는 인간본성과 환상 사이의 대립을 끊임없이 보여줬다. 우리는 인간본성의 원리가 어떻게 상상력을 고정하는지, 그리고 상상력은 그런 고정화의 반대편에서 어떻게 재개되는지, 끝으로 이성은 어떻게 이 재개를 교정하는지 차례로 살펴봤다. 하지만 이제 대립은 진정으로 모순이 된다. 마지막 계기에서 상상력은 정확한 한 지점에서 회복된다. 그러나 그 마지막 계기는 또한 첫 번째이기도 하다. 첫 번째로 상상력은 **하나의 원리**, 세계의 원리로서 그것[세계]을 고정시키는 원리에, 그리고 그것을 교정하는 작용에 대립한다. 허구는 **세계**와 더불어 원리의 대열에 놓이기 때문에 연합의 원리는 허구와 마주치며, 그것을 소멸시킬 힘을 갖지 못한 채로 허구에 대립한다. 가장 내적인 대립은 구성된 상상력과 구성하는 상상력, 연합의 원리와 본성의 원리가 된 허구 사이에서 명확히 드러난다.**

득하는 결론 사이에는 직접적이고 전체적인 대립이 있다." *Traité*, p. 321; *Treatise*, p. 231.
42) Hume, *Traité*, p. 304; *Treatise*, p. 215.
** 가장 명확한 대립은 구성된 상상력으로, 이것은 이성에 의해 교정된 상상력을 말한다. 또한 구성하는 상상력은 그런데도 불구하고 이성에 반항하는 상상력이라 할 수 있다.

허구 또는 확장이 더 이상 포함되지도, 교정되지도, 나아가 반성에 의해 소멸되지도 못하는 것은 바로 그것[허구 또는 확장]이 **원리**가 됐기 때문이다.43) 확장과 반성 사이에서 새로운 관계가 발견되어야 한다. 그 관계는 우리에게 더 이상 지속적 존재를 긍정하는 대중적 체계가 아니라 구별되고 독립적인 존재를 긍정하는 철학적 체계를 제안한다. 대상과 지각은 서로 구별된다. 지각들이 불연속적으로 존재하고 소멸하기 쉬운[일시적인] 것이라면 대상은 "중단되지 않고 …… 지속적 존재와 동일성을 보존한다."44)

이런 가정은 …… 우리의 의존적 지각들이 단속적이고 상이하다는 것을 인정할 때 우리 이성을 만족시킨다. 그것은 동시에 지속적 존재를 우리가 **대상**이라고 부르는 다른 어떤 것에 귀속시킬 때 상상력에도 부합한다.45)

그러나 상상력과 이성의 이런 감성론적 유희는 화해가 아니라 모순의 지속으로, 우리는 그 모순의 각 항을 차례로 수용

---

43) Hume, *Traité*, p. 303; *Treatise*, pp. 213~214. [허구 자체가 본성의 원리를 가지고 있기 때문에 같이 작동한다는 것이다. 결국 핵심은 확장과 반성, 즉 상상력에 의한 과잉적 확장과 이성에 의한 반성에 있다.]
44) Hume, *Traité*, p. 300; *Treatise*, p. 211.
45) Hume, *Traité*, p. 304; *Treatise*, p. 215.

하고 있다.46) 게다가 그런 유희는 앞서 살펴본 것처럼 인과성의 새로운 불법적 사용을 내포하고 있으면서 그것이 원래 가지고 있는 난점들 역시 가져온다.47) 철학의 체계는 처음에는 이성에도 상상력에도 의탁하지 않는다.

[그것은] 두 원리의 기괴한 소산으로 …… 이 두 원리는 정신에 의해 동시에 수용되며 서로 무력화시킬 수 없다.48)

이 체계는 착란^{délire}이다. 허구가 원리가 될 때 반성은 반성을 멈추지 않지만 다만 더 이상 교정할 수 없다. 반성은 착란적 절충 속으로 뛰어든다.

철학의 관점에서 볼 때 정신은 단지 착란이고 망상^{démence}일 뿐이다. 상상적이지 않은 완성된 체계, 종합, 또는 우주론은 없다.49) 물체의 존재에 대한 믿음과 더불어 허구는 그 자체가 하나의 원리로서 연합의 원리와 대립한다. 연합의 원리는 확장적 규칙의 경우에서와 같이 **시종일관**하게가 아니라 **원칙적으로** 넘쳐난다. 그러므로 환상은 승리한다. 환상은 정신의 본성이 되어 자신의 본성에 대립하고 자신의 환상을 이행시

---

46) Hume, *Traité*, p. 305; *Treatise*, pp. 215~216.
47) Hume, *Traité*, p. 301; *Treatise*, p. 212.
48) Hume, *Traité*, p. 304; *Treatise*, p. 215.
49) Hume, *Religion naturelle*, p. 247; *Natural Religion*, p. 63. 우주론 비판.

킨다. 여기서는 가장 미친 것이 더욱 더 자연스럽다.50) 체계는 광기의 착란이다. 이런 의미에서 흄은 독립된 존재의 가설에서 이 착란의 첫걸음을 보여준다. 그리고 나서 흄은 독립된 존재가 고대 철학과 근대 철학에서 하나의 형상을 파악하는 방식을 연구한다. 고대 철학은 실체, 실체적 형상, 우유성^{偶有性}/accidents, 신비적 성질이라는 착란을 벼려낸다.51) 이것들은 "어둠 속의 유령"specters in the dark이다.52) 새로운 철학 역시 나름의 유령fantomes을 갖고 있다. 그것은 일차적 성질과 이차적 성질을 구별함으로써 이성의 회복을 믿으며, 결국 그것은 고대 철학만큼이나 미쳤다.53) 그러나 정신이 이처럼 하나의 **착란**으로서 나타난다면 이는 그것이 우선 자신의 바탕에 **망상**을 가지고 있기 때문이다.54) 확장이 하나의 원리가 될 때 그것은 자신의 길을 가고, 반성은 반성대로 자신의 길을 간다. 두 원리는 서로를 파괴할 수 없으며 서로 대립한다.

우리가 원인과 결과로부터 타당하고 규칙적으로 추리하거나, 동시에 물질의 지속적 존재를 믿는 것이 불가능한가? 그렇다

---

50) Hume, Traité, pp. 309, 312, 313; Treatise, pp. 220, 222, 223~224.
51) Hume, Traité, pp. 308~313; Treatise, pp. 219~225.
52) Hume, Traité, p. 316; Treatise, p. 226.
53) Hume, Traité, pp. 315~321; Treatise, pp. 225~231.
54) 망상에 대한 기술로는 다음을 참조하라. Hume, Traité, pp. 356~357; Treatise, pp. 235~246.

면 우리는 어떻게 그런 원리들을 함께 조정할 수 있는가? 우리는 그 원리들 가운데 어느 것을 선호할 것인가?[55]

가장 나쁜 것은 이 두 원리가 서로를 내포한다는 점이다. 물체의 존재에 대한 믿음은 본질적으로 인과성을 포함한다. 그러나 다른 편에서 연합의 원리는 그것이 주어진 것을 하나의 체계로 구성하는 한 주어진 것의 현시를 세계라 부른다. 더구나 그 선택은 그 원리 사이가 아니라 전체와 [아무것도 아닌] 무^{rien} 사이에서, **모순과** [아무것도 없는] 무^{néant} **사이에서** 이뤄진다.

그러므로 우리는 거짓 추론과 전혀 추론이 아닌 것 중 한 가지를 택할 수밖에 없다.[56]

이것이 **망상**의 상태이다. 이것이 반대급부로 우리가 정신에서 그 이성과 착란을, 그 항구적·불가항력적·보편적 원리와 가변적·환상적·불규칙한 원리를 구분할 수 있으리라는 희망이 좌절되는 까닭이다.[57] 근대 철학은 희망을 품는다. 그것이 근대 철학의 과오이다. 우리는 상상력의 암시를 거슬러 오성을 선택하는 수단을 갖고 있지 않다.

---

55) Hume, *Traité*, p. 358; *Treatise*, p. 266.
56) Hume, *Traité*, p. 351; *Treatise*, p. 268.
57) Hume, *Traité*, pp. 315~316; *Treatise*, pp. 225~226.

오성이 그 가장 일반적인 원리를 따라 홀로 작용할 때, 그것은 완전히 전복되어 철학에서든 일상생활에서든 어떤 명제에 대해서도 가장 낮은 수준의 명증성조차 남기지 않게 된다.[58]

오성의 기능, 어떤 것에 대한 반성은 오직 교정적일 뿐이다. 오성이 홀로 작동할 때, 그것은 다만 한 가지 일을 무한히 할 수 있을 뿐이다. 오성은 자신의 교정들을 교정해 모든 확실성, 심지어 실천적 확실성마저도 절충되고 사라지도록 할 수 있을 뿐이다.[59]

3. 이렇게 해서 우리는 정신의 세 가지 비판적 상태를 살펴봤다. **무차이와 환상**은 정신의 고유한 상황이며, 그 관념들을 연합해 정신을 고정하는 외재적 원리에 구애받지 않는다. **망상**은 정신 안에서, 그것이 겪는 결과와 그것이 원리로서 긍정한 허구 사이의 모순이다. **착란**은 그 원리와 허구 사이의 허구적 화해의 체계이다. 정신에 나타나는 유일한 원천과 적극성은 자연, 실천, 도덕적 실천, 그리고 후자의 이미지에 비춰볼 때 오성의 실천이다. 자연이 정신을 지시하는 대신에 정신이 자연을 지시**해야만 한다.**

---

[58] Hume, Traité, p. 360; Treatise, pp. 267~268.
[59] Hume, Traité, pp. 259~270; Treatise, pp. 181~182.

나는 내 감각과 오성에 복종해 자연의 흐름을 따를 수도 있을 것이다. 아니, 틀림없이 따를 것이다. 이 맹목적인 복종에서 나는 내 회의적 성향과 원리를 가장 완전하게 드러낸다.60)

망상은 정신에 관련된 인간본성이다. 흡사 양식$^{bon\ sens}$이 인간본성에 관련된 정신인 것과 마찬가지이다. 둘은 서로의 이면으로 존재한다. 이것이 망상과 고독의 바탕까지 양식의 약동을 찾으러 가야 하는 까닭이다.* 나는 모순에 부딪히지 않고서는 정신의 감응을 정신 자체로 지칭할 수 없었다. 정신은 관념과 동일하며, 감응은 결정적 모순 없이는 관념으로 표현될 수 없다. 거꾸로 그 감응과 관계된 정신은 일반 규칙과 믿음의 전체 영역을 구성한다. 그것은 완화된 중간지대로, 그 안에 인간본성과 상상력의 모순이 이미 존재하고 늘 존속하지만, 가능한 교정에 의해 조정되거나 실천에 의해 해소된다. 요컨대 과학과 삶은 일반 규칙과 믿음의 수준에서만 존재한다.

---

60) Hume, *Traité*, p. 362; *Treatise*, p. 269.
  * 인간본성에 관련된 정신이 양식이므로 양식과 망상이 서로의 이면으로 뒤섞인 상태를 말한다. 즉 망상의 바탕으로 가서 발견하게 되는 것은 양식이며, 거꾸로 양식의 바탕으로 가서 발견하게 되는 것은 망상이다.

5

경험주의와 주체성
Empirisme et subjectivité

1. 우리는 바로 주체성의 문제에서 경험주의의 본질을 발견하게 된다고 믿어왔다. 그러나 우선 주체성이라는 것을 어떻게 정의할지 질문해야 한다. 주체는 운동에 의해, 그리고 운동으로서 정의된다. 그것은 자기 자신을 펼치는 운동이다. 스스로 펼쳐지는 것이 주체이다. 여기서 우리가 주체성이라는 관념에 부여할 수 있는 유일한 내용은 매개médiation와 초월teanscendance이다. 그러나 스스로 펼쳐지는, 또는 다른 것이 되는 운동이, 주체가 자신을 넘어서는 것과 주체가 자신을 반성하는 이중의 것임을 염두에 둬야 한다. 데이비드 흄은 그 두 가지 차원을 인식해 인간본성의 근본적 성격으로 제시한다. 추리와 발명, 믿음과 인위적 고안이 그것이다. 우리는 믿음과 공감에서 종종 눈에 띄는 유비에 지나친 중요성을 부여하지 않도록 해야 한다. 그런 유비가 실제적이지 않다는 것이 아니다. 믿음이 주체의 인식 행위인 것이 참이라고 해도, 반대로 주체의 도덕적 행위가 그 자체로 공감은 아니라는 것이다. 그것은 인위적 고안 또는 발명으로, 믿음에 대응하는 공감은 이에 대해 다만

필연적 조건일 뿐이다.* 요컨대 믿는 것과 발명하는 것, 이것이 주체를 주체로 만드는 것이다.

나는 주어진 것으로부터 주어지지 않은 다른 사물의 존재를 추리한다. 즉 나는 믿는다. 카이사르는 죽었고, 로마는 존재했으며, 태양은 떠오를 것이고, 빵은 영양분이 된다. 동일한 작용에서 동시에 나는 주어진 것을 넘어서서 판단하고 나 자신을 주체로 세운다. 나는 내가 아는 것 이상을 긍정한다. 그러므로 진실의 문제는 주체성 자체에 대한 비판의 문제로서 제시되고 진술되어야 한다. 인간은 무슨 권리로 자신이 아는 것 이상을 긍정하는가? 감각적 성질들과 자연의 힘들 사이에서 우리는 어떤 연관, 인식되지 않은 연관을 추리한다. "그것[자연]이 비밀의 힘처럼 가지고 있는 비슷한 감각적 특징을 볼 때, 우리는 우리가 경험했던 것과 유사한 결과가 뒤따를 것이라고 기대한다. 이전에 먹은 빵과 똑같은 색깔과 모양새를 가진 어떤 물체가 눈앞에 나타나면 우리는 거리낌 없이 그 실험을 반복할 것이다. 그러면서 확신을 가지고 [그것이 주는] 유

---

* 여기서 믿음과 공감은 서로 대응하는 개념으로, 인식에서는 믿음이고 도덕에서는 공감이다. 그런데 흄이 볼 때 믿음이 인식 행위라고 한다면 도덕적 행위는 공감보다는 발명이라는 것이다. 따라서 정리하자면 믿음과 인식이 대응하고, 도덕과 발명이 대응한다. 그리고 공감은 필연적 조건일 뿐이다. 이런 점에서 주체를 주체로 만드는 것은 믿는 것과 발명하는 것이라고 들뢰즈는 말한다. 여기서 믿는 것은 흄이 말하는 믿음, 즉 인식이다. 흄에게 모든 인식은 궁극적으로는 믿음이기 때문이다.

사한 영양분과 힘을 예상한다. 이제 나는 바로 이런 정신 또는 사유 과정의 정초가 무엇인지 알아보고자 한다."[1] 우리는 또한 다른 방식으로도, 요컨대 도덕적, 미학적, 사회적 판단에 의해서도, 그리고 그런 판단 안에서도 주체이다. 이런 의미에서 주체는 반성하고 반성된다. 주체는 자기 자신에 일반적으로 감응을 불러오는 것으로부터 현실적 실행, 즉 순수한 기능에 구애받지 않는 힘을 추출하고, 그 고유한 부분성을 넘어선다.[2] 거기서 인위적 고안과 발명은 가능한 것이 된다. 발명된 주체, 그는 곧 발명하는 존재artificieux이다.[**] 바로 이것이 주체성의 이중의 역량, 즉 믿는 것과 발명하는 것이다. [믿는다는 것은] 비밀의 힘들을 추정하는 것이고, [발명한다는 것은] 추상적이고 구별되는 힘들을 전제하는 것이다. 이와 같은 두 가지 의미에서 주체는 규범적이다. 주체는 규범이나 일반 규칙을

---

[1] David Hume, *Enquête sur l'entendement humain*, trad. André Leroy, Paris: Aubier, 1947, p. 83; *An Enquiry Concerning Human Understanding*, La Salle: Open Court, 1966, p. 83.

[2] 3장을 참조하라. 또한 다음도 참조할 것. David Hume, *Traité de la nature humaine*, trad. André Leroy, Paris: Aubier, 1946, pp. 462sq, 711~713; *Treatise of Human Nature*, ed. Lewis Amherst Selby-Bigge, Oxford: Cla-rendon Press, 1888, pp. 358ff, 535~587.

[**] artificieux는 사전적으로 '교활한,' '간사한'의 의미를 가지고 있다. 하지만 이 문맥에서는 발명된 주체가 인위적 고안물들의 발명가라는 의미로 쓰였다고 봐서 '발명하는 존재'로 의역했다. 즉 주체는 발명되는 동시에 발명하는 존재이기도 하다는 것이다. 그렇기 때문에 바로 뒤에 나오는 문장에서처럼 이것이 바로 이중의 역량일 수 있는 것이다.

창조한다. 이런 이중의 역량, 일반 규칙의 이런 이중의 실행을 이해하기 위해서 우리는 그것의 정초, 권리, 원리를 찾아내야 한다.* 바로 그것이 문제이다. 왜냐하면 **자연**의 힘들만큼 근본적으로 그 자체로 우리의 인식을 빠져나갈 수 있는 것은 아무 것도 없기 때문이다.3) 또한 우리의 오성에 힘들과 그 실행의 구별보다 무의미한 것은 없기 때문이다.4) 그렇다면 무슨 권리로 우리는 그 힘들을 추정하고 구별하는가? 믿는다는 것, 그것은 자연의 한 부분을 주어지지 않은 다른 부분으로부터 추리하는 것이다. 그리고 발명한다는 것은 힘들을 구별하는 것이며 기능적 총체들, 즉 더 이상 자연에 주어지지 않는 총체들을 구성하는 것이다.

문제는, 주어진 것 안에서 어떻게 주어진 것을 넘어서는 주체가 구성되는가 하는 데 있다. 의심의 여지없이 주체 자체는 주어진다. 의심의 여지없이 주어진 것을 넘어서는 것 또한 주어지지만, 이는 다른 방식으로, 그리고 다른 의미에서 주어진다. 발명하고 믿는 이 주체는 주어진 자기 자신을 하나의 종합, 하나의 체계로 만드는 방식으로 주어진 것 안에서 구성된다. 우리가 설명해야 하는 것은 이것이다. 이렇게 제기된 문제

---

* 이런 이중의 역량과 실행을 이해하려면 그 정초, 권리, 원리를 찾아내야 하는데, 문제는 그것들이 결국은 자연에 있다는 것이다.
3) Hume, *Entendement humain*, p. 78; *Human Understanding*, p. 33.
4) Hume, *Traité*, p. 412; *Treatise*, p. 311.

에서 우리는 경험주의의 절대적 본질을 발견한다. 우리는 철학 일반에 대해 그것이 언제나 의식의 구조에 대한 검토, 말하자면 비판을 해석하고 주도할 수 있으며 경험 전체를 정당화할 수 있는 분석면을 찾는다고 말할 수 있을 것이다. 비판적 철학에 우선 대립하는 것은 '면'의 차이이다. 우리가 요구하는 본질적 확실성, 본질의 확실성을 제공하는 방법론적으로 축소된 [환원된] 면 위에 설 때, 우리는 초험적 비판을 하게 된다. 어떻게 주어진 것이 있을 수 있는가, 어떻게 어떤 사물이 주체에 주어질 수 있는가, 어떻게 주체는 어떤 사물을 자기 자신에게 줄 수 있는가? 여기서 비판적 요구는 수학에서 그 유형을 발견하는 구성주의적^{constructive} 논리의 요구이다. 우리가 순수하게 내재적인 관점, 즉 결정 가능한 가설들에서 그 규칙을 발견하고 물리학을 모델로 하는 기술을 허용하는 관점을 취해 주체가 어떻게 주어진 것 속에서 구성되는지 물을 때, 비판은 경험적인 것이 된다. 주어진 것의 구조는 주체의 구성에 자리를 마련해준다. 주어진 것은 더 이상 주체에 주어지지 않으며, 주체가 주어진 것 안에서 구성된다. 흄의 공로는 이 경험주의적 문제를 초험적인 것으로부터, 그리고 심리적인 것으로부터 멀리 떨어진 순수한 상태로 추출했다는 것이다.

2. 그러나 주어진 것이란 무엇인가? 흄은 감각적인 것의 흐름, 인상과 이미지의 다발, 지각의 집합이 그것이라고 말한다. 그

것은 나타난 것의 총체, 외양apparence과 동등한 존재이며,5) 또한 그것은 동일성도 없고 법칙도 없는 운동이고 변화이다. 우리는 인식능력이나 조직화의 원리가 아니라 어떤 집합, 어떤 다발로 지시함으로써 **상상력**과 **정신**에 대해 말한다. 경험주의는 다발에 대한 이 경험에서, 구별되는 지각들의 움직이는 계속繼續으로부터 출발한다. 경험주의는 지각들이 구별되는 한에서, 그리고 독립적인 한에서 이 경험에서 출발한다. 사실 그 원리, 그러니까 경험에 어떤 위상을 부여하는 구성적 원리는 "모든 각각의 관념은 하나의 인상에서 유래"하며, 그 감각은 다만 규제적일 뿐이라는 것이 아니다.

[오히려] 모든 분리 가능한 것은 구별 가능하고, 모든 구별 가능한 것은 서로 다르다.

이것이 차이의 원리이다.

왜냐하면 구별될 수 없는 대상들을 어떻게 분리할 수 있으며, 서로 다르지 않은 대상들을 어떻게 구별할 수 있겠는가?6)

---

5) "정신에 들어오는 것은 모두 **실제로는** 지각이므로, 그런 것이 다르게 나타난다고 **느끼는** 것은 불가능하다." Hume, *Traité*, p. 278; *Treatise*, p. 190.
6) Hume, *Traité*, p. 84; *Treatise*, p. 18.

따라서 경험은 관념들이 서로 다른 것인 한에서 분리 가능한 관념들의 계속이자 운동이고, 또한 이들은 분리 가능한 것인 한에서 서로 다르다. 우리는 **이** 경험으로부터 출발해야 하는데, 왜냐하면 이것이 바로 그^{la}[고유명사로서의, 유일무이한] 경험이기 때문이다. 이것은 다른 어떤 것도, 선행하는 어떤 것도 전제하지 않는다. (이) 경험은 그것이 감응이 되는 어떤 주체도, 그것이 변양이나 양태가 되는 어떤 실체도 내포하지 않는다. 모든 식별 가능한 지각이 분리된 존재라면, "그 존재를 지지하는 데 아무것도 필요하지 않다."7)

정신은 정신 안의 관념과 동일하다. 만일 우리가 실체라는 단어를 보존하고 그 용도를 찾고자 한다면, 그것이 우리가 그 관념을 갖고 있지도 않은 기저에 복무토록 하는 대신 각각의 지각 자체에 종사하도록 적용해야 한다. 그러면서 우리는 "모든 지각은 각각 하나의 실체이며, 지각의 구별되는 각각 부분은 모두 하나의 구별되는 실체"8)라고 말하게 된다.

정신은 주체가 아니다. 정신에게는 그 자신[정신]을 정신으로 삼을 주체도 필요하지 않다. 흄의 모든 비판, 특히 충족이유

---

7) Hume, *Traité*, p. 324; *Treatise*, p. 234. 또한 다음도 참조하라. "서로 구별되는 관념들은 모두 상상력에 의해서 분리될 수 있고 …… 상상력에 의해 구별 가능한 관념들은 모두 따로따로 존재한다고 생각할 수 있[다]." *Traité*, p. 124; *Treatise*, p. 54.

8) Hume, *Traité*, p. 335; *Treatise*, p. 244.

의 원리에 대한 비판은 그것이 궤변과 모순을 고발9)하는 한 다음의 사실로 되돌아온다. 주체가 참으로 주어진 것을 넘어서는 것이라 해도, 처음부터 주어진 것에게 자신을 넘어서는 능력이 있는 것으로 간주하지는 말아야 한다는 것.

다른 한편, 정신은 더 이상 **자연**의 표상이 아니다. 지각은 유일한 실체일 뿐만 아니라 유일한 대상이다.10) 이제 일차적 성질에 대한 부정은 충족이유의 원리에 대한 부정에 상응한다.11) 우리는 지각을 통해 두 종류의 성질 사이에 어떤 차이도 느끼지 못한다. 경험의 철학은 실체의 철학에 대한 비판일 뿐 아니라 **자연**의 철학에 대한 비판이기도 하다. 따라서 관념은 어떤 대상의 표상이 아니라 인상이다. 인상 자체에 대해 말하자면 그것은 표상적이지 않으며, 매개된 것도 아니고,12) 본유적이다.13) 의심의 여지없이 **자연**이 있고, 실재적인 작용이

---

9) "따라서 검토를 통해 나는 원인의 필연성을 옹호하기 위해 제시된 모든 추론이 오류를 범했고 궤변이라는 것을 알게 됐다." Hume, *Traité*, pp. 152~155; *Treatise*, pp. 79~81.
10) Hume, *Traité*, p. 291; *Treatise*, p. 202.
11) Hume, *Traité*, pp. 280, 316~320; *Treatise*, pp. 192, 226~230.
12) "인상은 그 대응 관념에 선행하므로 일체의 매개도 없이 영혼에 나타나는 어떤 인상들이 있다." Hume, *Traité*, p. 374; *Treatise*, p. 275.
13) "**본유적**이라는 것을 기원적인 것, 또는 어떤 선행의 지각으로부터도 복제되지 않은 것[으로 이해한다면], 우리는 우리의 모든 인상이 본유적이며, 우리의 관념들은 본유적이 아니라고 주장할 수 있다." Hume, *Entendement humain*, p. 58; *Human Understanding*, p. 21. 각주.

있으며, 물체들은 힘을 가진다. 그러나 우리는 "대상들의 실재 본성과 작용에 관한 논의로 들어가는 대신 감관에 나타나는 대상들의 **외양**에 우리의 사변을"14) 한정해야 한다. 그리고 이런 "회의론"에서 우리는 포기보다는 요구를, 앞선 요구와 동일한 요구를 봐야 한다. 두 가지 비판은 사실 어느 지점에서 만나 하나가 된다. 어째서 그런가? **자연**과의 결정 가능한 관계에 대한 물음은 나름의 조건들을 갖기 때문이다. 이 관계는 자명하지 않고 주어지지도 않는다. 그것을 상정할 수 있는 것은 오직 주체뿐이다. 말하자면 자신으로 인해 주어진 것이 거치게 되는 변형의 합법성, 또는 자신이 주어진 것에 부여하는 조직화의 합법성에 대한 자신의 판단 체계의 가치에 물음을 던지는 주체 말이다. 그러므로 진정한 문제는 다만 적당한 계기에 우리에게 주어진 외양들에 좌우되지 않는 미지의 힘과, 주어진 것 안에서 주체의 구성을 결정하는 초월적 원리 사이의 일치, **자연**의 힘과 인간본성의 원리 사이의 일치, **자연**과 주체 사이의 일치를 사유하는 것이다. 주어진 것에 대해 말하자면, 그것은 그 자체로서 그리고 [주어진] 바로 그런 것으로서 전자의 표상도 후자의 변양도 아니다.

우리는 주어진 것이 어쨌든 감관에 주어진다고, 그것이 기관들이나 심지어 두뇌조차 전제한다고 말할 수 있을 것이다.

---

14) Hume, *Traité*, p. 135; *Treatise*, p. 64.

그러나 여전히 유기체에 **우선** 조직화를 부여하는 것을 삼가야 하는 데는 의심의 여지가 없다. 그것은 주체가 그 자체로 정신에 도달할 때 **비로소** 도달하는 조직화, 즉 주체 자신과 동일한 원리에 의존하는 조직화이다. 따라서 핵심적인 한 구절에서 흄은 연합과 주체성에 대한 심리학적 설명을 고려한다.15)

우리가 어떤 관념을 떠올리면 동물정기animal spirits가 모든 인접한 흔적을 접하고 그 관념과 관련된 다른 관념을 일깨운다.

흄 자신이 이런 설명을 "개연성 있고 타당한" 것으로 제시하고 있다. 그렇지만 흄은 이 설명을 고의로 무시하겠다고 말한다. 흄이 이런 주장을 내세우는 것은 연합을 설명하기 위해서가 아니라 연합에서 태어난 오류들을 설명하기 위해서이다.16) 왜냐하면 뇌의 조직화 같은 것이 우리에게 연합의 과정에 대한 값진 심리학적 모델을 제공한다 해도, 그것은 이 모델이 의존하는, 따라서 설명할 수 없는 원리를 전제하기 때문이다. 요컨대 유기체와 그 감각들은 직접적으로, 그리고 그 자체

---

15) Hume, *Traité*, p. 131; *Treatise*, p. 60.
16) "나는 내가 관념의 관계를 설명하면서 이 논제에서 얻을 수 있음직한 어떤 이점도 무시해왔다, 이제 그 관계에서 일어나는 오류들을 해명하기 위해 그 이점에 의지하지 않을 수 없게 될까 우려된다." Hume, *Traité*, p. 131; *Treatise*, p. 60.

로 인간본성이나 주체의 성격을 갖지 않는다. 유기체와 그 감각들은 다른 곳에서 그것[인간본성이나 주체의 성격]을 받아야 한다. 물체의 메커니즘은 그 자체로 주체의 자발성을 설명할 수 없다. 기관은 그 자체로 단지 인상의 다발일 뿐으로, 이는 인상의 출현 메커니즘 속에서 고찰된다.

외재적 대상은 보이고 느껴지며 정신에 현전하게 된다. 다시 말해 그 외재적 대상들은 연관된 지각의 더미에 대해 어떤 관계를 획득한다.17)

한마디로 우리는 항상 동일한 결론으로 돌아온다. 주어진 것, 정신, 지각의 다발은 자신이 아닌 다른 것을 내세울 수 없다.
 그러나 그 다발이 임의적인 것에 머물고, 각각의 관념과 인상이 사라질 수 있거나 모순 없이 정신에서 분리될 수 있는데 스스로를 내세운다는 것은 도대체 무엇을 내세운다는 것인가?18) 우리는 어떻게 주어진 것 일반이나 정신에 대해 말할 수 있는가? 정신의 일관성이란 무엇인가? 더구나 우리가 정신을 정신으로서 고려해야 한다는 것은 질의 관점이 아니라 양의 관점에서 하는 이야기이다. 우리가 이 단계에서 도입하는

---

17) Hume, *Traité*, p. 296; *Treatise*, p. 207.
18) Hume, *Traité*, p. 296; *Treatise*, p. 207.

것은 관념의 표상적 성질이 아니라 그것의 분할 가능성이다. **경험주의의 근본적 원리인 차이의 원리에 대해 우리는 이미 말했다. 그리고 이것이 그 의미였다.** 정신의 불변성은 이러저러한 관념이 아니라 가장 작은 관념이다. 하나의 관념은 나타날 수도 사라질 수도 있으며, 나는 항상 다른 관념을 발견할 수 있다. 그러나 내가 좀 더 작은 관념을 발견하지 못하는 일도 있다. "정신의 능력이 무한하다는 것을 부정하면서, 우리는 정신이 그 관념 분할의 끝에 도달할 수 있으리라 가정한다."[19] 그런 관념에서 중요한 것은 그것이 이것 또는 저것을 표상한다는 것이 아니라 분할 불가능하다는 것이다.

당신이 내게 모래 한 알의 천분의 일과 만분의 일에 대해 말한다면, 나는 그 수와 그것의 서로 다른 크기에 관한 구별되는 관념을 갖는다. 그러나 내가 그것들[천분의 일과 만분의 일의 모래 알갱이] 자체를 표상하기 위해 내 정신에 형성한 이미지는 서로 다를 바 없으며, 내가 모래알 자체를 표상한 이미지보다 못하지도 않다. …… 그러나 우리가 사물에 대해 상상할 수 있는 것이 무엇이든 간에, 모래 한 알의 관념은 20개로 구별되거나 분리될 수 없으며, 더욱이 그 관념이 천, 만, 또는 서로 다른 무수한 관념들로 구별되거나 분리될 수는 없다.

---

19) Hume, *Traité*, p. 94; *Treatise*, p. 27.

우리는 관념 자체나 인상을 분할의 기준에 관련시키는 이런 반성을 **정신의 계기**라고 부른다.[20] 정신과 주어진 것은 이러저러한 관념을 내세우는 것이 아니라, 모래알을 표상하는 데든 그 부분을 표상하는 데든 가장 작은 관념을 내세운다. 이것이 정신의 위상이라는 문제가 결과적으로 공간의 문제와 다르지 않은 까닭이다. 한편으로 우리는 연장에 대해 생각해보게 된다. 그것은 무한히 분할 가능한가 아닌가? 다른 한편으로 분할 불가능한 관념이 분할 불가능하다고 고려되기 때문에 구성하는 특정한 방식, 그것이 연장이다. 이 두 개의 논제를 흄은 밀접하게 연결된 한 체계의 두 부분으로 제시한다.[21]

우선 첫 번째 부분을 살펴보자.[22] 정신이 유한한 능력을 가진다고 말하는 것은 "상상력은 최소부분에 도달"[23]한다는 말이다. 이 최소부분을 흄은 단위,[24] 분할 불가능한 점,[25] 원자 또는 입자의 인상,[26] 한계짓는 관념$^{\text{idée-limite}}$이라 부른다.[27] 더 작은 것은 아무것도 없다. 또한 "아무것도 없다"라는 것은

---

20) "감각 인상도 …… 마찬가지이다." Hume, *Traité*, p. 94; *Treatise*, p. 27.
21) Hume, *Traité*, p. 107; *Treatise*, p. 39.
22) Hume, "Les idées d'espace et de temps," *Traité*, sections 1, 2, 4; "Of the Ideas of Space and Time," *Treatise*, sections 1, 2, 4.
23) Hume, *Traité*, p. 94; *Treatise*, p. 27.
24) Hume, *Traité*, p. 98; *Treatise*, p. 30.
25) Hume, *Traité*, p. 100; *Treatise*, p. 32.
26) Hume, *Traité*, p. 106; *Treatise*, p. 38.
27) Hume, *Traité*, p. 112; *Treatise*, p. 44.

다른 어떤 관념뿐 아니라 다른 어떤 사물 일반도 없다는 것으로 이해되어야 한다.28) 한계짓는 관념은 절대적으로 분할 불가능하다. 정신이 그것을 분할할 수 없다면, 그것이 관념이기 때문에 그 자체로 분할 불가능하다. 존재 자체는 단일성^{unité}에 속한다.29) 이로 인해 정신은 객관성을 소유하고 드러낸다. 흄의 전체 논제는 감각의 결여와 주어진 것의 객관성을 화해시키는 것으로, 다음과 같다. 의심의 여지없이 우리의 감각에 나타나는 가장 작은 물체보다 더 작은 사물이 존재하지만, 여전히 우리가 그 물체로부터 얻는 인상이나 우리가 그에 대해 만들어내는 관념보다 작은 것은 없다.30) 논제의 두 번째 부분에 관해 말하자면,31) 우리는 그것이 첫 번째 부분에 의해 결정되는 것을 보게 된다. 가장 작은 관념이나 가장 작은 인상은 수학적 점도 물리적 점도 아닌 감각적 점이다.32) 물리적 점은 이미 연장되어 있고, 또한 분할 가능하다. 수학적 점은 무^{néant}이

---

28) "이런 관념들보다 작은 것은 아무것도 없다." Hume, *Traité*, pp. 95~96; *Treatise*, p. 28.
29) Hume, *Traité*, p. 98; *Treatise*, p. 30.
30) "감각들의 유일한 결점은 감각들이 사물과 [비율에] 맞지 않는 이미지를 우리에게 제공하며, 실제로는 크고 많은 부분으로 합성된 것을 최소의, 그리고 비복합적인(uncompounded) 것으로 표상하는 것이다." Hume, *Traité*, p. 95; *Treatise*, p. 28.
31) Hume, "Les idées d'espace et de temps," *Traité*, sections 3, 5; "Of the Ideas of Space and Time," *Treatise*, sections 3, 5.
32) Hume, *Traité*, p. 108; *Treatise*, p. 40.

다. 둘 사이에 유일하게 실재적인 중간이 있다. 즉 실재적 연장과 비-존재 사이에 실재적 존재가 자리하며, 그것의 연장은 정밀하게 합성될 것이다. 감각적 점 또는 원자는 가시적이고 가촉적이며, 색을 가질 뿐 아니라 견고하다. 그것은 그 자체로 연장을 갖지는 않지만 그런데도 불구하고 존재한다. 우리는 어째서 그것이 존재하는지 살펴봤다. 또한 그 존재의 가능성 안에서, 그리고 그 구별되는 존재의 근거 안에서 경험주의는 한 가지 원리를 발견한다. 그것이 연장되지 않는 것은 어떤 연장도 그 자체가 원자나, 입자나, 최소-관념이나, 단순 인상이 아니기 때문이다. "플루트로 연주한 다섯 음은 우리에게 시간의 인상과 관념을 제공하지만, 시간은 청각이나 다른 감각에 나타나는 여섯 번째 인상은 아니다."33) 이와 마찬가지로 공간에 대한 관념은 다만 특정한 질서로 분배된 가시적 또는 가촉적 점들의 관념일 뿐이다.34) 공간은 가시적이고 가촉적인 대상들의 배치 속에서 발견된다. 흡사 시간이 변화하는 대상들의 지각 가능한 계속 속에서 발견되는 것과 마찬가지이다.

 이처럼 주어진 것이 공간 안에 있는 것이 아니라 공간이 주어진 것 안에 있다. 공간과 시간은 정신 안에 있다. 그렇지만 우리는 시간과 공간의 차이에 주목해야 한다. 공간은 우리에

---

33) Hume, *Traité*, p. 104; *Treatise*, p. 36.
34) Hume, *Traité*, p. 123; *Treatise*, p. 53.

게 다만 두 가지 감각, 즉 시각과 촉각에 의해서만 주어진다. 결국 공간의 관념이 있으려면 단순 인상들 또는 우리 인상들의 부분들이 특정한 양식, 그러니까 다른 감각은 우리에게 현시할 수 없는 양식으로,35) 운동에서라면 근육의 인상들이 현시할 수 없는 양식으로36) 배치되어야 한다. 그러므로 연장은 오로지 특정한 지각들의 성질일 뿐이다.37) 그것은 어떤 지각들의 전체 집합이 그 자체의 성질로서 효과적으로 현시하는 시간의 경우와 다르다.38)

우리 정신에 지각들의 지속적 계기繼起가 있으며, 그러므로 시간의 관념이 우리에게 영원히 현전한다는 것을 우리는 쉽게 살펴볼 수 있기 때문이다.39)

---

35) "우리는 가시적 대상을 줄이거나 크게 하는 것과 동일한 방식으로 풍미를 줄이거나 더하지는 않는다. 여러 소리가 동시에 청각을 자극할 때 우리는 오로지 관습과 반성을 통해서만 각각의 소리가 유래하는 물체들의 멀고 가까운 정도에 관한 관념을 형성하는 것이다." Hume, *Traité*, p. 325; *Treatise*, p. 235.
36) Hume, *Traité*, p. 126; *Treatise*, p. 56. 앞에 제시된 것과 같은 구절에서 흄이 시각이나 촉각의 인상이 다른 감각들의 주어진 것이 분배되는 것과 대조적으로 정확히 어떤 양식으로 분배되는지에 대해 거의 문제를 제기하지 않고 있다는 점을 눈여겨보자. 흄은 순수하게 심리적인 문제에 대해서는 흥미를 갖지 않는 것처럼 보인다.
37) Hume, *Traité*, p. 330; *Treatise*, p. 239.
38) Hume, *Traité*, pp. 102~103; *Treatise*, pp. 34~35.
39) Hume, *Traité*, p. 136; *Treatise*, p. 65.

그러므로 두 가지 객관적 특성을 통해 주어진 것을 정의해야 한다. 요소의 분할 불가능성과 요소들의 분배, 그러니까 **원자**와 **구조**가 그 두 가지이다. 장 라포르트가 말했듯이, 흄의 원자론에서 전체가 부분들의 총합이라고 말하는 것은 전적으로 잘못이다. 왜냐하면 한꺼번에 파악된 부분들은 오히려 시간적으로, 그리고 종종 공간적으로 나타나는 것의 양태, 결코 반성에도 구성에도 의존하지 않는 객관적이고 자발적인 양태로 정의되기 때문이다. 흄은 공간에 관련해 이것을 말하고 있는데, 다음 구절의 두 번째 문장을 잊어서는 안 된다.

[가령 내 앞에 나타난 탁자에 대한] 지각은 부분들로 이뤄져 있다. 이 부분들은 거리와 인접성, 그리고 길이, 폭, 두께 등의 개념을 우리에게 제공하도록 되어 있다.40)

3. 이제 다음과 같은 물음을 던져야 한다. 주체를 말할 때 우리는 무엇을 말하고자 하는가? 우리는 상상력이 단순한 다발에서 하나의 인식능력이 된다는 것을 말하고자 한다. 분배된 다발이 하나의 체계가 되는 것이다. 주어진 것은 주어진 것을 넘어서는 운동에 의해, 그 운동 안에서 회수된다. 정신은 인간본성이 된다. 주체는 발명하고, 주체는 믿는다. 바로 **이것이 종합**,

---

40) Hume, *Traité*, p. 330; *Treatise*, p. 239.

정신의 종합이다. 우리는 세 가지 문제를 제기한다. 우선 믿음 안에서, 그리고 발명 안에서 주체의 특성들은 무엇인가? 다음으로 주체는 어떤 원리에 의해 구성되는가? 어떤 요인들의 작용 아래서 정신은 변형되는가? 끝으로 정신 안에서 주체에 의해 작동되는 이 종합의 다양한 계기들은 무엇인가? 체계의 계기들은 무엇인가? 첫 번째 문제에서 출발해보자. 또한 우리가 이전에 자기와의 관계, 감각들과의 관계, 시간과의 관계라는 세 가지 관점에서 정신을 탐구해온 만큼 우리는 정신 자체가 주체가 될 때 이 세 심급이 무엇이 되는지 물어야 한다.

우선 시간과의 관계에서. 정신은, 그것의 지각들이 나타나는 양태 속에서 고찰했을 때, 본질적으로 계속^{succession}, 즉 시간이다. 이제 주체에 대해 말한다는 것은 지속에 대해, 관습에 대해, 습관에 대해, 기대에 대해 말하는 것이다. 기대는 습관이고, 습관은 기대이다. 이 두 결정, 즉 과거의 추동력^{poussée}과 미래로의 약동은 동일한 근본적 역동성의 두 측면으로서 흄 철학의 중심에 있다. 습관-기대에서 베르그손적 지속이나 기억의 대부분의 특성을 발견하기 위해 [앞서 인용한] 그 텍스트들을 강요할 필요는 없다. 습관은 주체를 구성하는 뿌리이며, 주체는 그런 뿌리 안에서 시간의 종합, 즉 미래의 관점에서 현재와 과거의 종합이다. 흄은 주체성의 두 가지 작용인 믿음과 발명을 연구할 때 이를 명확하게 보여준다. 우리는 발명과 관련해 다음과 같은 사실을 안다. 그것은 각각의 주체가 자신을 반성한다는 것, 즉 주체들 간에 가능한 일치를 이뤄내는 소유권의 규칙들, 제도들을 창설함으로써 자신의 편파성과 직접적 탐욕을 넘어선다는 것이다. 그러나 주체의 본성 안에서 이 간접적 일치와 일반 규칙을 정초하는 것은 무엇인가? 여기서 흄은 대다수의 공리주의자 또한 전개하게 될 단순한 법률 이론을 다시 가져온다. 그것은 각각의 인간이 자신이 소유한 것을 보존하기를 **기대한다**는 것이다.[41] 좌절된 기대 원리는 소유권의 논리 안에서 모순 원리의 역할, 종합적 모순 원리의 역할을 하게 된다. 우리는 흄이 복합적인 관계에 의해 결정된 복수의 소유 상태가 있다고 보는 것을 안다. 이를테면 사회가 제도화되기 이전에 현실적 소유가 있으며, 제도화된 사회에는 점유 취득, 시효, 증식, 상속이 있다. 그러나 습관과 기대의 역동성만이 그런 상태를 소유권으로 변형시킨다. 흄의 독창성은 이런 역동성의 이론에 있다. 말하자면 기대는 습관에 의해 일어나는 현재와 과거의 종합인 것이다. 기대, 또는 미래는 주체가 정신 안에서 구성하는 시간의 종합이다.

관습의 효과로 인해 우리는 우리가 오랫동안 향유해온 것을 감수할 뿐만 아니라 그것에 감응하며, 나아가 더욱 더 값진

---

[41] Hume, *Traité*, p. 622; *Treatise*, p. 503. 특히 시효를 소유권의 근거로 보는 버크[Edmund Burke, 1729~1797]를 살펴볼 것.

것일 수도 있지만 우리가 잘 모르는 다른 대상들보다 그것을 선호하게 된 것이다.42)

이에 대한 특권화된 사례가 시효이다. 이 경우에 주체는 시간의 종합에 의해 소유 상태를 소유권으로 변형시킬 뿐 아니라 소유 상태 자체가 시간이며, 시간 외에 그 무엇도 아니다.

그러나 모든 것은 시간 속에서 산출되지만, 확실히 시간에 의해 산출된 것은 어떤 것도 실재하지 않는다. 따라서 시간에 의해 산출된 소유권은 그 대상에 실재하는 것이 아니라, 시간만이 영향을 미칠 수 있는 것으로 밝혀진 감정의 산물이다.43)

시간과 주체의 관계에서, 주체는 시간의 종합을 우리에게 현시하며, 이 종합은 다만 생산적이고 창조적이며 **발명적**이라고 하는 것을 이보다 잘 말할 수는 없다.
믿음도 마찬가지이다. 우리는 믿음이 인과관계에 의해 현재의 어떤 인상과 결합한 생생한 관념일 뿐임을 안다.44) 믿음

---

42) Hume, *Traité*, p. 622; *Treatise*, p. 503.
43) Hume, *Traité*, p. 627; *Treatise*, pp. 508~509.
44) "믿음은 오직 인과에서 발생하며, 대상들이 인과관계에 의해 결합되어 있지 않다면 하나의 대상에서 다른 대상을 추정할 수 없다는 것을 [우리는] 경험적으로 알고 있[다]." Hume, *Traité*, p. 185; *Treatise*, p. 107.

은 어떤 감정, 관념을 느끼는 특수한 양식이다.[45] 믿음은 "생각하기보다는 느껴시는" 관념,[46] 생생한 관념이나. 그러므로 그 감정을 분석하기 위해서 우리는 인과관계에 대해 검토해야만 하는데, 왜냐하면 인과관계야말로 현재 인상의 생생함을 관념에 전달하는 것이기 때문이다. 또한 이 분석을 통해 감정의 원천이 밝혀지며, 감정 자체가 시간의 종합의 산물로서 다시 모습을 드러내게 된다. 결국 인과관계란 그 본질에서 무엇인가? 그것은 "관습이 산출하는, 어떤 대상에서 그 대상에 언제나 수반되는 관념으로 이행하는 성향"[47]이다. 그러므로 우리는 습관과 경향의 이런 역동적 통합, 미래를 구성하는 과거와 현재의 종합, 그리고 과거 경험과 현재에 대한 적응 사이의 종합적 동일성을 재발견하게 된다.[48]

> 관습은 그럴 때 인간 삶의 위대한 지침이다. …… 관습의 영향이 없다면 …… 우리는 수단과 목적을 서로 조정하는 방법을 결코 알 수 없을 것이고, 어떤 결과를 생산하는 데 우리의 자연적 힘들을 사용하는 방법도 몰랐을 것이다. 사변의 주요 부분뿐 아니라 모든 행위도 동시에 멈췄을 것이다.[49]

---

45) Hume, *Traité*, p. 754; *Treatise*, p. 624.
46) Hume, *Traité*, p. 757; *Treatise*, p. 627.
47) Hume, *Traité*, p. 252; *Treatise*, p. 165.
48) Hume, *Traité*, p. 180; *Treatise*, pp. 102~103.

요컨대 종합은 과거를 미래의 **규칙**으로 상정하는 것으로 이뤄진다.50) 우리는 믿음에서 소유권에서와 마찬가지로 항상 같은 변형transformation과 마주친다. 다시 말해 시간은 정신의 **구조**이지만, 이제 주체가 시간의 **종합**으로서 나타나는 것이다. 그리고 이 변형의 의미를 이해하기 위해서는 정신이 그 자체로 흄이 부여한 의미에서의 기억을 포함하고 있음을 염두에 둬야 한다. 그러니까 지각의 다발에서 우리는 생생함의 정도에 따라 감각 인상들, 기억의 관념들, 상상력의 관념들을 구별한다.51) 기억은 인상이 여전히 생생한 관념의 형태로 다시 나타난 것이다. 그러나 물론 기억만으로는 그 어떤 시간의 종합도 가져올 수 없다. 기억은 구조를 넘어서지 않으며, 주어진 것의 상이한 구조를 재생산하는 데서 자신의 본질적 역할을 발견한다.52) 반대로 종합으로서 나타나게 되는 것은 습관이며, 그것은 주체에 귀속된다. 회상souvenir은 오래된 현재[지나간 현재] l'ancien present이며, 과거가 아니다. 우리는 과거를 단순히 있었던 것만이 아니라 결정하는 것, 작용하는 것, 추동하는 것, 특정한 방식으로 영향을 미치는 것으로 불러야 할 것이다. 이런

---

49) Hume, *Entendement humain*, p. 91; *Human Understanding*, p. 47.
50) Hume, *Entendement humain*, p. 83; *Human Understanding*, p. 39.
51) Hume, *Entendement humain*, p. 73; *Human Understanding*, pp. 26~27.
52) "기억의 주된 일은 단순 관념들을 보존하는 것이 아니라 단순 관념들의 질서와 위치를 보존하는 것이다." Hume, *Traité*, p. 74; *Treatise*, p. 9.

의미에서 습관과 기억의 관계는 주체와 정신의 관계에 대응할 뿐만 아니라, 습관은 우리가 기억이라고 부르는 정신의 차원이 없이도 무난하게 성립한다. 즉 습관은 기억을 필요로 하지 않는 것이다. 습관은 통상 기억이 없어도 무방하다. 습관은 때로는 회상들에 대한 어떤 환기도 수반하지 않으며,53) 때로는 그것이 환기할 수 있을 어떤 특수한 회상들도 존재하지 않는다.54) 한마디로 과거로서의 과거 le passé comme passé 는 주어지지 않는다. 다만 과거는 주체에 그것의 진정한 기원과 원천을 부여하는 종합에 의해서, 그 종합 안에서 구성될 뿐이다.

이로써 우리는 과거와 현재에 대한 이런 종합을 어떻게 이해할 것인지를 규명하기에 이르렀다. 하지만 이것은 명확하지 않다. 왜냐하면 **우리가 과거와 현재를 가지는 한**, 종합은 스스로 이뤄질 것이고, 그것이 이미 이뤄져 있으므로 더 이상 문제도 없을 것이 확실하기 때문이다. 또한 미래는 과거와 현재의 이런 종합에 의해 구성될 것이므로 이 조건 안에서는 미래의 문제도 이제 없게 된다. 따라서 흄이, 가장 어려운 것은 우리가 어떻게 과거를 미래의 규칙으로서 구성할 수 있는지 설명하는 것이라고 말할 때, 우리는 그 어려움이 어디에서 발견되는지

---

53) "정신이 기억의 도움 없이도 옮겨 갈 수 있을 정도로 침몰의 관념은 물의 관념과 아주 밀접하게 연관되어 있으며, 질식의 관념은 침몰의 관념과 연관되어 있다." Hume, *Traité*, p. 181; *Treatise*, p. 104.
54) Hume, *Traité*, p. 182; *Treatise*, pp. 104~105.

알 수 없다는 인상을 받는다. 흄도 자신이 역설들을 만들어내고 있는 것이 아님을 우리에게 설득시킬 필요를 느꼈다.55)

당신이 물체의 본성을 과거의 경험에서 배운 체해도 소용없다. 물체의 비밀스러운 본성, 아울러 그 물체의 모든 결과와 영향은 그것의 감각적 성질들에 아무런 변화가 없어도 변할 수 있다. 이런 일은 때때로 어떤 대상들에 대해 일어난다. 하지만 이런 일이 어째서 항상, 그리고 모든 대상에 대해 일어나지는 않는 것인가? 어떤 논리, 어떤 논증 과정이 이런 가정[의심]에 반하는 당신의 입장을 지켜주는가? **나의 실천이 내 의심을 반박한다고 당신은 말할 것이다. 그러나 당신은 내 질문의 취지를 오해하고 있다. 나는 행위자로서 [당신이 말한] 그 점에 매우 만족한다. 그러나 얼마간의 호기심을 가진 철학자로서 나는 회의론을 말하고 싶지 않다. 나는 이 추리의 정초를 알고자 한다.**56)

사실 실천에서는 아무런 문제도 없다. 왜냐하면 과거와 현재가 주어지면 종합은 동시에 주어지는 것이기 때문이다. 그러나 정말 문제는 다른 곳에 있다. 현재와 과거, 약동의 출발로서 이해된 전자와 관찰의 대상으로서의 후자는 시간의 성

---

55) Hume, *Traité*, pp. 253~254; *Treatise*, pp. 167~168.
56) Hume, *Entendement humain*, p. 84; *Human Understanding*, pp. 38~39. 강조는 인용자.

격들이 아니다. 과거와 현재를 시간의 구성요소로 보는 것보다는 종합 자체의 산물로 말하는 편이 옳다. 그러나 이것 역시 정확한 이야기는 아니다. 사실 과거와 현재는 시간 속에서, 특정한 원리들의 영향 아래 구성되며, 시간의 종합은 그 자체가 이런 구성, 조직화, 이중의 감응일 뿐인 것이다. 그렇다면 문제는 과거와 현재가 어떻게 **시간 속에서** 구성되는가 하는 데 있다. 이런 관점에서 인과관계에 대한 분석은 그 본질적인 이중성 안에서 완전한 의미를 획득한다. 한편으로 흄은 우리에게 다양성multiplicité, 유사한 경우의 반복을 드러내는 원리로서 **경험**을 제시한다. 문자 그대로 이 원리는 과거의 시간에 감응을 불러온다. 다른 한편, 흄은 우리가 하나의 대상에서 그 대상에 동반되는 것으로 이행케 하는 **또 다른 원리**를 습관에서 본다. 그 원리는 말하자면 시간을 우리가 적응해야 하고 적응할 수 있는 영원한 현재로서 조직화하는 것이다. 또한 "인상에서 관념으로의 추리"에 대한 분석에서 흄이 수립한 구별을 참조한다면,[57] 우리는 다음과 같은 정의를 내릴 수 있다. 오성은 정신 자체이되, 경험의 원리의 영향을 받아 시간을 자신의 관찰에 위임된 과거의 형태로 반성한다. 또한 상상력은 습관의 원

---

[57] Hume, *Traité*, IIIe Partie, section VI; *Treatise*, Part 3, section 6. 오성과 상상력의 차이, 그리고 철학적 관계로서의 인과성과 자연적 관계로서의 인과성의 차이에 대해서는 각각 다음을 참조하라. *Traité*, pp. 167, 168; *Treatise*, pp. 92, 93.

리의 영향을 받아 그 자신 또한 정신이지만 시간을 자신의 기대로 가득 찬 결정된 미래로 반성한다. 믿음은 이 구성된 두 차원 사이의 관계이다. 믿음의 공식을 제시하면서 흄은 다음과 같이 쓰고 있다.

[이 두 원리들은] 상상력에 함께 작용해 이 장점을 갖추지 못한 다른 것들보다 더 강렬하고 생생한 방식으로 내가 어떤 관념을 형성하도록 한다.58)

우리는 방금 주체가 정신 안에서 구성될 때 시간이 어떻게 변형되는지 살펴봤다. 이제 두 번째 논점으로 넘어갈 수 있다. 그것은 유기체에 무슨 일이 일어나는가에 관한 것이다. 앞서 유기체는 구별되는 지각들의 메커니즘으로서만 제시됐다. 이제 주체가 정신 안에서 구성된다고 말하는 것은 원리들의 영향 아래서 유기체가 이중의 자발성을 취한다는 것을 말하는 것이다. 먼저 **관계의 자발성**을 살펴보자.59) "우리가 어떤 관념을 생각할 때, 동물정기가 인접한 흔적들로 들어가서 그 관념과 관련된 다른 관념을 불러일으킨다."60) 앞서 말했듯이 동물

---

58) Hume, *Traité*, p. 358; *Treatise*, p. 265.
59) 우리는 **자발성**이라는 말을 다음과 같은 관념에 따라 사용한다. 즉 원리들이 정신 안에 주체를 구성함과 동시에 이 주체가 관념들 사이의 관계를 수립한다는 것이다.

정기가 원래의 관념에 **연결된** 관념들을 발견하게 되는 **인접한** 흔적들을 정확히 발견하기 위해서는 관념들 자체가 정신 안에서 연합되어야 한다. 구별되는 지각들의 메커니즘은 신체 자체에서 관계의 물리적 자발성, 즉 주체성과 같은 원리에 의존하는 신체들의 자발성에 의해서 거의 재점유되어야 한다. 앞서 신체는 정신일 뿐이었다. 그것은 그것의 구별되는 생산 메커니즘 안에서 검토된 관념과 인상의 다발이었다. 그런데 이제 신체는 그것이 원리들의 영향 아래 관념들 사이에 수립한 관계의 자발성에서 고려된 주체 자체가 된다.

다른 한편 **배치의 자발성**이 있다. 우리는 흄에게 두 종류의 인상들, 즉 감각 인상과 반성 인상을 구별하는 것이 어떤 중요성을 갖는지 살펴봤다.* 우리가 다루는 문제 전체가 여기에 달려 있다. 왜냐하면 감각 인상들이 정신을 형성하고 그것에 하나의 기원만을 부여하는 반면, 반성 인상들은 정신 안에 주체를 구성하고 정신을 주체로서 다양하게 규정하기 때문이다. 의심의 여지없이 흄은 이런 반성 인상들을 다발의 부분으로 제시한다. 그러나 역시 **먼저** 그 인상들이 형성되어야 한다. 그리

---

60) Hume, *Traité*, p. 131; *Treatise*, p. 60.

* 흄은 인상을 감각 인상(impression of sensation)과 반성 인상(impression of reflection)으로 구분하는데, 감각 인상은 가장 근원적인 1차적 인상을 뜻하며, 반성 인상은 감각 인상으로부터 유래한 2차적 인상으로 인간의 정념·욕구·정서 등이 이에 해당한다.

고 이 과정 자체에서 그 인상들은 특수한 과정에 의존하며, 또한 주체성의 원리들에 의존한다.

자연이 그런 응시로부터 어떤 새로운 근원적 인상이 발생하는 것을 느끼도록 그 인식능력들을 짜맞추지 않는다면 정신은 감각에 대한 그 모든 관념들을 무수히 맴돈다고 해도 결코 그로부터 어떤 새로운 근원적 관념을 추출할 수 없을 것이다.[61]

따라서 문제는 주체성의 원리들이 정신 안에서 반성 인상을 구성할 때 그 원리들의 어떤 새로운 차원을 신체에 부여하는지 아는 것이다. 감각 인상은 하나의 메커니즘에 의해 정의됐고 이 메커니즘의 절차로서 신체를 참조했다. 반면 반성 인상은 하나의 자발성, 배치에 의해 정의되고 이 자발성의 생물학적 원천으로서 신체를 참조한다. 신체의 이런 새로운 차원을 흄은 정념에 관한 연구에서 분석한다. 유기체는 정념을 산출할 수 있도록 배치된다. 즉 그것은 [문제의] 정념에 특수하고 고유한 배치를 "근원적이고 내부적인 운동"original, internal movement 으로서 현시한다.[62] 이를테면 배가 고프거나 목이 마르거나 정욕에 사로잡힐 때처럼.[63] 그런데도 모든 정념이 그런 것은 아

---

61) Hume, *Traité*, p. 105; *Treatise*, p. 37. 강조는 인용자.
62) Hume, *Traité*, p. 387; *Treatise*, p. 287.
63) Hume, *Traité*, pp. 500~503; *Treatise*, pp. 394~396.

니라고 주장할 수 있다. 거만함과 겸손함, 사랑과 증오, 양성 간의 사랑, 기쁨과 슬픔 같은, 어떤 신체적 배치가 **특수하게** 대응하지는 않는 정념들이 있다. 이 경우에 자연은 "그 자체로 직접적인" 정념을 산출하는 것이 아니라 "다른 원인들의 작용에 의해 합성되어야만 한다."64) 이 원인들은 자연적이지만 근원적이지 않다.65) 달리 말하면 여기서 신체적 배치의 역할은, 자연적이고 결정 가능한 정황 속에서 정념을 산출하게 되는 외재적 대상에 맡겨질 뿐이다. 즉 이런 경우에도 우리는 정념의 현상을 물체적 배치로부터만 이해할 수 있다. "자연은 물체에 어떤 욕구와 성향을 부여했듯이 …… 정신에 대해서도 동일한 방식으로 진행했다."66) 그러면 배치의 일반적 의미는 무엇인가? 정념의 개입에 의해 배치는 어떤 관념의 출현, 정념에 응답하는 대상의 관념을 자발적으로 불러일으킨다.67)

4. 남은 것은 가장 일반적인 마지막 관점이다. 이제 다른 기준 없이 주체와 정신을 비교해야 한다. 그러나 이 관점은 가장 일반적인 것이기 때문에 이미 앞서 언급된 두 번째 문제로 우리를 데려간다. 즉 정신 안에서 주체를 구성하는 원리들은 무엇

---

64) Hume, *Traité*, p. 386; *Treatise*, p. 287.
65) Hume, *Traité*, pp. 379~380; *Treatise*, pp. 280~281.
66) Hume, *Traité*, p. 472; *Treatise*, p. 368.
67) Hume, *Traité*, pp. 386, 502; *Treatise*, pp. 287, 395.

인가? 어떤 요인 아래서 정신은 변형되는가? 우리는 흄의 답이 간단하다는 것을 살펴봤다. 정신을 주체로 변형시키는 것, 정신 안에서 주체를 구성하는 것은 인간본성의 원리라는 것이다. 이 원리는 두 가지 종류인데, 한편은 **연합의 원리**, 다른 한편은 정념의 원리이다. 우리는 후자를 어떤 점에서 **유용성의 원리**라는 일반적 형식으로 제시할 수 있을 것이다. 주체는 유용성의 원리에서 비롯한 영향 아래 하나의 목표나 의도를 추구하고, 하나의 목적의 관점에서 수단들을 조직화하며, 연합의 원리의 영향 아래서 관념들 사이의 관계를 수립하는 그런 심급이다. 결국 다발은 하나의 체계가 된다. 지각의 다발은 지각들이 조직화될 때, 연결될 때 하나의 체계가 된다.

관계의 문제를 생각해보자. 우리는 이를테면 관계가 관념들에 의존하지 않는다고 전제한다 해서 바로 그 때문에 관계가 주체에 의존한다고 할 수 있는가 하는 식의 불필요한 점에 대해서는 논의하지 않을 것이다. 명백한 것은 다음과 같다. 만일 관계가, 그것을 수립케 한 관념들의 소유권 자체에서 연유하지 않는다면, 즉 관계가 다른 원인을 갖지 않는다면, 이런 다른 원인은 단독으로 그 관계를 수립하는 어떤 주체를 결정할 것이다. 진실과 주체성의 관계는, 참된 판단은 동어반복이 아니라는 주장에서 드러난다. 참으로 근본적인 명제는, 관계가 관념들에 외재적이라는 것이다. 그리고 관계가 외재적이라면 경험주의에서 제기하는 것 같은 주체의 문제가 생겨나게 된다. 간단히 말하자면 사실상 어떤 다른 원인에 관계가 의존하는지, **다시 말해 주체가 관념의 다발 안에서 어떻게 구성되는지**를 알아야 한다. 관계는 그 항들에 외재적이다. 이를테면 윌리엄 제임스가 자신을 다원론자라고 말할 때 그는 원리상 다른 것을 말하는 것이 아니며, 버트런드 러셀이 자신을 실재론자라고 말할 때도 마찬가지이다. 우리는 이 명제에서 모든 경험주의의 공통점을 봐야 한다.

흄이 관계의 두 원천을 구별한 것은 사실이다. "관념에 아무런 변화 없이 변할 수 있는 것"(동일성, 시간적이고 공간적인 관계, 인과성)과 "우리가 함께 비교하는 관념들에 전적으로 의존하는 것"(유사성, 반대, 성질의 정도, 양과 수의 비례)이 그 둘이다.[68] 이런 의미에서 후자는 관념들에 외재적이지 않은 것처럼 보인다. 임마누엘 칸트도 그렇게 믿었기 때문에, 흄이 수학을 분석판단의 체계로 제시했다고 비난한 것이다. 그러나 그런 것이 아니다. 모든 관계는 그 항들에 외재적이다.

합동은 관계이므로, 엄밀히 말해서 합동이 도형들 자체의 속성은 아니며, 정신이 도형들을 비교하는 데서 발생하는 속성이라는 점을 고려해보자.[69]

---

68) Hume, *Traité*, p. 141; *Treatise*, p. 69.
69) Hume, *Traité*, p. 115; *Treatise*, p. 46.

우리는 관념이 두 가지 방식으로 고려될 수 있음을 이미 살펴봤다. 즉 관념은 그것의 출현 양태들을 위치시키는 결정 가능한 다발 안에서, 그리고 그 고유한 성격들 안에서 집합적이고 개별적으로, 배분적이고 특수하게 고려된다. 관계의 두 종류를 구별하는 기원은 이와 같다. 그러나 전자든 후자든 마찬가지로 관념에 외재적이다. 첫 번째 종류를 살펴보자. 공간과 시간의 관계(거리, 인접성, 선행성, 후행성 등)가 우리에게 다양한 형태로 제시하는 것은, 다양한 대상이 그것이 통합된 전체와 맺는 관계, 또는 그 나타남의 양태가 자신을 위치시키는 구조와 맺는 관계이다. 우리는 정신이 그 자체 그대로 우리에게 이미 거리와 인접성의 개념들을 주었다고 말할 수 있을 것이다.[70] 하지만 의심의 여지없이 정신은 우리에게 대면의 재료만을 주었지 그 현실적 원리를 준 것은 아니다. 인접해 있거나 멀리 떨어진 대상들은 거리와 인접성이 **관계**라는 점을 조금도 설명해주지 않는다. 정신에서 공간과 시간은 하나의 **합성**composition이 아니었다. 공간과 시간은 어떻게, 어떤 영향(정신이 그것을 시공간과 마찬가지로 시공간과 더불어 겪는 가운데, 이런 강압 아래 정신이 그 자체로 갖고 있지 않은 항상성을 발견한다는 점에서, 정신에 외재하는 영향) 아래서 하나의 관계가 되는가? 관계의 기원성은 동일성의 문제에서 더 명확하게 나

---

70) Hume, *Traité*, p. 330; *Treatise*, p. 239.

타난다. 사실 여기서 관계라는 것은 **허구**이다. 우리는 시간의 관념을 불변의 대상에 적용하고, 불변적 대상의 표상들을 일련의 지각들과 비교한다.71) 또한 좀 더 명확하게는 우리는 인과성에서 관계는 **넘어섬**dépassement이라는 점을 안다.72) 이제 두 번째 종류의 관계가 혼란을 가중시킨다면 그것은 이 두 번째 종류가 개별적으로 고려된 둘 또는 복수의 관념들의 특성들만을 관계짓기 때문이다. 유사성은 좁은 의미에서 성질에 비교되고, 비례는 양에, 성질의 정도는 강도에 비교된다. 이런 경우에 관념들의 변화 없이는 관계도 변할 수 없다고 해서 놀랄 일은 아니다. 결국 고려되는 것, 비교에 자신의 비교 대상을 부여하는 것은 이런저런 식별 가능한 객관적 관념들이지, 더 이상 확실히 결정 가능하지만 언제나 임의적인 그런 다발이 아니다. 이런 관계도 마찬가지로 외재적이다. 특수한 관념들이 서로 유사하다는 것은 유사성이 하나의 관계라는 것, 다시 말해 어떤 관념이 정신 속에서 그것과 유사한 것을 불러일으킬 수 있다는 것을 설명해주지는 않는다. 관념들이 분리 불가능하다는 사실은 그 관념들이 구성하는 단위들이 더해지고, 감해지고, 평균화되며, **연산**체계에 진입하는 것을 설명해주지 않으며, 그것들이 합해진 길이가 그 배치에 근거해 **측정되고 평**

---

71) Hume, *Traité*, p. 136; *Treatise*, p. 65.
72) Hume, *Traité*, p. 146; *Treatise*, p. 74.

가될 수 있다는 것을 설명해주지도 않는다. 우리는 거기서 산술학과 기하학이라는 별개의 두 문제를 인식한다. 요컨대 모든 면에서 관계는 언제나 하나의 종합을 전제하며, 관념도 정신도 그 종합을 설명할 수 없다. 어떤 의미로 관계는 "우리가 두 관념들을 비교하기에 **적합하다고 판단하는**$^{juger\ bon}$ 개별적 정황"[73)]을 가리킨다. "적합하다고 판단한다"는 말은 최상의 표현이다. 그것은 결국 규범적 판단에 관한 것이다. 문제는 이 판단, 이 결정의 규범이 무엇인지, 주체성의 규범은 무엇인지를 아는 것이다. 마지막으로 흄의 의지론에 대해 말해야 할 텐데, 문제는 이 의지의 원리, 정신의 특성들에 구애받지 않는 원리를 보여주는 것이다.

이 원리는 **우선** 연합의 원리, 즉 인접성, 유사성, 인과성이다. 명백히 이 개념들은 그것들이 관계의 경우로서만 현시됐던 이전과는 다른 의미를 부여받아야 한다. 관계는 연합 원리의 **결과**이다. 이 원리 자체가 정신에 항상성을 부여하고, 정신을 자연화한다. 각각의 원리가 정신의 특수한 한 측면에 관계하는 듯하다. 즉 인접성은 감각에, 인과성은 시간에, 유사성은 상상력에 관계하는 것이다.[74)] 이들의 공통점은 정신을 하나의 관념에서 다른 관념으로 **자연스럽게** 인도하는 성질을 가리킨다

---

73) Hume, *Traité*, p. 78; *Treatise*, p. 13.
74) Hume, *Traité*, p. 76; *Treatise*, p. 11.

는 것이다.[75] 우리는 성질이라는 이 단어에 어떤 의미를 부여해야 하는지 안다. 어떤 관념이 자연스럽게 다른 관념을 도입하는 것은 관념의 성질이 아니라 인간본성의 성질이다. 인간본성만이 규정하거나 특화하는 성질을 갖는다. 결국 동일한 단순 관념들이 규칙적으로 무리를 이룸으로써 복합 관념이 되는 것을 관념의 다발은 결코 설명할 수 없을 것이다. "복합 관념으로 통합되기에 가장 적합한" 관념들은 각자를 지시해야 한다. 그리고 이 관념들은 정신이 주체가 될 때, 이 관념들을 지시하는 주체(말하는parle 주체)가 될 때 비로소 정신 안에서 지시된다. 관념들이 정신 안에서 지시되는 동시에 정신은 그 자체로 주체가 된다. 요컨대 연합의 원리는 결과로서 복합 관념을 가진다. 그것은 관계, 실체와 양태, 일반 관념이다. 연합의 원리의 영향 아래서 각 관념은 비교되고 묶이고 환기된다. 이 관계, 혹은 차라리 서로 이면을 이루는 복합 관념과 주체의 이런 내밀함은 우리에게 언어로 현시된다. 왜냐하면 주체는 말함으로써 어떤 의미로는 그를 지시하도록 되어 있는 관념들을 지시하기 때문이다.

관계는 그 항들에 외재적이다. 이것은 관념들이 작용opérations의 본성에 대해 우리가 하는 식의 설명을 하지 않는다는 뜻이며, 특히 우리가 그 작용들 사이에 수립한 관계에 대해 그렇다

---

[75] Hume, *Traité*, p. 75; *Treatise*, pp. 10~11.

는 뜻이다. 인간본성의 원리, 연합의 원리는 관계에 필수적인 조건이다. 그러나 거기서 문제가 해결되는가? "우리가 두 개의 관념을 비교하는 것을 적절하다고 여기게 만드는 이런 특수한 정황"이라고 관계를 정의했을 때 흄은 "후자가 상상력에 임의적으로 결부되어 있다고 할지라도"——그러니까 "전자가 후자를 자연스럽게 도입하지 않을 때조차도"라고 부연했다. 사실 연합은 관계를 설명하는 데 충분하지 못하다. 물론 연합만으로 관계는 가능하다. 의심의 여지없이 연합은 비매개적인 또는 직접적인 관계, 즉 다발의 다른 관념이 개입되지 않아도 두 관념 사이에서 수립되는 관계를 완전히 설명한다. 예컨대 연합은 바로 이웃한 파랑색의 두 단계 사이의 관계, 인접한 두 사물의 관계 등을 설명한다. 이를테면 연합이 A=B이고 B=C라는 것을 설명한다고 해보자. 그렇지만 그것은 A=C를 설명하는 것은 아니며, 혹은 거리 자체가 하나의 관계임을 설명하지 않는다.[76] 우리는 흄이 연합으로 설명되는 것을 자연적 관계, 연합으로 충분히 설명할 수 없는 것을 철학적 관계라 부르고 있음을 보게 될 것이다. 흄은 본성의 특성이 자연적이고, 자유로우며, 직접적[비매개적]임을 매우 강조한다. 매개médiations

---

[76] "따라서 우리가 대상들을 비교함으로써 거리라는 관념을 획득하므로, 철학자들은 거리를 참된 관계로 인정할 것이다. 따라서 통상 우리는 서로 멀리 떨어진 것일수록 서로 관계가 없다고 말할 수 있다." Hume, *Traité*, p. 79; *Treatise*, p. 14.

안에서 본성은 자신의 힘과 생생함, 즉 자신의 효과를 잃는다. 개입intermédiaires은 본성을 고갈시키고, 그것이 개입될 때마다 본성은 자기 자신의 어떤 것을 잃어버리게 된다.

정신이 자유롭고 수월하게 그 자체의 대상들에 도달하지 못할 때, 그 동일한 원리는 관념들의 좀 더 자연스러운 개념화와 동일한 결과를 가져오지 않는다. 또한 상상력 역시 자신의 일상적 판단과 의견에서 발생하는 것과 균형을 이루는 감각을 느끼지 않는다.[77]

그렇다면 매개들, 엄밀히 말해서 가장 먼 대상들 사이에 수립된 관계는 어떻게 정당화될 수 있는가? 흄은 유사성이 언제나 "관념들의 연관이나 연합"을 산출하는 것은 아니라고 말하면서 이렇게 덧붙인다.

어떤 성질이 아주 일반적으로 되어 아주 많은 개별자들에게 공통적일 때, 그 성질은 정신을 그 개별자들 중의 어떤 것으로 직접 안내하는 것이 아니라, 너무나 큰 선택범위를 한꺼번에 제시함으로써 상상력이 하나의 대상에 고정되는 것을 방해한다.[78]

---

[77] Hume, *Traité*, p. 272; *Treatise*, p. 185.
[78] Hume, *Traité*, p. 79; *Treatise*, p. 14. 강조는 인용자.

연합론에 대한 반대들은 대부분 다음으로 귀착된다. 그러니까 연합의 원리는 사유의 형식 일반이라면 몰라도 그 특수한 내용을 설명하지 않는다는 것이다. 연합은 다만 우리 의식의 표면, "외피"만을 설명한다. 앙리 베르그손과 지그문트 프로이트처럼 서로 다른 저자들이 이런 점에서 서로 만난다. 베르그손은 자신의 유명한 저작에서 이렇게 쓰고 있다.[79]

실제로 두 관념 사이에 약간의 유사성의 특징[특질]을 지니지 않거나 어떤 측면에서 서로 접하지 않는 경우를 찾는 것은 헛된 일일 것이다. [우선] 유사성의 경우는 어떠한가? 두 이미지가 아무리 심층적인 차이에 의해 분리된다 하더라도, 충분히 높이 거슬러 올라간다면 그것들이 속하는 공통의 유類를, 따라서 그것들에 연결선의 구실을 하는 유사성을 항상 발견할 것이다. …… 우연히 선택된 임의의 두 관념 사이에는 언제나 유사성이 있으며, 언제나 인접성도 있다고 할 수 있기 때문에, 잇따르는 두 표상 사이에서 인접성 또는 유사성의 관계를 발견한다고 한들 왜 하나의 표상이 다른 표상을 떠오르게 하는지는 결코 설명할 수 없다. 진정한 문제는, 어떤 측면에서는 모두가 현재적 지각을 닮고 있는 무한한 기억들 중에서 어떻게

---

[79] Henri Bergson, *Matière et Memoire*, 25th ed., Paris: Félix Alcan, 1929, pp. 178~179. [박종원 옮김, 『물질과 기억』, 아카넷, 2005, 276~277쪽.]

선택이 이뤄지는지, 왜 그것들 중의 하나만이, 다음 아닌 바로 이것이 의식의 빛에 출현하는지 아는 것이다.

우리는 적어도 흄이 그것에 대해 처음 사유했다고 말할 수 있다. 흄은 관념의 연합이 **사유의 습관, 양식의 일상적 개념, 현재의 관념, 가장 일반적이고 가장 항상적인 욕구에 답하고 모든 정신과 모든 언어에 공통된 관념의 복합체**[80])를 효과적으로 설명한다고 여겼다. 반대로 연합은 한 정신과 다른 정신의 차이를 설명해주지 않는다. 정신의 특수한 흐름은 연구되어야 하고 앞으로 연구되어야 할 복잡한 분절^{casuistique}이 온전히 남아 있다. 어째서 이런 지각은 어떤 특수한 의식에서 바로 그 순간에 다른 것이 아닌 이런 관념을 환기하게 되는가? 관념의 연합은 이 관념이 저 관념 대신 환기되는 이유를 설명해주지 않는다.* 또한 우리는 이런 관점에서 관계를 "**환상에서의 두 관념의 자의적 결합에 대해서조차도** 우리가 그 관념들을 비교하는 것이 적절하다고 생각하게 되는 **특수한 정황**"[81])으로 정의해야 한다. 연합

---

80) "오히려 우리는 관념들 사이의 결합 원리를 은근한 힘(gentle force)으로 간주하고자 할 뿐이다. 이 힘은 일상적으로 널리 유포되어 있으며, 무엇보다 언어들이 매우 근사하게 대응하는 원인이기도 하다." Hume, *Traité*, p. 75; *Treatise*, p. 10.

* 특히 베르그손은 이런 연합 원리의 표면적 성질을 비판한다. 가령 유사성의 경우 관념들이 연합되는 이유를 설명해주지 않는데, 관념연합의 원리는 어떤 관념들이 연합하고 어떤 것들은 하지 않는 이유, 왜 하필이면 그때 그 관념이 솟아오르는가 하는 문제가 빠져 있다는 것이다.

이 모든 관계 일반을 가능케 하는 데 필수적이라 해도, 각각의 특수한 관계는 연합에 의해 전혀 설명되지 않는다. 관계에 그 충족이유를 부여하는 것은 바로 **정황**이다.

이 정황이라는 개념은 흄 철학에서 줄곧 나타난다. 정황은 역사의 중심에 있고, 특수한 것의 과학과 미분적 심리학을 가능케 한다.* 프로이트와 베르그손이 관념의 연합은 우리 안의 표면적인 것, 의식의 형식주의만을 설명한다고 지적할 때, 이들이 본질적으로 하고자 하는 말은 감응성^{affectivité}만이 독특한 내용, 심층, 특수한 것을 정당화할 수 있다는 것이다. 물론 이들은 옳다. 그러나 흄이 말한 것도 결코 이와 다르지 않다. 흄은 다만 표면적인 것, 형식적인 것 **역시 설명되어야 한다**고, 그리고 이런 과업이 어떤 의미로는 가장 중요하다고 생각했을 뿐이다. 나머지에 대해 흄은 정황을 내세운다. 흄에게 이 개념은 늘 감응성을 가리킨다. 감응성이 정황의 문제라는 생각도 글자 그대로 받아들여야 한다. 이것이 바로 우리의 정념과 우리의 이해를 정의하는 변수들이다. 이렇게 이해된 정황들의 집합은 항상 주체를 특이화한다. 왜냐하면 그 정황들의 집합은

---

81) Hume, *Traité*, p. 78; *Treatise*, p. 13. 강조는 인용자.

* 미분적 심리학(psychologie differentielle)은 의식을 하나의 덩어리로 주어진 것으로 보는 것이 아니라, 어떤 미분적 다발들이 적분된 것으로 보는 입장을 전제한다. 이것은 들뢰즈가 나중에 『차이와 반복』에서 '애벌레-자아'라 부르는 것과 거의 비슷한 맥락의 개념이라 할 수 있다.

그것의 정념과 욕구의 상태, 그 이해관계의 할당, 그것의 믿음과 생생함의 배분을 표상하기 때문이다.[82] 그러므로 우리는 주체가 정신 속에서 구성되기 위해서는 정념의 원리가 연합의 원리와 결합되어야 함을 본다. 연합의 원리가 관념들이 연합되는 것을 설명한다면, 오직 정념의 원리만이 어떤 순간에 다른 관념이 아닌 그 관념이 연합되는 것을, 저 관념이 아닌 이 관념이 연합되는 것을 설명할 수 있다.**

5. 관계만 정황을 필요로 하는 것이 아니다. 실체와, 양태, 일반 관념에도 필요하다.

개별자들은 자신들이 공유하는 유사성 때문에 하나의 일반 술어 아래 나란히 모이게 되므로, 이 관계가 개별자들이 상상력

---

[82] 정황과 믿음의 연결고리, 그리고 정황 자체의 미분적 의미작용에 대해서는 다음의 언급을 참조하라. "흔히 벌어지는 일로, 두 사람이 어떤 현장에 있었다가도 나중에는 한 쪽이 다른 쪽보다 그 일에 대해 훨씬 잘 기억하고 있는 적이 있다. 그럴 때 그는 자신의 동료에게 그 일을 기억하게 만드는 데 온갖 애를 먹는다. 그는 몇 가지 정황을 되풀이해 설명하지만 소용이 없다. 시간과 장소, 동행인, 그가 했던 말, 했던 일 등을 다방면으로 설명하다가 마침내 다행히 어떤 정황이 전체[에 대한 기억]를 갱신시키면 그의 친구는 모든 것을 완전히 기억하게 된다." Hume, *Traité*, p. 159; *Treatise*, pp. 627~628.
** 일반적인 연합의 원리는 관념들의 연합을 설명하는데 반해, 어떤 사람이 어떤 순간에 어째서 이것을 이렇게 혹은 저것을 저렇게 결합시키는지를 설명하는 것은 정념의 원리라는 것이다.

에 나타남을 촉진한다는 것은 틀림없고 때에 따라서 개별자들을 더욱 쉽게 암시해준다. …… 가장 놀라운 것은 **관념들이 필요하거나 유용하게 된 바로 그 순간에** 관념들을 암시하고 제시하는 상상력의 신속함이다.[83]

우리는 모든 경우에, 주체가 두 종류의 결합된 원리의 영향 아래 정신 안에 현시됨을 본다. 모든 것은 마치 연합의 원리가 주체에 필연적 형식을 부여하는 것처럼 일어나지만, 반면에 정념의 원리는 주체에 독특한 내용을 부여한다. 정념의 원리는 주체의 개별화 원리로 기능한다. 그러나 이런 이원성은 독특한 것과 보편적인 것의 대립을 의미하지 않는다. 정념의 원리는 연합의 원리만큼이나 보편적이고 항상적이다. 이 원리는 정황이 변수의 역할만을 할 때 법칙을 정의한다. 그것은 물론 개별적인 것에 관여하지만, 개별적인 것의 과학이 이뤄질 수 있고 그것이 이뤄지는 바로 그런 의미에서 그렇게 한다. 우리는 아직도 해결해야 할 세 번째이자 마지막 문제에서 이 두 종류의 원리의 차이란 무엇이고 통일성은 무엇인지, 이 결합된 작용의 각 단계에 [틀림없이] 뒤따르고 그로부터 벗어나게 될 통일성은 무엇인지 자문해봐야 한다. 그러나 이미 우리는 적어도 이 통일성이 주체 안에서 어떻게 드러나는지 예측할 수 있다. 만

---

83) Hume, *Traité*, p. 90; *Treatise*, pp. 23~24. 강조는 인용자.

일 관계가 정황과, 주체가 자신에게 완전히 본질적인 독특한 내용과 분리될 수 없다면, 주체성이라는 것은 본질적으로 **실천적**pratique이다. 그 결정적 통일성, 다시 말해 그 자신과 정황들의 관계의 통일성이 드러나는 것은 동기와 행위의 관계, 수단과 목적의 관계를 통해서이다. 결국 **수단-목적, 동기-행위의 이런 관계는 관계이지만 또한 다른 것이기도 하다.** 이론적 주체성이라는 것은 없고, 있을 수도 없다는 것은 경험주의의 근본 명제가 된다. 그리고 이것을 잘 살펴보면 결국 주체는 주어진 것 안에서 구성된다는 말이나 다름없다. 주체가 주어진 것 안에서 구성된다면 결국 실천적 주체만이 있을 뿐이다.*

---

* 이론적 주체성이 초험적으로 주어진 주체를 가리킨다면, 실천적 주체성은 경험에 의해 형성된 주체를 의미한다고 볼 수 있다.

6 인간본성의 원리
Les principes de la nature humaine

1. 원자론은 관계가 관념에 외재적인 한에서 관념의 이론이다. 연합론은 관계가 관념에 외재적인 한에서, 다시 말해 관념이 다른 원인에 의존하는 한에서 관계의 이론이다. 지금까지 이 두 가지 측면에서 우리는 흄의 경험주의에 항상 제기되는 반대들을 우리가 얼마나 경계해야 하는지 살펴봤다. 그러나 우리는 흄을 부당하게도 다른 이들보다 유독 지속적으로 비판받은 예외적인 희생자인 양 제시해서는 안 된다. 모든 위대한 철학자는 다 마찬가지이다. 요컨대 르네 데카르트, 임마누엘 칸트, G. W. F. 헤겔 등이 항상 반대에 부딪혔다는 사실은 놀랍다. 철학적 반대에 두 가지 종류가 있다고 해보자. 그 한 가지는 대개 명목상으로만 철학적이다. 그런 반대는 어떤 이론을 비판할 때 그것이 대답하고 있는 문제, 또는 그 이론이 자신의 근거와 구조를 발견하는 문제의 본성을 고려하지 않는다. 그래서 사람들은 흄을 가리켜 주어진 것을 "원자화"했다고 비난한다. 또한 흄의 개인적 결정, 그의 특수한 취미, 그의 시대정신을 그 밑바닥까지 보여주는 것으로 하나의 체계 전

체를 충분히 고발할 수 있다고 믿는다. 사람들은 한 철학자가 **말하는** 것을 마치 그가 **하는** 것 또는 그가 **원하는** 것인 양 제시한다. 마치 이론에 대한 충분한 비판이라는 듯이 사람들은 우리에게 이론가의 의도라는 허구적 심리학을 제시하는 것이다. 따라서 원자론과 연합론은 그것을 제시한 이들을 사전에 실격시키는 섣부른 기획으로 취급된다. "흄은 주어진 것을 산산조각 냈다." 그러나 사람들은 이렇게 말함으로써 무엇을 설명했다고 믿는 것인가? 그것도 무슨 대단한 것을 말했다고 여기는 것인가? 하나의 철학적 이론이 무엇인지는 그 개념으로부터 이해해야만 한다. 즉 철학적 이론은 그 자체로부터 생겨난 것도, 재미 삼아 생겨난 것도 아니다. 그것이 일단의 문제들에 대한 대답이라고 말하는 것으로도 충분하지 않기는 마찬가지이다. 물론 이런 생각은 최소한 그 근거 역할을 할 수 있는 어떤 것과의 관계 속에서 이론의 필연성을 발견한다는 이점을 갖겠지만, 이런 관계는 철학적이기보다는 과학적인 것일 터이다. 사실 철학적 이론이라는 것은 전개되는 물음이지 다른 것이 아니다. 그 자체로 그것은 어떤 문제를 해결하는 것이 아니라 제기된 물음의 필연적 내포들을 **끝까지** 전개시키는 작업이다. 그것이 좋고 엄격한 물음이라는 전제 아래 철학적 이론은 우리에게 그 사물이 무엇인지, 또는 그 사물이 무엇이어야 하는지를 보여준다. 물음을 던진다는 것은 지배한다는 것을 의미하고, 어떤 사물을 그 물음에 종속시키는 것을 의미한다. 그것은 강제되고 강요된 이런 종속 안에서 그 사물이 우리에게 어떤 본질이나 본성을 드러내는 방식으로 이뤄진다. 물음을 비판한다는 것은 그 물음이 어떤 조건에서 가능하고 올바로 제기되는지 보여주는 것을 의미한다. 다시 말해 지금 제기된 것이 아닌 다른 물음이 던져지면 사물도 현재의 그것과 달라지리라는 것을 보여주는 것이다. 이것은 이런 두 작용이 동일한 것으로, 언제나 문제의 내포들을 필연적으로 전개하고, 이론으로서의 철학에 어떤 의미를 부여한다는 것을 말해준다. 철학에서 물음과 물음에 대한 비판은 동일하다. 혹은 달리 말하자면 해解에 대한 비판은 없으며 다만 문제에 대한 비판만이 있을 뿐이다. 예를 들어 데카르트의 경우 회의가 문제적인problématique 것은 단순히 그것이 잠정적인 것이어서가 아니라 **코기토**가 대답하는 문제의 조건들, 혹은 차라리 **코기토**가 첫 번째 내포들을 전개하게 된 물음의 조건들이 극한까지 진술되고 밀어붙여지기 때문이다. 이런 의미에서 우리는 위대한 철학자들에 대한 반론의 대부분이 얼마나 무가치한 것인지를 본다. 사람들은 그 [위대한] 철학자들에게 실제로는 그렇지 않다고 말한다. 그러나 실제로 그런지 아닌지를 아는 것은 문제가 아니다. 문제는 그와 같이 제시된 물음이 **좋은지 아닌지, 엄격한지 아닌지**를 아는 것이다. 사람들은 흄에게 주어진 것은 원자들의 집합이 아니며, 연합론은 사유의 독특한 내용을 설명하지 못한다고 말한다. 독자는 흄의 바로 그 문헌에서 사후에 나타나게 되는 그 모든 반론에 대한 글자 그대로의 반박을 발견하게 되더라도 놀랄 필요가 없다. 실제로 단 한 종류의 반론만이 유효하다. 그것은 어떤 철학자가 제기한 물음이 좋은 물음이 아님을, 그 물음이 사물의 본성을 충분히 강요하지 못함을, 그 철학자가 물음을 다르게 제기해야 했음을, 우리가 그 물음을 더 잘 제기하거나 다른 물음을 제기해야 함을 보여주는 것이다. 위대한 철학자는 다른 철학자에게 반론을 펼칠 때 바로 이런 식으로 한다. 예컨대 뒤에서 우리는 칸트가 흄을 어떻게 비판하는지 보게 될 것이다. 분명 우리는 하나의 철학적 이론이 심리학적인, 그리고 무엇보다 사회학적인 요인들을 가지고 있음을 안다. 그러나 또한 이런 요인들은 오직 물음 자체에 관련된 것일 뿐이며, 우리에게 그것이 참된 물음인지 거짓된 물음인지를 말하지 않고, 그 물음에 어떤 동기를 부여할 뿐이다. 따라서 흄에게 반론을 펼치는 길은 한 가지 뿐이다. 흄이 주어진 것을 산산조각 냈다든지, 그것을 원자화했다고 말하는 것이 문제가 아니다. 문제는 오직 흄이 던진 물음이 가장 엄격한 것인지를 아는 것뿐이다. 그런데 흄은 주체에 대한 물음을 던지고 그것을 다음과 같은 말로 설정한다. **주체는 주어진 것 안에서 구성된다.** 흄은 가능성의 조건을, 그리고 물음에 대한 비판을 다음과 같은 형식으로 제시한다. 즉 **관계는 관념들에 외재적이다.** 원자론과 연합론에 대해 말하자면 그것들은 이 물음에서 전개된 내포일 뿐이다. 만일 누군가 반론을 제기하고자 한다면, 그 사람이 판단해야 하는 것은 이 물음이지 다른 것이 아니다. 사실 다른 것은 있지도 않다.

우리가 이런 평가를 [여기서] 시도할 필요는 없다. 그 평가는 철학사의 소관이 아니라 철학의 소관이다. 우리로서는 경험주의가 정의 가능한 것임을, 경험주의는 오직 문제를 명확하게 정립함으로써, 또한 이 문제의 조건들을 제시함으로써만 정의된다는 것을 아는 것으로 충분하다. 다른 어떤 정의도 가능하지 않다. 칸트적 전통에서 제시된 경험주의의 고전적 정의는 다음과 같다. [즉] 경험주의는 인식이 오로지 경험에서 시작할 뿐 아니라 경험으로부터 유래하는 내용의 이론이라는 것이다.* 그러나 **어째서** 경험주의자는 그렇게 말하는 것일까? 그것은 어떤 물음에 대한 대답인가? 물론 이런 정의는 최소한 오해를 피할 수 있다는 이점을 가진다. 그러나 우리가 경험주의를 단순히 인식이 경험에서 시작한다고 보는 이론이라고 설명해버리면, 플라톤과 G. W. 라이프니츠를 포함해 경험주의자가 아닌 철학자가 없고, 경험주의가 아닌 철학도 없었을 것이다. 이것은 여전히 만족스럽지 않다. 우선 인식은 경

---

* 흄과 임마누엘 칸트를 비교할 때 가장 핵심적인 것은, 흄에게 인식은 경험에서 나오는 데 반해 칸트에게서는 경험과 더불어 나오는 데 있다. 즉 칸트는 경험주의자들이 말하는 의미에서의 경험을 한다고 해서 인식이 성립하는 것이 아니라 주체의 인식틀이 작동해 감각자료들을 구성할 때 비로소 경험이 이뤄진다고 본다. 칸트에게 감각자료를 지각하는 것 자체는 인식이 아닐 뿐더러 경험조차도 아니다.

험주의에서 가장 중요한 것이 아니라 다만 어떤 실천적 활동의 수단에 불과하다. 다음으로 경험주의에서, 그리고 특히 흄에게서 경험은 우리가 그것에 부여한 이런 일의적이고 구성적인 성격을 갖지 않기 때문이다. 경험은 흄에 의해 엄격하게 정의된 두 가지 의미를 갖는데, 둘 중 어느 쪽에서도 그것이 구성적인 것은 아니다. 첫 번째 정의에 따를 경우, 우리가 구별되는 지각의 다발을 경험이라고 부른다면 우리는 관계가 경험에서 유래한 것이 아님을 알아야 한다. 이 관계는 연합 원리의 결과, 즉 경험 속에서 그 경험을 넘어설 수 있는 주체를 구성하는 인간본성 원리의 결과이다. 또한 과거 대상들의 다양한 연접을 지칭하기 위해 이 말[즉 경험]을 두 번째 의미로 쓸 경우, 반대로 원리로서 이해되어야 하는 것은 경험이기 때문에, 우리는 그 원리가 경험에서 비롯한 것이 아니라는 점을 다시 한번 인정해야 한다.[1]

---

1) David Hume, *Traité de la nature humaine*, trad. André Leroy, Paris: Aubier, 1946, p.357; *Treatise of Human Nature*, ed. Lewis Amherst Selby-Bigge, Oxford: Clarendon Press, 1888, p. 265. [칸트는 흄의 경험이 단지 지각일 뿐이고, 진정한 인식이 성립하려면 여기에 원리가 작동해야만 한다고 본다. 그런데 들뢰즈는 경험이 원리에 단지 하나의 재료를 제공하는 데 머무는 것이 아니라 오히려 경험이야말로 하나의 원리라고 말한다. 다시 말해 원리 자체는 경험에서 비롯한 것이 아니라는 것이다. 이것은 칸트와 흄의 차이가 과연 칸트가 말한 것처럼 그렇게 클까 하는 문제제기라고도 볼 수 있을 것이다. 그래서 흄의 아래 인용문에서도 확인할 수 있듯이, 우리 경험의 원리는 우리 자신에게서가 아니라 우리 자신을 뛰어넘는 자연에서 유래한 것이라고 말한다. 따라서 문제의 초점은, 칸트주의자들이 주장하는 것처럼, 흄은 단지 지각만

문제를 잘 헤아려보건대, 이성은 우리 영혼 안에 자리한 경이롭고 지성적인 본능일 뿐이다. 그것은 특정한 일련의 관념들로 우리를 데려가 그 관념들의 특수한 상황과 관계에 따라 그것들에 특수한 성질을 부여한다. 이 본능이 과거의 관찰과 경험에서 발생하는 것은 사실이다. **그러나 과거의 경험과 관찰이 그런 결과를 산출하는 이유에 대해 오직 자연만이 그런 결과를 산출해야 한다는 것 이상의 궁극적인 이유를 댈 수 있는 사람이 있는가? 자연은 분명 습관에서 발생한 어떤 것이라도 산출할 수 있을 것이다. 아니, 습관은 단지 자연의 원리 중 하나일 뿐이며, 습관이 지닌 모든 힘은 이런 기원에서 유래한다.**2)

우리는 흄이 발생의 문제에, 또는 순수하게 심리학적인 문제에 아무런 관심도 보이지 않는 이유를 본다. 관계는 발생의 산물이 아니라 원리의 결과이다. 발생 자체가 원리로 귀착되며, 그것은 다만 어떤 원리의 특수한 성격일 뿐이다. 경험주의는 발생주의génétisme가 아니며, 다른 모든 철학과 마찬가지로 심리주의psychologisme에 대립한다.

얘기하고(그래서 지각에서 경험과 인식을 도출하고) 칸트는 인식구조를 얘기한다(그래서 인식구조가 지각에 작용을 해야만 인식이 된다고 하는)는 식의 그런 부분이 아니라, 사실은 흄도 단순한 의미에서의 경험을 넘어서는 원리가 우리에게서 작동한다고 보는데 도대체 그것의 유래가 무엇이냐는 것이다. 이에 대한 흄의 답은 바로 '자연'이라는 것이다.]
2) Hume, *Traité*, p. 266; *Treatise*, p. 179. 강조는 인용자.

요컨대 경험주의를 인식이 경험에서 유래하는 것으로 보는 어떤 이론으로 정의하는 것은 불가능해 보인다. "주어진"이라는 말이 더 적절하다. 그러나 주어진 것은 다시 두 가지 의미를 가진다. 관념의 다발과 경험이 주어지기도 하지만 또한 이 다발 안에서 경험을 넘어서는 주체와 관념들에 의존하지 않는 관계가 주어진다.* 이것은 경험주의가 오직 이원성 안에서만 올바르게 정의될 것임을 말한다. 경험적 이원성은 항과 관계 사이에, 혹은 더 정확히 말하면 지각의 원인과 관계의 원인 사이에, 그리고 **자연**의 감춰진 힘과 인간본성의 원리 사이에 있다. 가능한 모든 형식 아래 고려된 이 이원성만이 경험주의를 정의할 수 있고, 그것을 다음의 근본적인 물음으로 제시할 수 있다. 주어진 것이 **자연**의 힘의 산물이고, 주체가 인간본성의 원리의 산물일 때, "주체는 주어진 것 안에서 어떻게 구성되는가?" 어떤 학파가 경험주의적이라고 불린다면 그것은 적어도 이런 이원성의 형식을 전개한다는 조건 아래서만 합법적인 것이 될 수 있다. 종종 근대의 논리 학파들은 그 자신들이 관계와 항의 이원성에서 출발한다는 이유에서 정당하게 경험주의적이라 불린다. 관계과 항, 주체와 주어진 것, 인간본성의 원리와 **자연**의 힘 사이에서 같은 종류의 이원성이 가장 다양

---

* 주어진 것은 한편으로는 객관세계에서 오는 관념의 다발이나 경험이지만, 다른 한편으로는 그 다발들을 묶고 정리하는 상상하는 주체이기도 하다. 주체 역시 주어진 것으로, 이런 이원성이 경험주의를 특징짓고 있다.

한 형식으로 드러난다. 그러므로 이제 우리는 경험주의의 기준이 무엇인지 알게 된다. 우리는 관계가 **어떤 식으로든** 사물의 본성에서 유래하는 것으로 보는 이론을 비-경험주의적이라고 부를 것이다.**

자연과 인간본성, 주어진 것의 기원인 힘과 주어진 것 안에서 주체를 구성하는 원리 사이의 이런 관계는 일치로서 사유되어야 할 것이다. 왜냐하면 일치는 하나의 사실이기 때문이다. 이 일치의 문제는 경험주의에 참된 형이상학을 부여한다. 그것은 합목적성의 문제이다. 즉 관념의 다발과 관념들의 연합, **자연**의 규칙과 표상의 규칙, **자연** 안에서 현상의 재생산 규칙과 정신 안에서 표상의 재생산 규칙 사이에는 어떤 일치가 있는가? 칸트가 연합론의 본질을 이해했다고 말할 때, 그것은 칸트가 연합론을 이 문제로부터 이해했기 때문이고, 이 문제의 조건들로부터 그것을 비판했기 때문이다. 여기 칸트가 자신의 비판을 감탄스러울 정도로 전개한 구절이 있다.

자주 잇따르고 수반하는 표상들을 마침내 연합하고 그렇게 해서 연결시키는 단적인 경험 법칙이 있으며, 이 연결에 따라 대상의 현전 없이도 이 표상들 가운데 하나가 일정한 규칙에 따

** 이와 반대로, 경험주의는 관계를 사물의 본성에서 유래하는 것으로 보지 않고 '관계의 외재성'을 논의의 출발점으로 삼는다.

라 마음을 다른 하나로 이행시킨다. 그러나 이 재생의 법칙은 현상들 자체가 실제로 그런 규칙에 종속해 있다는 것과 표상들의 잡다 안에서 일정한 규칙에 따르는 수반 내지 잇따름이 일어난다는 것을 전제하고 있다. 왜냐하면 그렇지 않다면, 우리의 경험적 상상력은 결코 자기 능력에 맞는 어떤 일도 할 수가 없어서, 그것은 하나의 죽은, 우리 자신에게도 알려지지 않은 능력으로서 마음의 내부에 숨겨져 있을 터이니 말이다. 만약에 진사辰砂가 때로는 붉고 때로는 검고, 때로는 가볍고 때로는 무겁다면 …… 나의 경험적 상상력은 결코 붉은 색의 표상에서 검은 진사를 생각해낼 기회를 가질 수 없을 것이다. 또한 현상들은 스스로가 이미 따르고 있는 일정한 규칙이 지배하지 않고, 어떤 말이 때로는 이 사물에 때로는 저 사물에 붙여진다거나, 동일한 사물이 때로는 이렇게 때로는 저렇게 불린다면 재생의 경험적 종합은 일어날 수 없을 터이다.

   그러므로 현상들의 필연적인 종합적 통일의 선험적 근거가 됨으로써 현상들의 이런 재생까지도 가능케 하는 '무엇'이 있음에 틀림이 없다. …… 이제 우리가 우리의 선험적이고 진정으로 순수한 직관조차, 그것이 재생의 일관된 종합을 가능케 하는 잡다의 결합을 함유하지 않고서는, 아무런 인식도 만들어내지 못한다는 것을 밝혀낼 수 있다면, 상상력의 이 종합 또한 모든 경험에 앞서 선험적인 원리 위에서 정초된다. 그래서 우리는 (현상들의 재생 가능성이 반드시 전제하는 바) 모든 경

험의 가능성에도 기초로 놓여 있는 상상력의 순수한 초험적 종합을 받아들여야만 한다.3)

이 구절의 일차적 관심사는 문제를 그것이 있어야 할 곳에, 그리고 있어야 할 방식으로, 즉 상상력의 면 위에 위치시키는 데 있다. 사실 경험주의는 의미의 철학이 아니라 상상력의 철학이다. 우리는, "주체는 어떻게 주어진 것 안에서 구성되는가?"라는 물음이 "상상력은 어떻게 하나의 인식능력이 되는가?"라는 의미임을 알고 있다. 흄에 의하면 상상력은 표상들의 재생산 법칙 또는 재생산의 종합이 원리의 결과 아래 구성되는 한에서 하나의 인식능력이 된다. 칸트의 비판은 어디서 시작되는가? 칸트는 어쨌든 상상력이 우리가 인식의 문제를 제기할 수 있는 효과적인 최상의 영역임을 의심하지 않는다. 자신이 구별한 세 가지 종합에서 칸트는 스스로 상상력의 종합을 나머지 둘의 바탕으로서 제시한다. 그러나 칸트는 이런 합당한 영역에서 문제를 잘못 제기했다는 이유로 흄을 비난한다. 말하자면 흄이 물음을 던지는 방식 자체, 즉 흄의 이원론이 주어진 것과 주체의 관계를 주체와 주어진 것 간의 일치, 인간본

---

3) Emmanuel Kant, "De la synthèse de la reproduction dans l'imagination," *Critique de la raison pure*, 1er éd. tome II, trad. Jules Barni, Paris: Germer-Baillière, 1869, p. 343. [백종현 옮김, 「상상에서 재생의 종합에 대하여」, 『순수이성비판』(1권), 아카넷, 2006, 322~323쪽.]

성과 **자연** 간의 일치로 생각하도록 강제한다는 것이다. 하지만 바로 그 주어진 것이 하나의 경험적 주체를 위해 표상들의 연결을 조정하는 것과 같은 종류의 원리에 그 자체로 **원래** 종속된 것이 아니라면, 주체는 절대적으로 우연적인 방식이 아니고는 결코 **이런** 일치와 맞닥뜨릴 수 없을 것이다.* 또한 그런데도 불구하고 그것이 인식능력으로서 가지고 있는 규칙에 따라 그 표상들을 연결할 상황도 갖지 못할 것이다.4) 그러므로 칸트에 관해서라면 문제를 뒤집어서 주어진 것을 주체와 관련시키고, 일치를 주어진 것과 주체, 그리고 **자연**과 이성적 존재의 본성의 일치로서 생각해야 한다. 어째서인가? 주어진 것은 물자체

---

* 칸트가 보기에 흄의 문제는 주체와 주어진 것의 일치, 그리고 인간본성과 자연의 일치가 미리 전제되어 있으며 이런 일치는 사실상 우연적인 방식으로 이뤄질 수밖에 없다는 데 있다. 그래서 결국 칸트는 주체와 주어진 것이 일치한다는 전제를 깨고 주체가 (일정한 틀을 가해) 주어진 것을 구성한다는 입장을 취하게 된다. 하지만 들뢰즈는 뒤에서 우연적이고 불확정적인 것이 아닌 다른 방식으로 이 둘을 연결시킬 수 있는 방안으로 흄의 '합목적성' 개념을 제시한다.

4) "[내가 문제삼는 것은] 사람들이 사건들의 계열에서 모든 것은 결코 어떤 것도 그것이 항상 그에 뒤따르는 무엇인가가 선행하지 않고서는 발생하지 않는다는 규칙에 적절하게 종속한다고 말할 때, 일관되게 받아들일 수밖에 없는, 연합의 저 경험적 규칙이 자연의 법칙으로서 무엇에 의거하고 있는가, 대체 이 연합이라는 것이 어떻게 가능한가 하는 점이다. 잡다의 연합을 가능케 하는 근거는 그것이 대상 안에 있는 한에서 잡다의 근친성이라 일컬어진다. 그러므로 내가 묻는 바는 어떻게 여러분이 현상들의 일관된 근친성(그것으로 인해 현상들은 영속적인 법칙들 아래에 있고, 또 그 법칙들에 종속해야만 한다고 하는데)을 이해하는가 하는 점이다." Kant, *Critique de la raison pure*, p. 300. [『순수이성비판』(1권), 331쪽.]

가 아니라 현상들의 집합이기 때문이다. 이 집합은 오직 **선험적** 종합에 의해서만 **자연**으로서 현시될 수 있다. **선험적** 종합은 이런 **자연** 자체 안에서 현상들의 규칙을 우선 구성하는 조건에서만 경험적 상상력 안에서 표상의 규칙을 가능한 것으로 만든다. 그러므로 칸트에게 관계는, 사물이 현상으로서 관계의 경우와 동일한 원천을 갖는 하나의 종합을 전제한다는 의미에서 사물의 본성에 의존한다. 그래서 비판[철학]이 경험주의가 아닌 것이다. 그러므로 전복된 문제는 다음과 같은 것들을 포함한다. 그것은 **선험적인 것**이 있다는 것, 즉 우리는 어떤 생산적 상상력과 초험적 활동을 재인해야만 한다는 것이다.5) 초월성은 경험적 사실이고, 초험적인 것은 어떤 것=x에 내재적 초월성을 부여하는 것이다.6) 또는 결론적으로 같은 이야기지만, **사유 속의 어떤 것은 상상력 없이는 불가능함에도 상상력을 넘어설 것이다.** 상상력의 **선험적** 종합은 그것을 포함하고 있는 통각의 종합적 통일로 우리를 되돌려 보낸다.7)

---

5) "상상력은 또한 선험적 종합의 능력이며, 그 때문에 우리는 그것에게 생산적 상상력이라는 명칭을 부여하는 바이다. 그리고 상상력이 현상의 모든 잡다와 관련해 의도하는 것이 다름 아니라 그 현상의 종합에서의 필연적 통일인 한에서, 이것은 상상력의 초험적 기능이라 불릴 수 있다." Kant, *Critique de la raison pure*, p. 307. [『순수이성비판』(1권), 337쪽.]

6) 경험적 실재론(réalisme empirique)과 초험적 관념론(idéalisme transcendantal)에 대한 칸트의 논의를 참조하라. Kant, *Critique de la raison pure*, pp. 450~458. [『순수이성비판』(2권), 580~588쪽.]

그러면 흄이 제기한 문제로 되돌아가 보자. 흄이 제기했던 그대로, 이제는 더 잘 이해할 수 있는 그 문제로 말이다. 그것은 어떻게 전개될 수 있는가? 흄은 칸트와 마찬가지로 인식의 원리가 경험에서 유래하지 않는다고 본다. 그러나 흄의 경우, 사유 안의 어떤 것도 상상력을 넘어서지 않으며, 어떤 것도 초험적이지 않다. 왜냐하면 이 원리가 다만 **우리의** 본성의 원리일 뿐이기 때문이고, 그것이 이 경험 자체의 대상을 동시에 필연적인 것으로 만들지 않으면서 경험을 가능한 것으로 만들기 때문이다. 흄이 인간본성과 **자연**의 일치를 우연적이고 불확정적인 것이 아닌 다른 것으로 제시할 수 있게 해주는 단 한 가지 방책은 바로 합목적성이다.

2. 합목적성, 즉 주체와 주어진 것, 주체와 주어진 것의 힘, 주체와 **자연**과의 일치가 그토록 많은 상이한 표현 아래 제시되는 것은 이 각각의 표현이 주체의 한 계기, 한 단계, 한 차원에 대응하기 때문이다. 주체성의 다양한 계기의 끈[연결]이라는 실천적 문제가 합목적성에 대한 주장에 선행해야 하는 것은

---

7) "이 종합적 통일은 하나의 종합을 전제 내지 포함한다. 그러므로 저 종합적 통일이 선험적이고 필연적이라면, 이 종합 역시 선험적 종합이어야 할 것이다. 그러므로 통각의 초험적 통일은 한 인식에서 잡다의 모든 합성을 가능케 하는 선험적인 조건인 상상력의 순수 종합과 관계 맺고 있다." Kant, *Critique de la raison pure*, p. 304. [『순수이성비판』(1권), 334쪽.]

전자가 후자를 조건 짓기 때문이다.* 우리는 정신 안에서 원리의 일반적 작용의 계기를 정리해야 할 것이고, 이 각각의 계기에 대해서는 연합의 원리와 정념의 원리 사이의 통일, 그 계속 이어지는 구조들을 주체에 부여하는 통일을 찾아야 할 것이다. 주체는 공명^{résonance}에, 정신의 두께 속에서 점점 더 깊어지는 원리의 반향에 비교되어야 한다.

이제 인간 정신에 대해 고려해본다면 우리는 정념에 관한 한 그것이 음악에서의 관악기의 본성을 닮지는 않았음을 알게 된다. 관악기는 매 음을 부는 숨이 멈출 때마다 즉각 소리가 사라지기 때문이다. 정신은 오히려 현악기와 유사한데, 현악기에서는 매번 현을 그을 때마다 진동이 유지되면서 점차 감지할 수 없을 정도로 잦아든다.[8]

우리가 먼저 밝혀야 할 것은 정신 안에서의 원리의 결과인 주체인데, 그것은 **능동화된**^{activé} 정신 이외에 다른 어떤 것도 아니다. 우리는 그럴 때 흄이 주체를 능동적인 것으로 여겼는지 수동적인 것으로 여겼는지를 자문할 필요가 없다. 양자택일은

---

* 흄을 위시한 근대철학자들이 자연세계를 합목적적이라고 할 때는 (가령 아리스토텔레스 등이 자연 자체를 합목적적인 것으로 보는 것과 달리) 존재론적 전제로서가 아니라 이런 실천적 문제에 대한 관심 때문이다.

8) Hume, *Traité*, p. 552; *Treatise*, pp. 440~441.

잘못된 것이다. 만일 양자택일을 고수한다면 우리는 주체의 능동성보다는 수동성을 훨씬 더 강조해야만 할 것인데, 왜냐하면 그것이 원리의 결과이기 때문이다. 주체는 원리에 의해 능동화된 정신이며, 이 능동화라는 개념은 양자택일을 넘어선다. 원리가 자신의 결과를 정신의 두께 속에 심어놓는 한, 그 자체가 이런 결과인 주체는 점차 더 능동적이 되고 점차 덜 수동적이 된다. 그것은 처음에는 수동적이었다가 끝에 가서는 능동적이 된다. 이로 인해 우리는 주체성이 사실상 하나의 과정이라는 생각을, 그리고 이 과정의 다양한 계기의 목록이 작성되어야 한다는 생각을 굳히게 된다. 앙리 베르그손 식으로 이렇게 말해보자. 주체는 우선 하나의 흔적 또는 하나의 인상으로서 이 원리에 의해 만들어진 것이지만 점차 이런 인상을 이용할 수 있는 기계로 변환되어간다.

우리는 순수한 인상에서 시작해야 하며, 원리에서 출발해야 한다. 흄은 원리가 정신 안에서 작용한다고 말한다. 이 작용은 무엇인가? 그 답은 모호하지 않다. 원리의 결과는 언제나 반성 인상이다. 따라서 주체성은 반성 인상이지 다른 어떤 것이 아니다. 하지만 반성 인상을 정의할 때 흄은 그것이 **특정한 감각 인상에서 발생한다**고 말한다.[9] 그러나 감각 인상이 설명할 수 없는 것은 바로 이런 발생이나 과정이다. 즉 **다발 속에서**

---

9) Hume, *Traité*, p. 373; *Treatise*, p. 275.

감각 인상은 자신이 다른 것들 사이에서, 다른 것들을 제치고 선별되는 이유조차 설명할 수 없다. 따라서 "특정한" 감각 인상은 그로부터 반성 인상이 발생하도록 소환된다. 그러나 무엇에 의해 소환되는가? 예컨대 인접한 인상이나 유사한 인상이 선별되기 위해서는 유사성과 인접성이 원리이어야만 할 것이다. 반성 인상이 특정한 감각 인상에서 발생하기 위해서는 정신이 적절한 방식으로 형성된 인식능력을 갖추고 있어야 할 것이다. 또한 정신, 본성으로부터 얻은 것이 아닌 어떤 구성을 갖추고 있어야 할 것이다.10) 따라서 원리는 정신과 주체 사이에, **어떤**^{des} 감각 인상들과 그^{les} 반성 인상들 사이에, 후자가 전자에서 발생하도록 만들면서 끼어든다. 그것은 과정의 규칙, 정신 안에서 주체 구성의 구성요소, 그 본성의 원리이다. 따라서 우리는 원리를 정의하는 두 가지 방식이 있음을 본다. 즉 다발 안에서 원리는 선별하고, 고르고, 지시하고, 특정한 감각 인상을 다른 것들 사이에서 소환한다. 그렇게 하면서 원리는 선별된 인상과의 연결 속에서 반성 인상을 구성한다. 그러므로 동시에 두 가지 역할, 즉 선별하는 역할과 구성하는 역할이 있다. 첫 번째 역할에 따라서 정념의 원리는 쾌락과 고통의 인상을 선택하는 것이 된다.11) 연합의 원리는 한편 복합체 안에 통합되어

---

10) Hume, *Traité*, p. 105; *Treatise*, p. 37.
11) Hume, *Traité*, pp. 276~277; *Treatise*, pp. 374~375.

야 하는 지각들을 선택한다.12) 반성 인상의 발생과정을 결정할 때, 원리는 감각 인상 안에 포함된 잠재성^{virtualités}을 전개하지 않는다. 왜냐하면 감각 인상은 어떤 잠재성도 포함하고 있지 않기 때문이다. 반성 인상을 산출하고 만드는 것은 원리 자체이다. 다만 원리가 반성 인상을 만드는 것은 그 인상이 **특정한** 감각 인상과 관계를 맺는 방식에서 그런 것이다.

따라서 원리의 일반적인 역할은 감각 인상을 지시하는 동시에 그로부터 반성 인상을 산출하는 것이다. 원리의 목록은 어떤 것인가? 인간본성을 위한 법칙이자 인간과학을 가능케 하는 그 원리는 수적으로는 불가피하게 적다.13) 다른 한편, 우리는 그 정확한 숫자도 그 특수한 본성도 입증할 필요는 없다. 칸트도 범주의 수와 종류에 대해 더 이상 설명하지 않았다. 한마디로 그 목록은 하나의 사실을 제시한다. 연합의 원리에서 출발해보자. 흄은 인접성, 유사성, 인과성이라는 세 가지를 구별한다. 그리고 연합은 **우선** 세 가지 결과를 가진다. 일반 관념,

---

12) Hume, *Traité*, p. 78; *Treatise*, p. 13.
13) "자연히 우리는 결과들은 많아도 그것들이 발생하는 원리는 대개 많지 않고 단순하다는 것을 발견한다. 또한 모든 상이한 작동을 설명하기 위해 상이한 성질에 의지한다면 그것은 무지한 자연주의자라는 증거일 뿐이라는 것도 알 수 있다. 인간의 정신, 주체에 너무도 국한된 나머지 …… 그런 엄청나게 많은 원리를 담을 수 없는 것으로 정당하게 여겨질 수 있는 인간 정신에 관해 이만한 진리가 있을 수 있을까?" Hume, *Traité*, p. 380; *Treatise*, p. 282.

실체, 자연적 관계가 그것이다. 이 세 가지 경우에 결과는 반성 인상, 정념, 차분한 정념, 정신이 겪는 결정으로 이뤄지며, 이를 흄은 경향, 관습, 자유, 배치라 부른다. 정신 안에서 이런 반성 인상은 감각 인상에서 유래하는 것으로 원리에 의해 구성된다. 그러므로 일반 관념에서 유사성의 원리는 특정한 유사 관념들을 지시하고, 하나의 동일한 이름 아래 그것들을 한 무리로 모으는 것을 가능케 한다. 이 이름, 그리고 무리에서 나온 어떤 관념, 즉 그 이름에 의해 일깨워진 특수 관념과의 연접으로부터 유사성의 원리는 습관, 역량, 동일한 무리의 다른 모든 특수 관념을 환기하는 힘을 산출한다. 그것은 반성 인상을 산출한다.14) 실체의 경우 인접성의 원리와 인과성의 원리는 다시 특정한 관념들을 모은다. 그리고 우리가 동일한 원리에 의해 앞선 관념들에 연결되는 새로운 관념을 발견하게 된다면, 우리는 마치 그것이 줄곧 일부였던 것처럼 그 새로운 관념을 그 무리 안에서 이해하려고 할 것이다.15) 자연적 관계의 경우에는 세 가지 원리 각각이 특정한 관념들을 지시하고 하나의 관념에서 다른 관념으로의 쉬운 이행을 산출한다.

종종 원리의 작용이 더 이해하기 어려운 것은 사실이다. 우선 원리는 우리가 연구해본 적 없는, 또한 앞선 결과를 배가시

---

14) Hume, *Traité*, pp. 86~87; *Treatise*, pp. 20~21.
15) Hume, *Traité*, pp. 81~82; *Treatise*, pp. 16~17.

키는 다른 결과를 가진다. 그것은 추상 관념, 철학적 양태와 관계이다. 물론 추상 관념에 관한 어려움은 크지 않다. 왜냐하면 일반 관념과 추상 관념의 유일한 차이는 후자의 경우 두 가지 유사성이 개입하고, 그 둘이 구별되어 파악된다는 데 있기 때문이다.16) 따라서 문제는 철학적 양태와 관계 쪽에 있다. 그리고 철학적 관계와 자연적 관계의 관계는 양태와 실체의 관계에 상응한다. 모든 것은 마치 연합의 원리가 그 일차적 역할인 **선별**의 역할을 저버린 것처럼, 이 원리 이외의 다른 어떤 것이 이 역할을 맡아 적절한 감각 인상을 지시하고 선택하는 것처럼 일어난다. 이 "다른 어떤 것"은 감응성과 정황이다. 그러므로 철학적 관계는 바로 그것이 자연적 선택의 한계 바깥에서 형성되기 때문에 자연적 관계와 구별된다. 그럴 때 반성 인상은 상상력 안에서 임의적으로 결합되는 관념들에서 발생하며, 우리는 이런 관념들을 비교하는 것이 아니라 특수한 정황에 근거하는 것이 적합하다고 판단한다.17) 이와 마찬가지로 양태에서 감각 인상, 즉 반성 인상에서 발생하는 관념들은 이제 인접성이나 인과성에 의해 결합되지 않으며, 그 관념들은 "상이한 대상들 안에 분산되어" 있다. 혹은 적어도 인접성과 인과성은 더 이상 "복합 관념의 근거"로 간주되지 않는다.

---

16) Hume, *Traité*, p. 92; *Treatise*, p. 25.
17) Hume, *Traité*, p. 78; *Treatise*, p. 13.

춤의 관념은 첫 번째 종류의 양태, 미의 관념은 두 번째 종류의 양태의 사례이다.18)

요컨대 우리는 정황 또는 감응성이 첫 번째 역할을 할 때 연합의 원리가 그 두 번째 역할, 즉 **구성하는** 역할로 환원되는 것을 본다.

따라서 인과성에 별도의 자리를 만들어주어야 한다. 흄은 믿음이 두 가지 원리, 즉 경험과 습관의 두 원리에 의존하는 것으로 제시한다.19) 이 원리들은 그 목록에서 무엇을 하게 되는가? 그것을 이해하기 위해서는 인과의 원리가 관계만이 아니라 그 관계에 **따른** 추리도 초래한다는 것을 기억해야 한다. 흄이 관계를 설명하기에 앞서 추리를 연구하며, 우리가 다만 정상적인 순서로 보이는 것을 뒤집었을 뿐이라고 말한 것은 이런 이유에서이다.20) 그러나 관계의 본성이 자연적 관계로서 추리의 본성에 의존하고 있는 것이 사실이라 해도 여전히

---

18) Hume, *Traité*, p. 82; *Treatise*, p. 17.
19) Hume, *Traité*, p. 357; *Treatise*, p. 265.
20) "다른 방법으로 진행할 수 있다면 관계 자체를 설명하기에 앞서 관계로부터의 추리를 먼저 검토하는 이런 순서는 용납될 수 없을 것이다. 그러나 관계의 본성이 추리의 본성에 너무나 많이 의존하고 있으므로 우리는 이런 전도된 것 같은 방식을 부득이하게 진행시켜야 하고, 항들을 정확히 정의하고 그 의미를 고정하기 전에는 그 항들을 사용할 수밖에 없다." Hume, *Traité*, p. 256; *Treatise*, p. 169.

추리는 관계를 따른다. 다시 말해 자연적 관계는 어떤 의미로 철학적 관계를 전제한다. 즉 대상들이 상상력 안에서 필연적으로 연관되는 것은 경험 안에서 그것이 항상적으로 연접되는 데 **따르는** 것이다.21) 우리로서는 인과성의 특수한 상황이 이 범주 아래 자연적 관계와 철학적 관계가 앞선 경우에서만큼 쉽게 배분되지 않는다는 것을 입증하는 것으로 충분하다. 결국 이제 모든 것은 원리의 두 가지 역할이 각기 다른 원리 안에서 구체화된 것처럼 발생하게 됐다. 경험의 원리는 선별적이다. 즉 그것은 "계속과 인접성의 유사한 반복 안에서 유사한 사물들의 반복"22)을 우리에게 현시하거나 지시한다.

이것이 바로 철학적 관계로서의 인과성이다. 원리가 순수하게 선별적이므로 경험의 결과는 반성 인상과 같지 않다. 반대로 구성적인 것, 다만 나중에 오는 것은 습관의 원리이다. 즉 습관의 원리는 자연적 관계나 반성 인상을 결과로 가지는데, 이는 기대 또는 믿음이다. 관계에서 추리로, 철학적 관계에서 자연적 관계로 이행하는 가운데 우리는 '면'[관점]을 바꾼다. 그러니까 강화된 것이지만 앞서 획득한 결과의 전체를 다른 면 위에서 복구하기 위해서라도 처음부터 다시 시작해야 한다.23) 인과성은 늘 결합된 두 가지 방식으로 정의될 것이다.

---

21) Hume, *Traité*, p. 168; *Treatise*, p. 93.
22) Hume, *Traité*, p. 250; *Treatise*, p. 163.

철학적 관계로서 아니면 **자연적** 관계로서, 즉 두 관념의 비교로서 아니면 두 관념을 통합한 연합으로서 [말이다].[24]

그러므로 모든 어려움은 여기에 있다. 원리의 두 가지 측면이 구별되는 두 원리 안에서 구체화되기 때문에 두 번째 측면은 언제나 첫 번째 측면에 뒤따르지만, 그것에 더 이상 좌우되지 않는다는 점에 말이다. 또한 습관은 결국 등가적인 경험을 만들어낼 수 있고, 그것을 실재적인 것에 구애받지 않게 만들어 주는 허구적 반복을 환기할 수 있다.

어쨌든 연합의 원리의 의미는, 지시된 감각 인상에서 반성 인상을 구성하는 것이다. **정념의 원리의 의미도 이와 같다**. 차이라면 후자의 선택된 인상은 쾌락과 고통이라는 점이다. 그러나 쾌락과 고통으로부터 이 원리는 다시 "자연적 충동"으로, 또는 반성 인상을 산출하는 "본능"으로 작동한다. 하지만 한 가지 새로운 예외에 주목해보자. 앞선 고통이나 쾌락에서 발생하지 않으며 그 원리에서 태어난 정념이 있다. 고유한 심리적 욕구의 경우로 배고픔, 목마름, 성적 욕망 등이 이에 해당한다.

---

23) "우리는 인과성에 대한 우리의 관념에 들어온 필연적 연관의 본성에 관한 이 문제에 대해 직접적인 탐구를 그만 두고 다른 물음들을 찾으려고 노력할 필요가 있다. 이를 검토해보면 어떤 힌트를 얻을 수 있을지도 모르며, 그것이 현재의 어려움을 해소시켜줄 수도 있다." Hume, *Traité*, p. 150; *Treatise*, p. 78.
24) Hume, *Traité*, p. 256; *Treatise*, p. 170.

이 정념들은 정당하게 말해서 선과 악을 산출하지만, 다른 감응들처럼 선과 악에서 비롯되지 않는다.25)

이렇게 말할 때 흄은 정념의 두 종류를 구별하고 있다. "나는 직접적 정념을 선과 악, 고통과 쾌락에서 직접적으로 태어난 것으로 이해하고 있다. 간접적 정념은 동일한 원리에서 발생하지만 다른 성질들과의 연접을 통해 발생하는 것이다"26) 이런 의미에서 정념은 그것이 무엇이 됐든 간에 언제나 원인을, 그것을 불러일으킨 어떤 관념을, 그로부터 발생한 인상을, 정념 자체에서 **구별되는** 쾌락이나 고통을 가진다. 그 원인은 반성 인상 안에, 유쾌한 것이든 불쾌한 것이든 이런 고통이나 쾌락에 선행하는 특수한 정서^{émotion}의 인상 안에 자리한다. 그러나 여기서부터 두 가지의 경우, 두 종류의 반성 인상, 두 종류의 정서가 현시된다. 하나는 정신을 그것들[두 가지의 경우, 두 종류의 반성 인상, 두 종류의 정서]이 발생한 선이나 악, 쾌락이나 고통으로 향하게 한다. 다른 하나는 정신을 그것들이 산출한 대상의 관념으로 향하게 한다.27) 두 종류의 원리와 두 종류의 반성 인상이 있다. 때때로 정념의 원리는 그것에 의해 정서를 경험한 정신이 선에 일치하고 악을 피하게 되는 경향이

---

25) Hume, *Traité*, p. 551; *Treatise*, p. 439.
26) Hume, *Traité*, p. 375; *Treatise*, p. 276.
27) Hume, *Traité*, p. 377; *Treatise*, p. 278.

있는 "원초적 본능"이다.[28] 또는 때때로 정념의 원리는 그렇게 생산된 정서에 "그 정서가 산출하는 데 절대 실패한 적 없는" 특정한 관념을 할당하는 자연적 조직화이다.[29] 이렇게 직접적 정념과 간접적 정념은 서로 구별된다. 우리는 직접적 정념이 그것을 발생시키는 선과 악이 갖는 존재의 양태만큼이나 많다는 것을 발견한다. 선과 악이 특정한 것일 때 기쁨이나 슬픔이, 불특정한 것일 때 희망이나 공포가, 단지 고려되기만 할 때 욕망이나 혐오가 생겨난다. [그리고] 선과 악이 우리에게 달린 것일 때 의지가 생겨난다.[30] 우리는 대상의 관념을 산출하는 정서만큼이나 많은 간접적 정념을 구별한다. 근본적인 두 개의 쌍이 있는데, 유쾌하거나 불쾌한 정서가 자아의 관념을 산출할 때 오만과 겸손이, 그것이 또 다른 인격의 관념을 산출할 때 사랑과 미움이 있게 된다.

이 마지막 정념이 간접적이라고 말해지는 이유는 무엇인가? 왜냐하면 반성 인상이 어떤 관념을 산출하는 한, 그것을 발생케 하는 감각 인상 역시 그 자체가 이 관념에 결부된 어떤 대상에서 생겨나야만 하기 때문이다. 오만함이 있으려면 바로 그런 정념을 발생케 하는 쾌락이 우리와 연결된 대상에서 그 원천을 발견해야 하는 것이다.

---

28) Hume, *Traité*, p. 377; *Treatise*, p. 278.
29) Hume, *Traité*, p. 386; *Treatise*, p. 287.
30) Hume, *Traité*, p. 550; *Treatise*, pp. 438~439.

우리는 우리의 인격, 혹은 우리의 집이나 마차, 가구의 아름다움이나 결함에 따라서 허세를 떨거나 의기소침해진다. 그러나 동일한 성질이 우리와 관계없는 주체에게로 옮겨가면 이런 감응들 중 어느 쪽에든 전혀 영향을 미치지 않는다.31)

간접적 정념이 선과 악에서, "다만 다른 성질들과의 연접 속에서" 발생하는 것은 바로 이런 의미에서이다. 다시 말해 관념의 어떤 관계는 인상들의 관계에 합쳐진 것이어야만 한다. 오만함 속에서 "정념에 작용하는 성질은 그 자체[그 성질]를 닮은 인상을 따로 산출하며, 그 성질이 내재된 주체는 정념의 대상인 자아와 관련되어 있다."32) 간접적 정념의 원리는 연합의 원리의 도움을 받아야만, 적어도 인접성과 인과성의 도움을 받아야만 그 결과를 산출할 수 있다.33)

의심의 여지없이, 직접적인 정념과 간접적인 정념이 서로를 배제하지 않고 각각의 원리가 결합되는 것은 자명하다.

그러나 고통이나 쾌락의 직접적 인상이 있고, 이 인상이 우리 자신이나 타인들과 관련된 대상에서 발생한 것이라고 가정하면 이것은 성향이나 혐오와 그에 따른 정서를 막는 것이 아니

---

31) Hume, *Traité*, p. 384; *Treatise*, p. 285.
32) Hume, *Traité*, p. 389; *Treatise*, p. 289.
33) Hume, *Traité*, pp. 404~405; *Treatise*, pp. 304~305.

라 인간 정신의 어떤 잠재된 원리에 일치함으로써 오만과 겸손, 사랑이나 미움의 새로운 인상을 불러일으킨다. 우리를 대상과 결합하거나 분리시키는 이런 성향은 여전히 작용한다. 다만 인상과 관념의 이중적 관계에서 발생하는 간접적 정념과 함께 작용할 뿐이다.34)

그러나 흄 이론의 직접적인 독창성은 직접적 정념과 간접적 정념의 차이를 이원성으로 제시한 것, 그 이원성 자체를 정념 일반에 대한 연구의 방법으로 만들되 후자로부터 전자를 이해하거나 가져오지 않았다는 것이다.

흄에게서 정념 이론의 독창성은 더 이상 정념을 철학자가 따라야만 할 일차적 운동, 일차적 힘, 기하학적 방법$^{\text{more geo-metrico}}$, 다른 요소(대상에 대한 표상, 상상력, 인간의 경쟁 등)가 개입함에 따라 점차 증대되는 복잡성으로 제시하지 않고, 그 자체로 단순한 운동으로 제시한다는 데 있다. 비록 철학자는 물리학자와 같은 방식으로 그것을 두 개의 구별되는 부분에서 합성되고 구성된 것으로 고려하지만 말이다. 정념의 수학적 혹은 논리적 연역이 아니라 정념의, 정념적 운동의 물리적 해체가 중요하다. 그러나 더 일반적으로 오성과 정념은 이미 단순한 운동의 분할과 해체의 산물 아닌가?

---

34) Hume, *Traité*, p. 550; *Treatise*, pp. 438~439.

인간본성은 두 가지 주요 부분으로 구성되어 있으며, 이 두 부분은 인간본성의 모든 작용의 필요조건인 감응과 오성이다. 오성의 지도 없는 감응의 맹목적 운동이 인간을 사회에 적응하지 못하게 만드는 것은 분명하다. 그리고 우리는 정신의 이 두 가지 구성 부분 각각의 작용에서 초래되는 결과들을 분리해 고려해봐도 될 것이다. 자연철학자들에게 허용된 것과 같은 자유가 도덕[철학자들]에도 허락될 것이다. 자연철학자들은 운동이 그 자체로 복합적이지 않고 분리 불가능한 것임을 인정하면서도 통상 그것을 서로 분리된 두 부분으로 이뤄진 복합된 것으로서 고찰하곤 한다.[35]

흄의 철학 전체, 그리고 경험주의 일반은 일종의 "물리주의"physicalisme이다. 사실 **오직** 물리적 본성을 가진 원리를 위한 **전적으로** 물리적인 사용을 찾아야 한다. 칸트가 지적한 것처럼 흄에게 원리는 오직 물리적이고 경험적인 본성만을 가진다. 우리가 경험적 문제를 초험적 연역과 심리학적 발생에 상반되는 것으로 정의했을 때 우리는 다른 것을 말하려던 것이 아니다. "주체는 주어진 것 안에서 어떻게 구성되는가?"라는 경험주의의 물음을 통해 우리는 두 가지를 구별하고자 한다. 한편으로는 주체성을 이해하기 위해 원리로 되돌아가야 할 필요성이

---

[35] Hume, *Traité*, p. 611; *Treatise*, p. 493.

주장되지만, 다른 한편으로는 원리와 주어진 것, 즉 그 안에서 원리가 주체를 구성하는 주어진 것의 일치가 간과된다. 경험의 원리는 경험의 대상을 위한 원리가 아니며, 경험 안에서 대상의 재생을 보장하지도 않는다. 원리의 그런 상황은 우리가 그것들을 위해 동등하게 물리적인 사용(제기된 물음에 따라 필연적인 용도)을 발견할 때 비로소 가능할 것이다. 이제 이런 물리적 사용은 잘 결정되어 있다. 인간본성은 변형된 정신이다. 하지만 이 변형은 그것을 겪는 정신과의 관계에 의해 분할 불가능한 것으로 파악될 것인데, 왜냐하면 정신은 변형을 산출하는, 혹은 그것을 결과로 갖는 원리와의 관계에 의해 해체 가능한 것으로서가 아니라 하나의 전체로서 기능하기 때문이다. 사실 우리는 이 동일한 관념에 대해 이렇게 보충할 수 있다. 즉 주체는 능동화된 정신이지만, 이 능동화는 그것을 산출한 원리와의 관계에서는 정신의 수동성으로, 그리고 그것을 겪는 정신과의 관계에서는 능동성으로 파악될 것이다.

    따라서 주체는 정신 안에 원리가 남긴 것만큼이나 많은 흔적들로 해체된다. 주체는 반성 인상으로, 즉 원리가 남긴 인상들로 해체된다. 하지만 원리가 함께 변형을 일으키는 정신과의 관계에 의해서 주체 자체가 분할·해체 불가능하며 능동적이고 전체적인 것이 된다는 점은 변함없다. 또한 두 관점을 화해시키기 위해서는 원리가 상응하는 작용을 가지리라는 것으로는 충분하지 않으며, 이들이 감각 인상으로부터 반성 인상을 구성하는 공통된 특질을 가진다는 것을 보이는 것으로도 충분하지 않다. 나아가 이들이 서로를 내포하고 있다든지, 상이한 측면에서 상호 전제하고 있음을 드러내는 것 역시 충분하지 않다. 서로가 상대편에 최종적이고 절대적으로 종속되어야만 한다. 해체의 요소들은 동일한 가치를 가질 수 없다. 즉 언제나 오른편과 왼편이 있는 것이다. 이런 점에서 우리는 흄의 대답을 알고 있다. 즉 관계는 정념에서 그 방향과 의미를 발견하며, 연합은 기획, 목표, 의도, 상황, 즉 실천적 삶 전체, 감응성 전체를 전제한다. **또한 정념이 특수한 정황과 순간의 욕구를 따라 연합의 원리의 일차적 역할을 계승한다면, 곧 정념이 그 선별적 역할을 맡을 수 있다면, 그것은 이 원리가 스스로 실천적 삶의 필연성, 가장 일반적이고 가장 항상적인 욕구에 종속되지 않고서는 감각 인상을 선별할 수 없음을 뜻한다.** 요컨대 정념의 원리는 절대적으로 일차적이다. 일단 실재적인 것이 가능적인 것에 앞선다고 말하고 나면 연합과 정념 사이의 관계는 가능성과 실재성의 관계와 동일하다. 즉 연합은 주체에 가능한 구조를 제공하며, 오직 정념만이 주체에 존재와 실존을 부여한다. 정념과의 관계에서 연합은 그 의미와 운명을 발견한다. 우리는 흄이 말 그대로 믿음이 공감을 위한 것이고, 인과성이 소유권을 위한 것이라고 여겼음을 잊어서는 안 될 것이다. 사람들은 종종 흄과 관련해 관계의 비판에 대해 말한다. 그들은 우리에게 오성의 이론을 관계의 비판으로 제시하는 것이다. 실제로 **비판에**

종속된 것은 관계가 아니라 표상이며, 흄은 표상이 관계 자체를 위한 기준일 수 없음을 우리에게 보여준다. 관계는 표상의 대상이 아니라 활동의 수단이다. 이와 동일한 비판은 표상에서 관계를 빼앗아 그것을 실천에 준다. 고발되고 비판되는 것은 주체가 인식 주체일 수 있다는 관념이다. 연합론은 공리주의를 위해 존재한다. 관념의 연합은 인식 주체를 정의하는 것이 아니라 반대로 실천적 주체를 위한 가능한 수단들의 집합을 정의한다. 이 실천적 종합에서 모든 실제적 목적은 정념적, 도덕적, 정치적, 경제적 질서이다. 그러므로 이와 같이 연합의 정념에의 종속은 이미 인간본성 자체에서 일종의 이차적 합목적성으로 드러난다. 그것은 우리를 일차적 합목적성의 문제에 대해, 즉 인간본성과 **자연**의 일치에 대해 준비시킨다.

7 결론: 합목적성
Conclusion: La finalité

원리는 그 본성에 따라 두 가지 매우 상이한 방식으로 정신을 고정한다. 연합의 원리는 관념들 사이에 자연적 관계를 수립한다. 정신 안에서 그 원리는 마치 수로 같은 전체 그물망을 형성한다. 하나의 관념에서 다른 관념으로 이행하는 것은 더이상 우연에 의한 것이 아니다. 하나의 관념은 어떤 원리를 따라 다른 관념으로 자연스럽게 도입되며, 그것에 [다시] 자연스럽게 다른 관념이 따른다. 요컨대 상상력은 이런 [연합의] 영향 아래서 이성이 되고, 환상은 항상성을 발견한다. 우리는 이 모든 것을 살펴봤다. 그러나 흄은 한 가지 중요한 점을 지적한다. 그것은 정신이 이런 방식으로만 고정됐다면 도덕은 없을 것이라는, 결단코 없을 것이라는 점이다. 이것이 도덕이 이성에서 유래하지 않았다는 것을 보여줄 첫 번째 논변이다. 아닌 게 아니라 관계와 방향을 혼동해서는 안 된다. 관계는 관념들 사이에 운동을 수립한다. 하지만 이것은 왕복운동이라서 하나의 관념이 다른 관념으로 이어지려면 반드시 그 다른 관념은 권리상 처음 관념으로 [다시] 이어져야 한다. 즉 운동은 두 가지 방향으로 이뤄진다. 항들에 외재하는 관계는 어느 항이 다른 항에 선행하고 어느 하나가 다른 하나에 종속될지를 어떻게 결정할 수 있을 것인가? 행위가 그런 다의성을 감당할 수 없다는 것은 명백하다. 다의성은 출발점을, 기원을, 그 자체로 목적이기도 한 어떤 것, 그것 너머로 우리가 거슬러 올라갈 필요가 없는 어떤 것을 필요로 한다. 관계는 그 자체로써 행위를 영원히 가능하게 만드는 데 충분하겠지만, 그것으로 그 행위가 이뤄지는 것은 결코 아니다. 오직 의미나 방향에 의한 행위만이 있을 뿐이다. 그리고 도덕은 행위와 같은 것으로, 관계에서 벗어나 있다. 나에게 선행을 하는 사람에게 악하게 구는 것과 나에게 악행을 하는 사람에게 선하게 행동하는 것은 도덕적으로 동일한 것인가?[1] 그것이 같은 모순의 관계일지라도 동일한 것이 아님을 인식하는 것은 이미 도덕과 이성의 근본적 차이를 인식하는 일이다. 모든 관계 가운데 인과성이 이미 시간의 종합 속에 불가역성의 원리를 포함하고 있다고 말할 수 있을 것이다. 물론 그것은 정확한 사실이며, 인과성은 모든 관계 가운데 특권화되어 있다. 그렇지만 모든 물음은 결국, **나의 관심을 불러일으키**고 내가 원인을 찾게끔 하는 결과는 어떤 것인가를 아는 데 있다.

---

1) David Hume, *Enquête sur les principes de la morale*, trad. André Leroy, Paris: Aubier, 1947, p. 148; *An Inquiry Concerning the Principles of Morals*, ed. Charles W. Hendel, Indianapolis: Bobbs-Merrill, 1957, pp. 106~107.

만일 원인과 결과가 모두 우리와 무관한 것들이라면, 어떤 대상이 원인이고 다른 어떤 것이 결과라는 것을 아는 것은 결코 우리의 관심을 불러일으키지 못할 것이다.2)

따라서 정신은 다른 방식으로 고정되어야 한다. 이때 정념의 원리는 정신이 우리 활동의 목적으로서 구성하는 특정한 인상들을 지시한다. 글자 그대로, 이미 정신을 묶거나 비끄러매는 것이 문제가 아니라 정신을 못 박아 고정시키는 것이 문제이다. 더 이상 고정된 관계가 문제가 아니라 고정화의 중심이 문제이다. 정신 자체 안에는 우리가 쾌락과 고통이라 부르는 인상이 있다. 그러나 쾌락이 선이고 고통이 악이라는 것, 우리가 쾌락으로 향하고 고통을 밀어내는 것, 이것은 고통이나 쾌락 자체 안에 포함된 것이 아니며, 여기에 원리의 작용이 있는 것이다. 이것은 사실상 그 너머로 거슬러 올라갈 필요가 없는 일차적 사실이다.

만일 당신이 계속 질문을 이어가며 **고통을 싫어하는** 이유를 그에게 묻는다면, 그는 어떤 답도 할 수 없을 것이다. 이것은 궁극적 목적이고 결코 다른 어떤 대상을 참조하지 않는다.3)

---

2) David Hume, *Traité de la nature humaine*, trad. André Leroy, Paris: Aubier, 1946, p. 524; *Treatise of Human Nature*, ed. Lewis Amherst Selby-Bigge, Oxford: Clarendon Press, 1888, p. 414.

정념의 원리는 쾌락을 하나의 목적으로 만듦으로써 행위에 자신의 원리를 부여하며, 쾌락의 관점에서 우리 행위의 동기를 만든다.4) 그러므로 우리는 행위와 관계의 끈[연결]을 본다. 행위의 본질은 수단-목적의 관계비* 안에 있다. 행위를 한다는 것은 하나의 목적을 실현하기 위해 수단들을 배치하는 것이다. 그런데 이 관계비는 관계와는 완전히 다른 것이다. 의심의 여지없이 관계비는 인과관계를 포함한다. 왜냐하면 모든 수단은 원인이고, 모든 목적은 결과이기 때문이다. 인과성은 다른 관계들에 비해 상당한 특권을 누리고 있다.

상인은 누군가와의 거래의 총액을 알고자 한다. 어째서인가? 그것은 어느 정도의 액수로 부채를 상환하거나 시장에 투자했을 때 모든 특수한 품목 전체에 필적하는 **결과**를 얻을 수 있을지 가늠해보기 위해서가 아니겠는가? 따라서 추상적이거나 논증적인 추론은 원인과 결과에 관한 판단을 이끌 때가 아니라면 우리의 어떤 행위에도 결코 영향을 미치지 않는다.5)

---

3) Hume, *Principes de la morale*, p. 154; *Principles of Morals*, p. 111.
4) Hume, *Traité*, p. 523; *Treatise*, p. 414.
* 원문에서는 rapport와 relation이 구분되어 사용되고 있다. 두 단어 모두 '관계'로 번역될 수 있지만 들뢰즈의 개념체계에서 볼 때 전자는 주로 dy/dx의 비율적 관계나 미분적 관계생성을, 후자는 A나 B라는 동일성을 전제한 가운데서의 현실적 관계를 뜻한다. 따라서 전자를 '관계비'로, 후자를 '관계'로 각각 구분해 옮겼다.

그렇지만 하나의 원인이 수단으로 여겨질 수 있으려면 그것이 산출하는 결과가 우리의 관심을 불러일으켜야만 한다. 다시 말해 결과의 관념이 무엇보다 우리 행위의 목적으로 놓여야 한다. 수단은 원인을 초과한다. 원인이 산출한 결과는 선善으로 간주해야 하고, 그 원인을 실행하는 주체는 선에 일치하는 경향을 가져야만 한다. 수단과 목적의 관계는 결국 단순한 인과성이 아니라 유용성이다. 이 유용성은 그것의 전유에 의해, 또는 그것의 배치에 의해 정의되고 "선을 촉진한다." 원인은 [이 원인의] 결과에 일치하는 경향을 가진 주체에게만 수단이 된다.

그렇다면 선에 일치하고 선을 촉진하려는 주체의 이런 경향은 무엇인가? 그것은 감응성의 원리의 결과, 반성 인상과 정념 인상이다. 또한 유용한 것은 사람들이 선으로서 상정한 어떤 결과와의 관계에 따라 검토된 이러저러한 원인일 뿐만 아니라, 그 선을 촉진하려는 이러저러한 경향이고, 또는 그것에 일치하는 정황들과의 관계에 의해 검토된 성질이기도 하다. 왜냐하면 분노, 신중, 대담, 분별 등 인간의 성질을 검토하는 두 가지 방식이 있기 때문이다. 요컨대 일반적으로는 주어진 정황에 대한 가능한 보편적 반응으로서, 그리고 미분적으로는 가능한 정황에 일치하든 그렇지 않든 주어진 성격의 특질로서 보

---

5) Hume, *Traité*, p. 523; *Treatise*, p. 414.

는 것이다.6) 성격의 특질이 유용하냐 유해하냐 하는 것은 바로 후자의 관점이다.

최고의 성격이라고 한다면 사실상 인간본성으로서는 지나치게 완벽한 것일지 몰라도 어떤 기질에도 휩쓸리지 않는 것이다. 그러면서도 진취성과 조심성이 둘 모두 의도된 특수한 목적에 **유용한** 것인 만큼 그 둘을 때에 따라 자유자재로 선택할 수 있는 그런 성격일 것이다. …… 파비우스는 조심스러웠다고 마키아벨리는 말한다. 스키피오는 진취적이었다. 두 사람이 모두 성공을 얻은 것은 각각 그들이 통치하던 당대 로마의 특수한 상황에 각기 이 둘의 재능이 필요했기 때문이다. 상황이 달랐다면 둘 다 실패했을 것이다. 자신이 처한 정황에 들어맞는 기질을 가진 사람은 행복하다. 그러나 어떤 정황에든 자신의 기질을 맞출 수 있는 사람은 더욱 탁월하다.7)

유용성은 수단과 목적의 관계를 지시하면서 개별성과 역사적 상황의 관계 또한 지시한다. 공리주의는 기술적 행위의 이론인 동시에 역사적 행위에 대한 평가이다. 우리가 유용하다고 부르는 것에는 단지 사물만이 아니라 정념, 감정, 성격도

---

6) Hume, *Principes de la morale*, p. 108; *Principles of Morals*, p. 108.
7) Hume, *Principes de la morale*, p. 93; *Principles of Morals*, p. 62.

포함된다. 나아가 우리의 도덕적 판단은 사물의 유용성이 아니라 줄곧 명확하게 존속되고 있는 특정한 방식의 유용성에, 성격의 유용성에 달려 있다.8) 또한 이것은 행위의 규범으로서의 도덕이 이성으로 귀착되지 않는 근거가 되는 두 번째 논변이다. 이성은 실제로 이중의 역할을 가진다. 이성은 우리가 원인과 결과를 인식하게 만들고, "우리가 기획된 목적에 적합한 수단을 선택했는지" 아닌지의 여부를 말해준다. 그러나 그런데도 불구하고 목적은 기획되어야 한다.9) 다른 한편으로 우리가 모든 정황을 인식하고 분간토록 해주는 것 역시 이성이다. 그렇지만 모든 정황에 따라 산출되는 감정은 "정신의 자연적 구성"에 의존한다.

감정은 여기서 유용한 것을 유해한 경향보다 우선적으로 선택하도록 하기 위해 자신을 드러낼 필요가 있다.10)

이성이 아무것도 말하지 않을 때 도덕이 바로 이런 주체에 대해 말할 권리를 갖는 것은 우연이 아니다. 이성은 어떻게 말하는가? 그 목적과 성격에 대해 이성은 어떤 담론을 펼치는가? 우리는 아직 알 수 없지만 적어도 다음과 같은 사실을 알

---

8) Hume, *Principes de la morale*, p. 68; *Principles of Morals*, p. 68.
9) Hume, *Traité*, p. 525; *Treatise*, p. 416.
10) Hume, *Principes de la morale*, p. 146; *Principles of Morals*, p. 105.

고 있다. "차갑고, 속박되지 않은 이성은 행위의 동기가 아니며, 다만 행복을 얻고 불행을 피할 방법을 우리에게 보여줌으로써 욕구나 성향에 의해 수용된 충동을 인도할 뿐이다. 쾌락이나 고통을 주고, 그럼으로써 행복이나 불행을 구성하는 취미는 행위의 동기가 되고, 그러므로 그것은 욕망과 의지에 대한 최초의 도약 혹은 충동이다."11)

따라서 첫 번째 결론은 이렇다. 결합된 원리들은 정신 자체를 주체로, 환상을 인간본성으로 만들며, 주어진 것 안에서 주체를 수립한다. 왜냐하면 목적과 관계를 갖춘, 또한 그 목적에 응답하는 관계를 갖춘 정신은 주체이기 때문이다. 다만 여기에 어려움이 있다. 주체는 원리에 따라 주어진 것 안에서 구성되지만, 그 동일한 소여를 넘어서는 심급으로서 구성되기 때문이다. 주체는 정신 안에서 원리의 결과이지만, 주체가 되는 것은 정신이고, 결국 자신을 넘어서는 것이 정신이다. 요컨대 주체가 **원리에 의해 구성되는** 동시에 **환상에 근거하고 있다**는 것을 이해해야 한다. 흄 자신이 그런 인식에 관해 "기억, 감관, 오성은 모두 상상력에 근거하고 있다"고 말한다.

주체가 된 정신은 무엇을 하는가? 그것은 "여러 관념 가운데 특정한 관념을 **알려준다**." "넘어선다"는 것은 다름이 아니라 바로 이런 의미이다. 그리고 만일 정신이 "생기를 얻을" 수

---

11) Hume, *Principes de la morale*, p. 155; *Principles of Morals*, p. 112.

있다면, 그것은 의심의 여지없이 원리가 관념들 사이에 관계를 수립함에 따라 정신을 고정하기 때문이다. 그리고 인상의 생생함에 소통, 분배, 할당의 특정한 법칙을 부여한다는 의미에서 원리가 정신을 능동화하기 때문이기도 하다. 사실 **두 관념 사이의 관계 역시 그것에 의해 하나의 인상이 그 관념에 자신의 생생함과 같은 것을 알리는 한 성질이다.**12) 여전히 이 생생함은 그 자체로 원리의 산물은 아니다. 그것은 인상의 성격으로서 환상의 자산이자 자료$^{\text{la donnée}}$이다. 그 자료는 정신의 기원이므로 환원 불가능하고 직접적이다.

인식의 영역 안에서 우리는, 정신이 주체가 될 때 정신의 활동 공식, 연합의 모든 결과에 합치하는 공식을 찾는다. 흄은 그것을 제시했다. 넘어섬은 언제나 인식된 것에서 인식되지 않은 것으로 움직인다는 것이다.13) 이런 운동을 우리는 정신의 도식론(일반 규칙)이라고 부른다. 이 도식론의 본질은 외연적이라는 데 있다. 결국 모든 인식은 부분들의 관계의 체계이고, 그런 만큼 우리는 어떤 부분을 다른 부분에 의거해 결정할 수 있다. 흄에게 가장 중요한, 그리고 흄이 특히 모든 우주

---

12) Hume, *Traité*, p. 185; *Treatise*, p. 107. 또한 다음도 참조하라. *Enquête sur l'entendement humain*, trad. André Leroy, Paris: Aubier, 1947, pp. 98~100; *An Enquiry Concerning Human Understanding*, La Salle: Open Court, 1966, pp. 55~57.
13) Hume, *Principes de la morale*, p. 151; *Principles of Morals*, p. 108.

론과 신학의 가능성에 맞서 특별히 내세우게 되는 관념 중 하나는 강도적 인식이란 없다는 것, 그리고 모든 가능한 인식은 오직 외연적이며 부분들 사이에 있다는 것이다. 그러나 이 외연적 도식론은 사실의 문제와 관념들의 관계라고 하는, 두 종류의 관계에 대응하는 두 가지 유형을 차용한다. 흄은 인식에 있어 우리가 때로는 인식된 정황에서 인식되지 않은 정황으로, 때로는 인식된 관계에서 인식되지 않은 관계로 옮겨간다고 말한다. 우리는 거기서 증거^{preuve}와 확실성 사이의, 흄이 매우 중요하게 여긴 구별을 재발견한다. 그러나 첫 번째 작용, 즉 증거 또는 개연성의 작용이 원리의 작용에 따라 우리가 앞선 장들에서 충분히 분석한 **원인**의 도식론을 전개한다면, 두 번째 도식론은 어떻게 형성되는가? 전자가 본질적으로 물리적이라면, 후자는 본질적으로 수학적이다.

삼각형이나 원을 생각하는 사변적 추론가는 이 도형들의 부분에 대한 몇몇 알려지고 주어진 관계를 고려한다. 그러고 나서 그 관계에 의존하는 몇몇 미지의 관계를 추리한다.[14]

이 두 번째 도식론은 더 이상 원인이 아니라 일반 관념에 관계된 것으로 보인다. 일반 관념의 기능은 관념이라기보다는

---

14) Hume, *Principes de la morale*, p. 150; *Principles of Morals*, p. 108.

내게 필요한 관념의 산출 규칙이다.15) 인과성 안에서 나는 관찰의 규칙에 따라 하나의 대상을 특수한 다른 대상에 입각해 믿음의 대상으로서 생산한다. 일반 관념의 수학적 기능은 다르다. 그것은 하나의 관념을, 구성의 규칙으로 인식된 다른 관념에 입각해 확실성의 대상으로서 산출하는 것으로 이뤄진다.

이를테면 천이라는 큰 숫자를 언급할 때, 정신은 일반적으로 그것에 대한 적절한 관념을 갖지 않는다. 다만 숫자를 파악할 수 있는 십진법 체계의 적절한 관념에 의해 그런 관념을 산출하는 힘을 가질 뿐이다.16)

그러나 이 두 가지 측면에서 인식 일반의 도식론은 그것이 한 부분에서 다른 부분으로 간다는 의미에서뿐만 아니라, 그것이 **넘쳐흐른다**는 의미에서도 외연적이다. 생생함은 사실 그 자체로 원리의 산물이 아니다. 즉 감각 인상은 정신의 기원이고, 환상의 자산이다. 일단 관계가 수립되면 이 인상들은 그것이 연결된 모든 관념과 그 생생함을 소통한다.17) 흄의 경험주의에서 이것은 합리주의에서 가능한 것들이 온 힘을 다해 존재를 지향하는 것과 약간 유사하다. 하지만 모든 관계가 인간

---

15) Hume, *Traité*, p. 90; *Treatise*, pp. 23~24.
16) Hume, *Traité*, p. 89; *Treatise*, pp. 22~23.
17) Hume, *Traité*, p. 185; *Treatise*, p. 107.

본성의 관점에서 등가인 것은 아니다. 우리는 모든 관계가 "우리의 관념들을 강화하고 생생하게 만드는" 동일한 효과를 갖지는 않는다는 것, 합법적인 믿음은 필연적으로 인과성을 통과해야 한다는 것 역시 알고 있다. 분명 두 관념의 모든 관계는 인상이 자신에 연결된 관념을 생생하게 만들게 해주는 성질이기도 하다. 그러나 여전히 관념은 확고부동하고 항상적이며 불변의 방식으로 연결되어 있어야만 한다.[18] 나아가 인상들은 관계를 강제하는 데 만족하지 않고, 마주침에 따라 인상들을 **가장하고** 위장한다. 그리하여 압력을 겪는, 신기루로 인해 고통받고 환상에 자극받는 주체가 된다. 그리고 그 순간의 그 정념과 배치는 그것을 두 번째 허구로 이끈다. 한마디로 우리는 주체가 아닌 다른 것이다. 우리는 언제나 그 기원에 예속되어 있는 **자아**이다. 사실인즉 불법적 믿음과 부조리한 일반 관념이 있다. 원리는 관념들 사이에 관계를 수립하며, 그 관계는 인상에서 [인상의] 생생함을 소통하는 법칙이기도 하다. 하지만 생생함은 예외 없이 이 법칙을 따라야 한다. 그렇기 때문에 인식의 도식론 안에는 언제나 다른 규칙에 의해 교정되어야 하는 넘쳐나는 규칙이 있다. 원인의 도식론은 경험을 따라야 하고, 일반 관념의 도식론은 공간을 따라야 한다. 또 후자는 공간을 정의하는 이중적 관점, 즉 기하학적 구조와 산술적 단

---

18) Hume, *Traité*, p. 187; *Treatise*, pp. 109~110.

위에서 행해져야 한다.19) 그러므로 주체와 환상 간의 모든 논쟁은 **자아** 안에서, 더 정확히 말하면 주체 자체 안에서 **인간본성의 원리와 상상력의 생생함 사이에서**, 또는 원리와 허구 사이에서 속행된다. 우리는 각각의 인식 대상에서 허구가 어떻게 효과적으로 교정되는지 알고 있다. 설령 그것이 뒤따르는 대상과 함께 다시 나타나는 한이 있어도 말이다. 그러나 우리는 모든 대상이 인식되는 세계 일반에서 허구가 어떻게 원리를 독점하고 근본적으로 활용하는지도 알고 있다.

이제 정념에서 정신의 활동은 어떤 것인지 살펴보자. 정념의 원리는 정신에 목적을 부여하면서 그것을 고정하고 또한 능동화시키는데, 이는 그 목적의 관점이 동기, 행동을 위한 배치, 성향인 동시에 특수한 이해관계이기 때문이다. 요컨대 정념의 원리는 우리의 정신에 "자연적 구성"을, 그리고 정념의 전체 유희를 가져온다. 정신 안에서 정념의 원리는 그것이 "적절히 제한된 대상"을 제공하는 감응을 구성한다.20) 그러나 이 고유한 대상은 언제나 정황의 체계와 주어진 관계 안에서 포착된다. 바로 여기서 우리는 인식과 정념의 근본적 차이를 발견한다. 정념에서 적어도 권리상 모든 관계와 정황은 이미 주어진 것이다. 아그리피나는 네로의 모친이다.

---

19) Hume, *Traité*, pp. 113~117; *Treatise*, pp. 44~47.
20) Hume, *Principes de la morale*, p. 86; *Principles of Morals*, p. 56.

하지만 아그리피나를 살해했을 때, 네로는 자신과 그 사람[아그리피나] 사이의 모든 관계, 그 사실에 관한 모든 정황을 사전에 알고 있었다. 그런데도 불구하고 복수나 공포, 또는 이해라고 하는 동기가 네로의 흉포한 마음을 지배했다.[21]

그러므로 정신의 자연적 구성은 정념 원리의 영향 아래 그 대상을 쫓는 감응의 운동만이 아니라 정황과 관계를 인식한 것으로 전제되는 전체에 응답하는 정신의 반응도 포함한다. 달리 말하면 우리의 성향은 그 대상에 **일반적 관점**을 형성한다. 그것은 특수한 연관, 또는 현재 쾌락의 끌림에 의해서만 인도되는 것이 아니다.[22] 여기서 우리는 방식은 다르지만, 인식에서와 마찬가지로 정념에서도 환상으로 환원 불가능한 어떤 자료를 발견한다. 실제로 자신의 대상을 따르는 감응이 그 대상에 동일한 일반적 관점을 형성한다면, 이는 그 감응과 그 대상이 상상력과 환상 안에서 반성되기 때문이다. 정념의 원리는 정신 안에서 정념이 울려 퍼질 때, 확장될 때, 반성될 때 비로소 고정된다. 정황 전체에 대한 정신의 반응은 정신 안에서 정념의 이런 반성과 더불어서만 이뤄진다. 즉 그런 반응은 생산적이고, 그런 반성은 발명이라 불린다.

---

21) Hume, *Principes de la morale*, p. 151; *Principles of Morals*, p. 109.
22) Hume, *Principes de la morale*, p. 96; *Principles of Morals*, p. 64.

자연은 개별적 연관들이 공통적으로 보편적 관점과 고려에 승리하도록 현명하게 정해놓고 있다. 그렇지 않다면 우리의 감응과 행위는 적절히 제한된 대상이 없어서 상실될 것이다. …… 그러나 우리는 여기서 반성에 의해 이런 불평등을 교정하기 위해서, 모든 감각에서처럼, 대개 일반적 유용성 위에 세워진 선과 악의 일반적 기준을 알고 유지한다.[23]

일반적 이해관계는 발명된다. 그것은 상상력 안에서 특수한 이해관계의 반향이며, 자신의 편파성을 넘어서는 정념의 운동이다. 일반적 이해관계는 오직 상상력, 인위적 고안물, 혹은 환상에 의해서만 존재한다. 그런데도 불구하고 그것은 인류의 감정으로서 또는 문화로서 여전히 정신의 자연적 구성에 들어간다. 이것이 정황과 관계의 총체에 대한 정신의 반응이다. 그러니까 정신은 행위에 규칙을 부여하고, 그 규칙의 이름으로 행위는 **일반적으로** 선하다거나 악한 것으로 판단될 수 있다. 이 때문에 우리는 네로를 단죄할 수 있다. 따라서 정신의 활동은 인식 안에서 그렇듯 정념 안에서 환상에 근거한다. 그렇기 때문에 도덕적 도식론이 존재하게 된다. 그러나 [도식론들 사이의] 차이는 여전히 존속한다. 그것은 이제 확장적 도식론이 아니라 강도적 도식론이다. 정신의 활동은 더 이상 부분에서 부

---

23) Hume, *Principes de la morale*, p. 86; *Principles of Morals*, p. 56.

분으로, 인식된 관계에서 인식되지 않은 관계로, 인식된 정황에서 인식되지 않은 정황으로 옮겨가는 것이 아니라, 정황과 관계의 인식되고 전제된 전체에 반응하는 것으로 이뤄진다.

인식되거나 전제된 정황과 관계로부터 이성은 우리를 은폐되고 인식되지 않은 것에 대한 발견으로 이끈다. 모든 정황과 관계가 우리 앞에 놓이고 나면, 취미는 우리가 그 전체로부터 비난이나 승인의 새로운 감정을 느끼도록 한다.24)

인식 대상으로서의 원은 부분들 사이의 관계, 즉 중심이라고 불리는 공통의 한 점으로부터 동일한 거리에 위치한 점들의 연결이다. 그러나 이를테면 미학적 감정의 대상으로서 그 형태는 정신이 자신의 자연적 구성에 의해 반응하는 하나의 전체로 파악된다.25)

인식에 대한 흄의 문헌은 오성의 규칙이 결국 상상력에 근거하는 것으로 본다. 이제 또 다른 문헌이 [앞서의 문헌에] 호응해 정념의 규칙도 마찬가지로 결국 상상력에 근거하는 것으로 본다.26) 두 경우에 환상은 한 세계의 정초에서 발견된다.

---

24) Hume, *Principes de la morale*, p. 155; *Principles of Morals*, p. 112.
25) Hume, *Principes de la morale*, p. 152; *Principles of Morals*, p. 110.
26) Hume, *Traité*, p. 622; *Treatise*, p. 504.

그것은 문화의 세계이자 구별되는 지속적인 존재의 세계이다. 또한 우리는 인식의 도식론에서처럼 도덕의 도식론에서 우리가 넘쳐나는 규칙 및 교정의 규칙과 마주치게 되는 것을 안다. 다만 이 두 종류의 규칙은 서로 간에 인식과 도덕의 관계 같은 것을 갖지 않는다. 인식의 넘쳐나는 규칙은 연합의 원리에 직접적으로 모순된다. 왜냐하면 그것을 교정하는 것은 그 허구를 고발하는 일이기 때문이다. 결국 구별되고 지속적인 세계의 위상은 원리의 관점에서 그 허구가 더 이상 교정될 수 없는 한 면[관점] 위에 남은 이 허구 자체의 일반적 잔재에 지나지 않는다. 넘쳐나는 도덕적 규칙의 편에서 보자면, 그것은 의심의 여지없이 정념을 속박하며, 또한 허구적 세계 전체를 지시한다. 그러나 이 세계는 반대로 정념의 원리 자체에 순응하며, 그럴 때 그 결과의 제한적 성격에 대해서만 대립된다. 허구는 특수한 이해관계 때문에 상호 배제된 정념 전체에 통합된다. 그것은 여기서 일반적 이해관계와 더불어 그 원리에 대한 정념의 적합성^{adequation}, 그 원인과 함께 파악된 결과에 대한 적합성, 원리의 결과와 원리 자체의 등가성을 수립한다. 그러므로 허구와 정념의 원리 사이에 조화가 이뤄진다. 이것이 인간 본성의 원리 일반과 환상 사이의 관계라는 문제가 원리들 자체 사이의 관계라는 특수한 관점에서만 파악되고 해결되는 까닭이다. 인식에서 우리가 인과성을 믿어야 한다면, 또한 구별되고 지속적인 존재 역시 믿어야 한다. 두 원천이 연합 원리의 관점에서 모순됨에도 불구하고 우리가 인간본성으로 인해 둘 가운데 선택할 수 없다면, 그것은 이 원리 자체가 인간본성의 비밀을 가지고 있지 않기 때문이다. 이것은 다시 한 번 연합이 정념을 **위해** 있음을 말해준다. 인간본성의 원리가 정신 안에서 각각 별도로 작용한다고 해도 그것은 하나의 덩어리[전체]로 기능하는 주체를 구성한다. 추상 관념은 주체의 욕구에 종속되며, 관계는 그 목적에 종속된다. 전체로서 기능하는 주체의 이런 통일을 우리는 **의도적 합목적성**finalité intentionnelle이라 부른다. 연합론을 인식의 심리학으로 이해하고자 할 때 우리는 그 의미작용을 상실한다. 결국 연합론이란 실천적인 모든 것, 행위, 도덕, 권리의 이론일 뿐이다.

우리는 주체의 두 측면이 결국 동일한 것일 뿐임을 보여주고자 했다. 왜냐하면 주체는 정신 안에서 원리가 산출한 것이지만, 그것은 또한 그 자체를 넘어서는 정신이기 때문이다. 정신은 원리의 결과에 의해 주체가 되기 때문에, 주체는 원리에 의해 구성되는 동시에 환상 위에 정초된 것이다. 어떻게 그런가? 그 자체로 정신은 주체가 아니며, 인상과 분리된 관념의 주어진 다발일 뿐이다. 인상은 그 생생함에 의해 정의되고, 관념은 인상의 재생으로 정의된다. 이미 이것은 정신이 그 자체로 **공명**과 **생생함**이라는 두 가지 근본적 성질을 가진다는 것을 말한다. 우리는 정신을 타악기에 비견한 은유를 기억하고 있다. 그것은 언제 주체가 되는가? 그것은 **생생함을 특징으로 하는**

부분(인상)이 그것을 다른 부분(관념)과 소통하게 하는 방식으로 정신이 자신의 생생함을 소집할 때, 그리고 한꺼번에 파악된 모든 부분이 새로운 어떤 것을 생산할 때이다. 여기서 두 가지 넘어섬의 양태를 볼 수 있다. 믿음과 발명, 우리는 이것들이 정신의 근원적 성격과 맺는 관계를 본다. 그런데 이 두 양태는 자신을 원리에 의한 정신의 변양으로, 또는 정신 안에 원리, 즉 연합의 원리와 정념의 원리의 결과로 나타낸다.

우리는 원리가 무엇인지 묻는 것이 아니라 원리가 무엇을 하는지 물어야 한다. 원리는 존재가 아니라 기능이다. 원리는 그 결과에 의해 정의된다. 이 결과는 다음으로 귀착된다. 즉 원리는 주어진 것 안에서 발명하고 믿는 주체를 구성한다. 이런 의미에서 원리는 인간본성의 원리이다. 믿는다는 것, 그것은 기대하는 것이다. 어떤 관념이 그와 연관된 인상의 생생함과 소통하는 것, 그것이 바로 기대하는 것이고, 기억과 감관을 넘어서는 것이다. 이를 위해서는 관념들 사이에 이미 관계가 있어야 하는데, 이를테면 열과 불이 결합해야 한다. 이것은 주어진 것만이 아니라 원리의 작용, 하나의 원리로서의 경험, 유사성과 인접성을 내포하고 있다. 그리고 이것이 다가 아니다. 멀리서 불을 바라볼 때 우리가 그것이 열을 가지고 있으리라고 믿는 것, 이것은 습관을 함축한다. 사실 주어진 것은 설령 유사한 경우라 할지라도 그 분리된 부분들 사이의 관계를 결코 입증하지 않을 것이며, 한 부분에서 다른 부분으로의 이행에 대해서도 마찬가지이다.

구름에서 떨어지는, 무엇으로 보나 눈처럼 생긴 어떤 물체가 그런데도 불구하고 소금 맛이 나거나 불처럼 느껴지는 것을 명석하고 판명하게 상상해볼 수는 없을까? 모든 나무가 12월에 무성하게 자랄 것임 …… 을 주장하는 것만큼 이해 가능한 명제가 있을까?27)

주체는 기대할 뿐 아니라 자기 자신을 보존한다.28) 말하자면 주체는 본능에 의해서든 발명에 의해서든 주어진 것의 부분들 전체에 반응하는 것이다. 이때에도, 주어진 것은 분리된 요소들을 하나의 전체 안에 결코 재통합하지 않는다는 것이 사실이다. 요컨대 우리는 믿으면서, 그리고 발명하면서 주어진 것 자체로부터 하나의 **자연**을 만들어낸다. 여기서 흄 철학은 그 궁극적 지점에 도달하게 된다. 이 **자연**은 **존재**에 준하고, 인간본성은 **자연**에 준한다. 그러나 어떤 의미에서 그런가? 주어진 것에서 우리는 관계를 수립하고 총체를 형성한다. 총체는 주어진 것이 아니라 우리가 아는 원리에 의존하며, 순수하

---

27) David Hume, *Enquête sur l'entendement humain*, trad. André Leroy, Paris: Aubier, 1947, p. 81; *An Enquiry Concerning Human Understanding*, La Salle: Open Court, 1966, p. 36.
28) Hume, *Entendement humain*, p. 102; *Human Understanding*, p. 59.

게 기능적이다. 또한 이 기능은 주어진 것이 의존하는, 하지만 우리는 인식할 수 없는 숨겨진 힘과 일치한다. 우리는 의도적 목적성과 **자연**의 이런 일치를 합목적성이라고 부른다. 이런 일치는 오직 사유될 수 있을 뿐이다. 물론 그것은 가장 빈곤하고 텅 빈 사유이다. 철학은 존재하는 것에 대한 이론이 아니라 행위하는 것에 대한 이론으로서 구성되어야 한다. 행위하는 것은 그 원리를 갖는다. 그리고 **존재**는 오직 행위하는 것의 원리 자체와의 종합적 관계의 대상으로서만 포착될 수 있다.

옮긴이 후기

1. 『경험주의와 주체성: 흄에 따른 인간본성에 관한 시론』은 질 들뢰즈가 26세 되던 1953년에 출간된 그의 첫 저작이다. 아이러니하게도 국내에서는 들뢰즈의 많은 저술 가운데 처녀작이 가장 늦게 소개되는 셈인데, 그렇기 때문에 새삼스럽긴 해도 들뢰즈가 데이비드 흄을 자신의 철학사 연구 시기의 첫 번째 인물로 꼽은 점에 주목해볼 필요가 있을 것 같다.[1] 우리는 흔히 들뢰즈를 스피노자주의자, 니체주의자, 베르그손주의자 등으로 규정하는 데 익숙하지만, 이 책을 통해 부각되는 것

---

[1] 들뢰즈의 사상은 크게 세 시기로 구분된다. 첫 번째는 철학사 연구 시기로 흄에서 출발해 베네딕트 데 스피노자, 임마누엘 칸트, 프리드리히 니체, 앙리 베르그손 등에 대한 각종 논문과 저술을 내놓으며 자신만의 독창적이고 일관적인 관점을 수립한다. 두 번째는 1968년 전후의 시기로, 이런 철학사 연구 성과를 종합해 자신의 박사학위논문인 『차이와 반복』(1968)을 비롯해 『스피노자와 표현의 문제』(1968), 『의미의 논리』(1969) 등을 저술한다. 세 번째는 펠릭스 가타리와의 공동작업 시기로 『안티-오이디푸스』(1972), 『카프카: 소수적인 문학을 위하여』(1975), 『천 개의 고원』(1980), 『철학이란 무엇인가?』(1991) 등을 내놓는다.

은 흄이 들뢰즈 사상의 출발이자 정초^{fondation}의 역할을 하고 있다는 점이다.2) 이와 관련해 알랭 바디우는 『들뢰즈: 존재의 함성』(1997)에서 1950년대 당시 소르본대학교의 조교였던 들뢰즈의 흄 강의가 얼마나 독창적인 것이었는지 전하고 있기도 하다. 말하자면 들뢰즈에게 흄이 가장 중요한 철학자라고 할 수는 없어도, 흄이 젊은 시절의 들뢰즈를 매료시키고 첫 저작을 쓰게 한 사상가인 것만큼은 분명한 사실이다.

2. 그렇다면 무엇이, 도대체 흄의 어떤 부분이 들뢰즈로 하여금 이토록 짧지만 강렬한 한 권의 책을 쓰도록 이끈 것일까? 흄이라고 하면 보통 영국 경험주의를 떠올리게 된다. 영국 경험주의는 대륙의 합리주의와 더불어 근대철학의 양대 산맥을 이루지만, 칸트와 G. W. F. 헤겔을 중심에 놓고자 하는 철학사가들에게는 단지 합리주의의 극단적 대립항으로서 칸트로 하여금 독단의 선잠에서 깨도록 만든 데 의의가 있는 철학사조로 평가됐다. 또한 영국 경험주의는 베르그손이 『물질과 기억』(1896)에서 비판했듯이 정신의 물리주의에 천착해 항들에

---

2) 『차이와 반복』 2장에서 들뢰즈는 시간의 수동적 종합을 설명하면서 흄의 습관론을 시간의 정초, 베르그손의 기억론을 시간의 토대, 니체의 영원회귀를 근거로 각각 설명하고 있는데, 이것은 들뢰즈 자신의 인식론 형성에 있어서도 상당 부분 들어맞는 것 같다. 실제로 흄은 들뢰즈가 자신의 초험적 경험주의를 정립하는 데 있어 출발이자 정초가 된다.

만 관심을 갖고 관계는 무시했던 낡은 철학사조 정도로 여겨질 수도 있다. 하지만 들뢰즈는 영국 경험주의의 이런 일반적인 위상과 그에 대한 비판 모두로부터 흄을 분리해 관계의 철학을 중심으로 흄의 경험주의를 다시 사유한다. 이 책의 1장에서 말하는 것처럼 흄을 물리주의적 측면에서만 읽으면 그 이상의 새로움을 발견할 수 없다. 오늘날 흄에게서 취해야 할 부분은 오히려 관계의 외재성("관계는 자신의 항들에 외재적이다")에 대한 새로운 관점이다.

뭐니 뭐니 해도 들뢰즈는 경험주의자라고 할 수 있다. 물론 이때의 경험주의란 좁은 의미에서의 경험주의가 아닌 '초험적 경험주의'$^{empirisme\ transcendental}$ 또는 '우월한 경험주의'$^{empirisme\ superieure}$를 뜻한다. 한마디로 말해서 들뢰즈가 말하는 경험이란 '경험을 넘어서는 경험,' '(우리의 지각에) 주어진 것을 넘어서는 경험적 차원'을 가리킨다. 들뢰즈가 훗날 『차이와 반복』 같은 저작을 통해서 말하게 될 '강도'^{intensité} 혹은 '강도적 차이'$^{différence\ d'intensité}$의 세계가 바로 이런 초험적 영역에 해당된다. 중요한 것은 들뢰즈가 이 초험적 경험주의의 근간을 흄으로부터 세우기 시작했다는 점이다.

주지하듯이 경험주의란 지식의 기원과 발생이 인간의 이성이 아닌 경험, 즉 지각^{perception}에 있다고 보는 입장을 가리킨다. 다시 말해 우리가 경험할 수 있는 것은 우리 정신의 외부에 있는 대상 자체가 아니라 이미 지각된 대상(관념)이라는 것이다. 이런 맥락에서 영국 경험주의는 존 로크(1632~1704)의 '대표 실재론'representative realism(실재의 대표 혹은 표상만을 지각할 수 있다는 입장)과 조지 버클리(1685~1753)의 '주관적 관념론'subjective idealism(지각된 것만 존재한다는 입장) 및 '객관적 관념론'objective idealism(이데아나 신 등을 통해 감각적 세계를 보증하는 입장)을 거쳐 흄에 이른다.

흄을 진정한 의미의 경험주의자 또는 경험주의의 완성자라 할 수 있다면, 그것은 흄이 자신의 두 선배와 달리 경험주의의 정합성을 수미일관하게 유지하면서 자신의 인식론을 정립한 인물이기 때문이다.3) 무엇보다 흄은 지식의 발생 문제를 실체

---

3) 로크는 경험의 기원을 경험 외부에 두고 있다는 점에서, 즉 지식의 성립이 경험 내부(지각된 관념들 상호 간의 관계)에 있는 것이 아니라 외부 대상과 관념 사이의 유사성에 놓여 있다는 점에서 경험주의 스스로의 존립기반을 부정한 것이나 다름없다. 이와 반대로 버클리는 '주관적 관념론'을 통해 (지각과 상관없이 독립적으로 존재하는) 외부 대상을 부정함으로써 지식의 기원을 철저히 경험 내부로만 한정해(something-I-know-what) 경험주의의 수미일관성을 확보하려 했지만 결국 극단적인 유아론(solipsism)에 빠지는 결과를 초래했다. 버클리는 이후 이 난제를 해결하고자 '객관적 관념론'으로 선회해 모든 지각의 가능근거를 '신'에게서 찾았으나 지식의 기원을 경험이 아닌 신에게 둠으로써 경험주의의 근간은 산산이 무너지게 된다. 요컨대 로크나 버클리는 모두 지식의 기원을 경험에서 찾고자 하는 경험주의의 정합성 문제로 인해 실체론적 문제점을 노정했다고 볼 수 있다. 말하자면 지식의 기원의 정당성과 객관성(안정성)을 확보할 수 없었기 때문에 어떤 형태로든 인간 정신의 바깥으로 나갈 수밖에 없었고, 따라서 한 사람은 외부 대상에서, 다른 한 사람은 신에게서 지식의 정당성을 찾는 무리를 하게 됐던 것이다.

론적으로 해결하려 하지 않고 철저히 '지각'에만 한정한다. 흄은 지각을 인상^{impression}과 관념^{idea}, 이 두 가지로 구분한다. 인상(인상-지각)은 가장 직접적이고 생생한 지각을 말한다. 그리고 이것은 모든 관념에 선행하면서 그것의 기원이 된다. 모든 관념은 그것에 대한 (생생한) 인상으로부터 발생한다는 것이다. 인상과 관념은 기억의 개입에 의한 생생함의 차이에 의해 결정되며, 생생한 인상과 덜 생생한 관념으로 구분된다. 요컨대 인상-지각은 관념-지각을 발생시키고 관념들은 상호 간에 연합을 통해 다양한 지식을 형성하게 된다.

하지만 들뢰즈는 흄의 경험주의에서 우리가 가장 눈여겨 봐야 할 부분이 인상이나 관념 같은 항들 자체가 아니라 관계이며, 이런 관계가 항들에 외재적이라는 사실이라고 여긴다.[4] 흄의 연합론을 단지 물리적 원자론에 국한시켜서만 이해하면 우리는 정작 중요한 부분을 놓치게 된다는 것이다. 들뢰즈는 흄이야말로 그런 식의 원자론적 연합론을 거부했을 뿐만 아니라 '정신의 심리학'을 '감응의 심리학'으로 대체한 인물이라는

---

4) Gilles Deleuze, "Hume", *L'île déserte et autres textes: Textes et entretiens, 1953-1974*, éd., David Lapoujade, Paris: Minuit, 2002. [박정태 옮김, 「흄」, 『들뢰즈가 만든 철학사』, 이학사, 2007, 129~148쪽.] 사실 이 논문은 1972년 샤틀레(François Châtlet)가 편집한 『철학사』(*Histoire de la philosophie*)에 처음 실렸는데, 『경험주의와 주체성』의 내용과 큰 차이가 없고 오히려 충실히 요약해주고 있다. 이것은 들뢰즈의 흄에 대한 초기 입장이 일관되게 유지되고 있음을 잘 보여주는 대목이라 할 수 있다.

점을 강조한다. 다시 말해 모든 내재적 관계는 연합의 운동에 의해 산출된 외재적 관계의 산물이라는 것이다. 그러므로 우리의 경험은 주어진 것을 넘어 그 이상의 관념들을 산출하면서 항들에 내재적이고 필연적인 '이다/있다'^{est}의 세계가 아닌 외재적이고 우연적인 '그리고'^{et}의 세계, '부분 밖의 부분'$^{partes\ extra\ partes}$의 세계를 다채롭게 수놓게 된다.

요컨대 모든 관계는 사물에 내재해 있는 것이 아니라 외재적 접속에 의한 것이며, (아직 하나의 주체로서 적분되지 않은) 애벌레-자아들의 응시^{contemplation}를 통해 수축되는 연접적 종합의 산물일 뿐이다. 그리고 이런 관계의 외재성은 결국 인간 정신으로 하여금 주어진 것을 넘어서 스스로 펼쳐지는 운동, 주체가 될 수 있도록 이끈다.

특별히 연합의 원리(인접성, 유사성, 인과성)는 주어진 것에서 주어지지 않은 관념들로 자유롭게 이동하면서 다양한 관계를 발생시키는 인간본성의 원리, 넘어섬의 원리라 할 수 있다. 그 중에서도 인과성은 개별적인 경우들을 묶어 결코 경험 안에서 주어지지 않을 관념과 관계를 확장적인 방식으로 구성한다. 다시 말해 특수하고 우연적인 경험들로부터 '내일,' '언제나,' '반드시' 같은 경험의 외부 혹은 넘어섬을 가능케 한다. 그래서 우리는 카이사르는 죽었고, 태양은 내일 떠오를 것이며, 로마는 실존한다고 믿게 된다. 또한 AB, AB, AB, AB……의 경우가 반복되면 우리는 인과관계에 따라 A 다음에 응당 B를 기대하고 추론하며 확신하게 된다. 이런 경험 외부적인 믿음과 습관이 상상력 안에서 구성되면서 정신은 지각의 다발에서 주체로의 넘어섬과 초월이 가능해진다.

연합의 원리는 상상력에 의해 착란과 환상으로 움직이는 정신을 고정시키지만, 거꾸로 상상력은 이 원리를 이용해 원리 자체를 뒤흔들고 불법적으로 확장시켜 부당한 믿음과 실행을 이끌어낸다. 그래서 이제 착각과 망상은 인간본성의 일부가 되고 합법적인 믿음과 구분 불가능할 정도로 마구 뒤섞이게 된다. 합법적인 믿음과 불법적인 믿음, 그리고 인식과 비인식은 명확히 대립하지 않고 믿음이라는 동일한 면 위에 놓인 채 단지 정도상의 차이만을 갖는다(이와 같이 흄이 전통적 개념인 오류를 착각으로 대체한 점을 들뢰즈는 높게 평가하는데, 들뢰즈의 이런 관심은 특히 가타리와 함께 작업한 분열증에 대한 연구와 무관하지 않아 보인다).

그런데 연합의 원리는 실제로 정념에 따라, 어떤 정황 속에서만 작동한다. 그리고 그것은 정념의 원리와의 상호 작용을 통해 우리의 문화, 도덕, 제도의 세계를 다양하게 구성한다. 흄은 우리의 정념이 이기적이라기보다는 편파적이라고 주장하는데, 이것은 인간본성이 이기적이므로 자연권과 이해관계의 제한을 통해 사회가 구성됐다고 보는 사회계약론자들에 대한 반론이기도 하다. 오히려 흄은 인간 정념의 특징이 부분적이고 편파적이기 때문에 사회는 이런 자연적 편파성을 넘어

적극적 발명과 기획을 통해 형성된 것으로 보았다. 따라서 흄에게 문제는 제한된 공감을 확장하고 일반화하며 편파성들을 통합하기 위한 인위적 고안물, 문화의 세계, 적극적인 도덕과 제도의 발명에 있다. 이런 인위적인 장치들과 일반 규칙은 (연합의 원리에 의해 고정되고 자연화된) 상상력 속에서 정념들이 반성되고 서로 공명함으로써 발생한다(가령 버려진 도시를 차지하기 위해서는 성문에 창을 꽂아놓는 것으로 충분한가, 아니면 그 성문을 두드려야 하는가?). 그래서 탐욕은 소유권으로, 성욕은 결혼을 통해 우회적으로 충족되는 안정적인 제도적 사회가 가능해진다. 즉 연합의 원리는 정념과 관련해 사람과 사물, 또는 사람과 사람 사이의 구체적 정황, 그리고 법, 정치, 경제, 미학 등 실천적 영역 속에서 작동하는 것이다.

요컨대 들뢰즈는 흄의 연합론이 단지 인간 정신에 관한 이론이 아니라, 관계에 관한 최초의 위대한 논리를 창안함으로써 사실은 주체가 (자유로운 이행, 운동, 경향의) 복잡한 관계의 습관적 산물임을 밝혔다고 말한다. 들뢰즈가 영어판 서문에서 쓰고 있듯이 "우리는 습관들, 다름 아닌 습관들 ─ '나'라고 말하는 습관들이다."[5]

---

5) Gilles Deleuze, "Preface to the English-Language Edition," *Empiricism and Subjectivity: An Essay on Hume's Theory of Human Nature*, trans. Constantin V. Boundas, New York: Columbia University Press, 1991, p. x.

이와 같이 들뢰즈는 흄을 단지 전통적 철학의 자아 개념을 무조건 지각의 다발로 해체시킨 극단적 회의주의자라기보다는 (실체적인 자아가 아닌) 어떤 형성되는 자아를 설명해주는 구성주의자로서 보는 측면이 강하다. 이 책의 제목("경험주의와 주체성")에서 알 수 있듯이 흄에게 있어 주체성의 해체는 다만 사전작업일 뿐이고 주된 관심은 주체성의 형성, 나아가 어떤 주체성을 창조해내느냐 하는 데 있다고 보는 것이다. 이런 점에서 들뢰즈는 경험을 넘어서는 경험의 조건에 대해, 인간본성의 원리와 상상력의 역할에 대해, 지각의 다발을 넘어서는 주체의 형성에 대해, 정념의 편파성을 넘어서는 인위적 고안물, 문화, 도덕의 발명 등에 대해 끊임없이 흄에게 물음을 던진다. 그리고 이런 물음들은 좁은 의미의 경험주의를 넘어 초험적 경험주의를 정립하고, 시간의 종합으로서의 (습관적) 주체를 다시 사유하며, 나중에 스피노자, 니체, 베르그손 등과 접속해 완성하게 될 차이생성의 철학과 욕망의 윤리학을 잠재적 점선의 형태로나마 분명히 겨냥하고 있다.

그러므로 이 책은 흄에 대한 독창적인 연구서인 동시에 들뢰즈 자신의 경험주의적 문제설정과 철학적 방향을 처음으로 제시한 의미심장한 저작이라 할 수 있다. 이후로 들뢰즈의 두 번째 책인 『니체와 철학』(1962)이 나오기까지 짧지 않은 시간이 걸리지만, 이 두 저작 사이에는 근본적인 단절과 불연속보다는 오히려 일관적인 기류가 흐르고 있다. 아니, 들뢰즈는 흄 안에서 자신이 뒤이어 출판하게 될 니체, 스피노자, 베르그손 등의 형상을 이미 보고 있으며 실제로 8년간의 휴지기를 거친 후 그것들은 마치 리좀처럼 쉼 없이 펼쳐지게 된다.

3. 이 책은 젊은 들뢰즈가 천착했던 초기의 문제의식을 (그의 다른 저작들에 비해) 비교적 명확하고 상세하게 소개받을 수 있다는 점에서 특별히 들뢰즈 사상을 처음 접하는 이들에게 좋은 입문서의 역할을 할 수 있을 것으로 기대된다. 또한 들뢰즈의 중기나 후기 사상에 익숙한 독자들은 그동안 알고 있던 들뢰즈 사상의 면모를 재확인하는 한편, 청년 들뢰즈의 다소 낯선 문제의식을 접하며 (친숙하지 않은데서 오는) 당혹감을 맛볼 수도 있겠다. 하지만 이런 들뢰즈와의 조우는 흄이나 들뢰즈 사상에 대한 어떤 사유에의 강요를 촉발하고 새로운 종류의 감응을 불러올 것이다. 특히 정치적·사회적·문화적으로 더 성숙한 사회로의 진입이 절실히 요구되는 최근의 우리 현실에서 들뢰즈의 관점에서 바라본 흄의 인식론적 회의주의와 실천철학은 특별한 울림을 가질 만하다. 모쪼록 이 번역서의 출간이 흄의 경험주의를 재조명하고 들뢰즈의 초기 사상에 대한 연구에 작게나마 이바지할 수 있기를 바란다.

찾아보기

ㄱ

감응-(**affection**/affection) 17~19, 23~25, 30~38, 42, 47, 57, 58, 67n28, 69, 70, 97, 102~106, 113~116, 163, 169, 173, 185, 191, 206, 236~240, 259~261, 273
감응성(**affectivité**/affectivity) 206, 232, 233, 242, 251
감정(**sentiment**/sentiment) 17n*, 39, 51, 55, 58n*, 62, 66, 67, 81, 83n*, 98, 99, 137, 138, 186, 187, 253, 261, 262
개별화(**individuation**/individuation) 207, 208
개연성(**probabilité**/probability) 43, 49, 117~120, 122n**, 127, 128, 131, 132, 143, 176, 256
경험(**expérience**/experience) 20, 25n*, 26, 35, 38, 43n51, 66n26, 96, 111, 118, 121~133, 140~143, 146~153, 168, 171~174, 187, 190, 191, 209n*, 217~223, 226, 233~235, 258, 265, 271~277
경험주의(**empiricisme**/empiricism) 13, 14, 24, 40, 103n**, 167~209, 213, 217~221, 223, 225, 240, 241, 257, 270~273, 277, 278
~와 물리주의(**physicalisme**/physicalism) 240, 270, 271
~의 본질(**essence**/essence) 40, 167
계약(**contrat**/contract) 59, 60n*, 73~77, 85
공리주의(**utilitarisme**/utilitarianism) 73, 76, 89, 185, 243, 252
공명(**résonance**/resonance) 81, 227, 265, 275
과잉[넘쳐흐름](**débordement**/ overstride) 130, 139
관념(**idées**/ideas)
  복합 관념(**idées complexe**/complex ideas) 27, 201, 233
  일반 관념(**idées générale**/general ideas) 27, 28, 36, 37, 117, 121n54, 201, 207, 230~232, 256~258
  추상 관념(**idées abstraites**/abstract ideas) 34, 36n39, 232, 264
관습(**coutume**/custom) 78, 79, 96, 126, 129, 146, 150, 184~187, 231
관행(**convention**/convention) 19, 65, 73~75

찾아보기 279

교정(correction/correction) 66, 68, 82~91, 104, 105, 111, 127, 130~133, 143~145, 152, 157~159, 162, 163, 258, 259, 263
국가(État/state) 60, 84~91
규칙(règle/rule) 13, 25, 62~68, 71n37, 75, 78, 82~89, 95~115, 125~137, 145, 150~153, 171, 185, 188, 189, 221~225, 257~263
  교정적 규칙(règles correctives/corrective rules) 28, 133, 143, 145
  일반 규칙(règles générale/general rules) 28, 43, 49~51, 64, 66~68, 75, 82~86, 91, 95~98, 102, 104, 105, 110n*, 111, 114, 115, 125, 127, 132, 133n91, 137, 152, 154, 157, 163, 169, 170, 185, 255, 275
  확장적 규칙(règles extensives/extensive rules) 28, 127, 130, 137~139, 143, 151, 152, 159
기대(attente/anticipation) 115, 124, 184, 185, 192, 234, 265, 266, 274
기억(mémoire/memory) 18n*, 123, 184, 188, 189, 204, 207n82, 254, 265, 270n2, 273
기원(origine/origin) 13, 23, 26, 40, 41, 44, 46, 60, 67n28, 71, 73, 96, 115, 119, 125, 132, 138, 146~148, 152, 154, 174n13, 189, 193, 198, 219, 221, 248, 255~258, 271~273

ㄴ · ㄷ · ㄹ

데카르트(René Descartes) 213, 215
도덕(morale/moral[ity]) 17~57, 62~66, 70n32~33, 83, 89, 95~133, 139, 143, 162, 167, 168n*, 240~248, 253, 261~264, 275, 277
도식론(schématisme/schematism) 63, 116, 121, 255~258, 263
라이프니츠(Gottfried Wilhelm Leibniz) 26, 217
라포르트(Jean Laporte) 183

ㅁ

모럴리스트(moraliste/moralist) 18, 19, 44, 63, 70n35
모순(contradiction/contradiction) 34~38, 44, 45, 50, 58~68, 79, 88, 89, 103, 116, 128, 138, 149~163, 174, 177, 185, 248, 263, 264
문화(culture/culture) 13, 55~91, 96, 98, 105, 109, 111, 115, 116, 143~146, 261, 263, 275, 277
미학(esthétique/aesthetics) 99, 106, 169, 262, 276
믿음(croyance/belief) 13, 14, 23, 24, 34, 35, 42, 43, 85, 86, 98, 101, 110, 118, 123~133, 139, 146, 149, 151~154, 159~163, 167, 168n*

ㅂ

반복(répétition/repetition) 122~133, 140, 142, 149, 150, 191, 234, 235, 274
반성(réflexion/reflection) 36n39, 38~40, 68, 69, 80, 81, 95~106, 110, 115, 125~130, 133n91, 138, 145, 152~162, 167, 169, 179, 182n35, 183, 260, 261
반향(retentissement/resonance) 81, 102, 105, 227, 261

발명(invention/invention) 49, 50, 61, 63, 66n**, 67, 71~76, 84, 85, 167~170, 183~186, 260, 261, 265, 266, 276, 277
배치(disposition/disposition) 193~195, 199, 231, 251, 259
버클리(George Berkeley) 36n*, 272
베르그손(Henri Bergson) 71, 80, 184, 204~206, 228, 269
벤담(Jeremy Bentham) 68
부분 밖의 부분(partes extra partes) 48, 131, 274

ㅅ
사회(société/society) 18, 50, 58~64, 66n24, 70n33, 73~78, 82, 85, 86, 91, 143, 144n*, 185, 240, 275, 276
상상력(imagination/imagination) 20~28, 42, 48n63, 67, 79~83, 95~133, 138~145, 149~163, 172, 179, 183~192, 200~208, 222~226, 232~239, 254~262, 275~277
소유권[재산](propriété/property) 45, 61, 64~66, 76, 77, 85~91, 106~112, 185~188, 196, 242, 276
습관(habitude/habit) 38, 71, 72, 110n*, 119~127, 131~133, 184~191, 231~235, 265, 275~277
시간(temps/time) 23n9, 29n*, 31, 49, 117, 155, 181~192, 198~200, 248, 270n2, 277
신(Dieu/God) 26, 137~163
실천(pratique/practice) 34, 35,

ㅇ
알레비(Élie Halévy) 89

약동(élan) 148, 163, 184, 190
연관(connexion/connection) 25, 34~37, 41, 45, 75, 124n*, 150, 168, 203, 235n23, 260, 261
연장(extension/extension) 179~182
연접(conjonction/conjunction) 30, 49, 119, 121, 122, 124, 125, 149, 150, 218, 231, 236, 238, 274
연합(association/association) 19, 23~27, 40, 42, 48, 80, 105~127, 137, 147, 176, 202~208, 221, 224n4, 230~255, 264, 273~277
연합론(associationnisme/ associationism) 13, 31, 32n*, 39 80, 107, 204, 213~216, 221, 243, 264, 273, 276
오성[이해력](entendement/ understanding) 17~51, 69, 104n15, 106, 108n*, 111~118, 122~133, 142, 143, 146, 150~163, 170, 191, 239~243, 254, 262
외재성(extériorité/externality) 13, 49n*, 120, 196~201, 213, 216, 221n**, 248, 271~274
원리(principe/principle)
  [인간]본성의 원리(principe de la nature [humaine]/principles of human nature) 26n14, 29, 63, 97, 103~121, 147, 153~156, 175, 196, 202~243, 259~265, 274, 277
  연합의 원리(principes d'association/principles of association) 13, 33, 47, 80, 106~116, 127, 145~147, 153~161, 196, 200~208, 218, 227~242, 247, 263~265, 274~276

찾아보기 281

원자론(atomisme/atomism) 31, 32, 39, 183, 213, 214, 216, 273
유사성(ressemblance/resemblance) 23~29, 40, 47, 56, 78, 117, 125, 137, 140, 146, 151~155, 197~207, 229~232, 265, 272n3, 274
유용성(utilité/utility) 74~78, 82, 196, 251~253, 261
유일신론(monothéisme/monotheism) 137, 139
이기주의(égoïsme/egoism) 57~60, 72, 83n*
이해관계(intérêt/interest) 19, 20, 55~69, 72, 75, 82~90, 101, 109n23, 207, 259, 261, 263, 275
인과성(causalité/casuality) 23~29, 43, 49, 56, 118~128, 133, 137, 140~146, 150~161, 230~238, 242, 248~258, 264, 274
인상(impression/impression)
　감각 인상(impression de sensation/impression of sensation) 39, 40, 188, 193, 194, 228~237, 241, 242, 257
　반성 인상(impression de réflexion/impression of reflection) 29~40, 193, 194, 228~237, 241, 242, 251
인위적 고안물(artifice/artifice) 65, 67~71, 90, 105, 109, 125, 261, 276
인접성(contiguïté/contiguity) 23, 24, 56, 125, 151, 154, 183, 198, 200, 204, 229~238, 265, 274
일치(accord/accord) 26n14, 68, 89, 108n*, 115, 131, 132, 147, 175, 185, 221, 223, 224, 226, 236, 239, 241, 243, 251, 267

ㅈ
자아(moi/self) 36, 41, 48, 112, 115, 237, 238, 258, 259, 277
자연[본성](nature/nature) 19~51, 55~59, 63, 71~77, 84, 97, 103, 105, 117~121, 125, 127, 131, 133, 145, 149, 153, 157, 159, 175, 185, 190, 201~203, 213~243, 247, 258
자연 상태(état de nature/state of nature) 60, 74, 84n*
전체(totalité/whole) 30, 33, 37, 49~51, 60~71, 81, 107, 116, 117, 161, 183, 198, 241, 260~267
정념(passion/passion) 13, 17~20, 29, 35, 38, 39n**, 42~48, 58, 67~71, 86, 95~107, 112~116, 127, 137, 145, 193~196, 206~208, 229, 235~252, 258~265, 275~277
정부(gouvernement/government) 76, 84~87, 91, 110n*, 145
정서(émotion/feeling) 193n*, 236~238
정신(esprit/mind) 17~47, 69~72, 81, 97, 102~107, 112, 116, 117, 120, 124, 129, 148, 153, 155n38, 159~163, 169, 172~208, 221, 227~241, 253~277
정의(justice/justice) 43, 50, 61~63, 68~71, 75, 82~86, 116n36, 145
정황(circonstance/circumstance) 37, 45, 56, 66, 79~82, 95, 114, 129, 140, 144, 149, 195, 200~209, 232, 233, 242, 251~262, 275~277
제도(institution/institution) 67, 71~91, 185, 275, 276
제임스(William James) 197

조화(harmonie/harmony) 26, 90,
147, 263
종교(religion/religion) 137~163
주어진 것(le donné/the given)
20~24, 35, 36, 47, 161~188, 206n*,
209, 213~216, 220~241, 254, 259,
265~267, 271, 274
주체(sujet/subject) 21~24, 29~47,
115, 167~209, 216~226, 238~243,
251~259, 264~267, 274~277
주체성(subjectivité/subjectivity)
115, 167~209, 226, 228, 240, 277
지속(durée/duration) 68, 150~160,
184, 263, 264

ᄎ
차이(différence/difference) 22, 33,
78, 162, 172, 178, 277
착란(délire/delirium) 22, 159~162
초월적(transcendant/transcendant)
25n*, 70n**, 139, 175
초험적(transcendantal/
transcendantal) 24, 25n*, 103n**,
171, 209n*, 223, 225, 226, 240
추론(inférence/inference) 46~50,
78, 106, 109, 120~125, 131, 142,
149, 150, 161, 174n9, 250
충동(impulsion/drive) 235, 254

ㅋ·ㅌ·ㅍ
칸트(Immanuel Kant) 49n*, 65n*,
70n**, 73n**, 108n*, 142, 197, 213,
216~219, 221, 223~226, 230, 240
콩트(Auguste Comte) 32, 39n*
쾌락(plaisir/pleasure) 64, 100, 229,
235~238, 249, 250, 254, 260

통합(intégration/integration) 27,
29, 49, 51, 59, 61, 63, 95, 97, 104,
107, 108, 123~126, 137, 187, 198,
201, 229, 235, 263
편파성(partialité/partiality) 57, 58,
61~64, 69n*, 83n*, 98, 100, 104,
185, 261, 275, 277
퐁트넬(Bernard le Bovier de
Fontenelle) 100
표상[재현](représentation/
representation) 27, 28, 37~40, 45,
64, 74, 86, 115, 174~179, 199, 204,
207, 221~225, 239, 243, 272
프로이트(Sigmund Freud) 204,
206

ᄒ
합리주의(rationalisme/rationalism)
38, 141n**, 257, 270
합목적성(finalité/purposiveness)
26, 147, 148, 221, 224n*, 226, 243,
247~267
허구(fiction/fiction) 13, 100, 126,
127n*, 131, 133n91, 139, 142,
149~162, 199, 258, 259, 263
헤겔(Georg Wilhelm Friedrich
Hegel) 213, 270
환상(fantaisie/fancy) 22, 28, 42,
56, 80, 97, 103~111, 115, 123,
126~129, 145, 149, 152, 157, 159,
162, 205, 247, 254~264
회상(souvenir/recollection) 188, 189
희소성(rareté/scarcity) 86, 87

찾아보기 283

경험주의와 주체성
흄에 따른 인간본성에 관한 시론

제1판 1쇄 발행 | 2012년 5월 21일
제2판 1쇄 발행 | 2021년 4월 12일

지은이 | 질 들뢰즈
옮긴이 | 한정헌·정유경
펴낸곳 | 도서출판 난장·등록번호 제307-2007-34호
펴낸이 | 이재원
주   소 | (04380) 서울시 용산구 이촌로 105 이촌빌딩 401호
연락처 | (전화) 02-334-7485 (팩스) 02-334-7486

책값은 뒤표지에 있습니다.
잘못 만들어진 책은 구입한 서점에서 바꿔드립니다.
ISBN 978-89-94769-08-0 03160

이 도서의 국립중앙도서관 출판시도서목록(CIP)은
e-CIP 홈페이지(http://www.nl.go.kr/ecip)와
국가자료공동목록시스템(http://www.nl.go.kr/kolisnet)에서
이용하실 수 있습니다.
(CIP제어번호: CIP2012002167)